李海毅 著

发现邢台太行古村落

学苑出版社

图书在版编目（CIP）数据

发现邢台太行古村落 / 李海毅著 . —北京：学苑出版社，2021.5
　ISBN 978-7-5077-6183-2

Ⅰ.①发… Ⅱ.①李… Ⅲ.①村落—介绍—邢台 Ⅳ.① K922.25

中国版本图书馆 CIP 数据核字（2021）第 106772 号

责任编辑：任彦霞
出版发行：学苑出版社
社　　　址：北京市丰台区南方庄 2 号院 1 号楼
邮政编码：100079
网　　　址：www.book001.com
电子信箱：xueyuanpress@163.com
联系电话：010-67601101（营销部）、010-67603091（总编室）
印　刷　厂：保定市彩虹艺雅印刷有限公司
开本尺寸：787×1092　1/16
印　　　张：17.25
字　　　数：262 千字
版　　　次：2021 年 7 月第 1 版
印　　　次：2021 年 7 月第 1 次印刷
定　　　价：68.00 元

自 序
难忘邢台太行古村落发现之旅

（一）

我本来没打算写这么多。

从 2014 年 7 月至 2019 年 5 月，前后将近五年（其间 2015 年 8 月至 2016 年 12 月因援疆未进行），独立完成了对"邢西太行古村落"专题的采访工作。先后反复走访了上百座邢西太行古村落，行程近万公里，采访成稿 42 篇，即本书辑入文章。

制作"邢西太行古村落"专题是我在邢台日报社从事一线新闻工作后第一个愿望。开启这项专题，源自小时候为数不多的去邢台西部太行山区游玩的经历和长大后周游全国多个省区游览当地传统村落旅游区的感悟。

邢台西部太行山区风景优美，其间坐落着千百座建筑风格鲜明的传统古村落。这些古村落大多形成于明清时期，有数百年历史。更有部分古村落历史可上溯到隋唐乃至秦汉。这些古村落建筑以石头房子为主。石料自太行山就地取材，多为红色、青色，具有太行山地质特点。

与全国其他地方的传统村落相比，邢台西部太行山区古村落具有鲜明的地域特色，承载着独特的地域文化，彰显着邢台与众不同的历史渊薮，特别适合作为邢台对外宣传的窗口和历史文化名片。

（二）

事实上，在做这项专题之初，我对邢西太行古村落乃至邢台西部太行山区的了解几乎为零，除了儿时对那片绿色大山和红色石头房子的懵懂印象外，别无其他。一开始，我连从邢台市区进山的道路怎么走、有几条也不知道，对那些星罗棋布的邢西太行古村落更是连基础认识也没有。

五年下来，邢西山区多少座山，多少条川，山川如何分布，探路如何走，太行山深山区分水岭怎么穿越……邢西太行古村落集中在哪里，不同区域有什么特色，各个古村落建筑格局和结构有什么特点，重点古村落位于什么位置，如何去，各个古村落的主体姓氏和迁徙轨迹是什么，古村落有什么集体记忆和传说……就这些问题，在采访中，我收获了许多。

邢台西部太行山区古村落放在全国也是不可多得的历史文化遗产。

这里是太行山最绿的地方，植被茂密，物产丰饶，板栗、核桃、苹果、酸枣，品质优越，自古以来就是一座聚宝盆；这里有厚重的红色文化，许多老一辈无产阶级革命家在这片山区战斗过，中国人民抗日军政大学曾在这里流动办学，中国人民银行的前身——冀南银行曾在这里流动办公；这里古色古香的古村落古建筑记录着邢西太行山区传统农耕文明的生活密码，以往在邢台人眼中是如此寻常，而今在外地朋友眼中又是如此令人惊讶。每一座村庄背后都有一段值得书写的故事，或人，或事。

这些明清古建筑，这些传说故事，这些历史人文，这些平凡生活，都标的了一种独特的，此前在国内文旅市场上并没有引起足够重视的，属于华北、河北、邢台的地方文化。

在采访过程中，越深入，就越坚信这一点：邢台西部太行山区古村落，大有可为！

<h2 style="text-align:center">（三）</h2>

在采访最密集的第一年，"进山"成了我日常工作的口头禅。一开始，这项采访作为我自己的爱好，采访时间往往安排在周末，不会耽误日常工作。后来，才成为日常工作的一部分。

采访邢西古村落的过程也是我个人成长的过程。为查证一个地理名词的确误，我用几天时间往返图书馆借阅、复印大量地方志资料，包括不同时代的

《畿辅通志》《顺德府志》《邢台县志》。为采访到位于太行山分水岭的深山区村民，多少个寒冷冬夜我凌晨4点起床，准备停当，摸黑驾车进山，往往太阳刚刚升起，我已赶在山村百姓起床前抵达，可以最大范围采访。为了完成采访，一天爬山行走几十公里有过；露营扎帐篷有过；借宿老乡家有过；帮老乡扛锄头种地，边种边聊天有过；饿了干嚼饼干喝泉水更是常事。

在采访盘石村时，第一次发生意外。那一次是我独自骑单车带着帐篷进山。完成与村民的访谈后，去攀爬村西盘石寨，探寻古营寨遗址。当我爬到半山腰时，不慎一脚踩空，顺着陡峭山坡滑落。慌乱中，双手不顾棘刺，本能地抓住蔓生植物。等我停下来时，手掌、手臂刺破多处，条条血红印迹，裤裆扯破，大腿刺破，一只鞋磨破，脚踝划伤。如此，仍坚持完成采访。只是不得已，放弃露宿计划，趁天黑返回。

之后采访中还发生过一些意外。在邢西太行古村落系列采访中，累计损失过一只手表、三条裤子、两双鞋、一件上衣、三副手套。那一个个场景，现在回想起来，不仅不会感到惊恐、尴尬，反而很温暖。

如此付出是值得的，邢台西部太行山区的形象逐渐在我心中有了清晰的描绘。

（四）

在邢西太行古村落采访中，出乎意料地邂逅了许多"隐藏"在山区里的拥有不凡人生的人。他们中有的参加过抗日战争、解放战争，亲身经历过渡江战役、进军大西南；有的参加过抗美援朝战争，在朝鲜雪原上激战；有的曾参与击落美制U-2侦察机，保家卫国，最后回到故乡，深藏功与名；有一生经历丰富多彩的老党员、老劳模、老教师……

但更多的是普通人。

在五年邢西太行古村落采访中，我前后接触了上千人，实际采访了500余人。他们中大多数是本本分分，一辈子扎根邢西太行山区的老人。这些人很多一辈子没有离开过这片山区。他们有的是抗日战争时期日寇大扫荡惨案的幸存者，有的大半辈子在山区担任流动电影放映员，有的是曾走南闯北而后落叶归根过起平淡生活的打工者，更多人默默无闻、辛勤劳作，为了自己或儿孙能有更好的生活……

他们的人生轨迹里没有诗和远方，有的只是从亘古以来传习的邢西太行山区农耕文明，以及由此世代养成的憨厚、纯粹、坚韧的性格。他们绝大多数从来没有和记者打过交道，也不知道要说些什么，更不知道哪些是有价值的，哪些是记者需要的。可是我在他们支支吾吾，羞赧的带着方言的表达中，感知到如同雨后山风拂过一般的生活气息。那是真实生活在社会末梢的普通人的人生，是一个时代的底色，是不加修饰的生活。

在我眼中，他们说的每一句话，都值得记录。走访邢西太行古村落越多，我就越加深信：每一个人都是一本承载历史的书，每一座村子都是一簇传承文明的火焰。于是，我席地而坐，和老人们聊天，引导他们回忆过去的生活，在对话中捕捉属于邢台的乡愁……

（五）

此前，我从没想过自己会尝试做这项独立专题采访工作，更没想过会把这项工作做出什么样子来。

这件工作改变了我。

邢台，别称"牛城"，有3500余年建城史，是华北地区最早的城市和都会。邢台的古老和"牛气"，我在邢西太行山区找到了答案。

一进山，看到错落分布在整片邢西太行山区的古村落，历史的悠远萦绕其间，今日之邢台市在这里变成了春秋的邢国、战国的信都、南北朝的襄国、隋唐的邢州、明清的顺德府。

许多老人不惧寂寞，仍旧操守着最传统的生产生活方式，或许他们耕种的作物发生了变化，或许他们耕种的工具有了革新，但他们劳作的背影一如千百年来的祖祖辈辈。在邢西山区仍可以看到最纯粹的古老中国。

每每回想那时采访，或站在一座座山村的石板路上，或蹲在一户户人家门口的石台上，或坐在一块块还算平整的石头上，手里拿着打开的采访本，握着笔，记录下一位位村民向我讲述的那些曾以为微不足道的山村小事时，我总会暖暖地笑起来。原来自己已经走过这么多路，见过这么多人，写下这么多内容了。

五年时间，走遍邢西太行山水，留下这些文字，仍有很多遗憾，尚有大量邢西太行古村落没有采写，自觉可以采访更多，写得更深刻。如果说这本书有什么价值的话，我想，我可能仅仅留存了邢西太行山区古村落的一个剪影、一个瞬间、一张那里曾有过的面孔。

仅此而已。

最后，本书不足之处，还请读者指出。希望与所有关心邢西太行古村落的朋友们一起，为邢台3500余年建城史打开一扇明亮的窗户。

记者：李海毅

2020年6月18日

另：

就在本书出版之际，2020年6月23日，邢台市部分行政区划调整。桥西区更名为信都区。邢台县撤销。邢台县所辖山区并入了信都区。因本书辑入文章刊发较早，书中涉及"邢台县"的语句不做更改，保留原文。

望读者理解。

目 录

范家垴：乡愁的守望者 …………………………… 001

白杨沟：月亮出来亮汪汪 ………………………… 006

凉水泉：咫尺秘境 ………………………………… 011

峡沟：峡里谁知有人事 …………………………… 018

峰门村：空心之后 ………………………………… 024

后熬峪：离文明 6 公里 …………………………… 030

盘石村：空山新雨后 ……………………………… 036

五条梁：鸡鸣三市 ………………………………… 042

青崖嶂：烟雨深处有禅声 ………………………… 048

折户村：大寨山往事 ……………………………… 054

道士谷洞：大山里的隐逸生活 …………………… 060

凤凰崖：时间滞后的角落 ………………………… 066

绿水池：样板戏的样板村 ………………………… 072

王山铺：天河梁下无人问 ………………………… 078

黄土岭：浆水匆匆 ………………………………… 084

朱温坪：千年古战场 ……………………………… 090

驮道：邢台人的茶马古道 ………………………… 096

营里：寂寞黄榆岭 ………………………………… 102

香炉寨：岁月挥之不去 …………………………… 110

桃树坪：邢西最大的山村 ………………………… 116

001

杜彬：在困守中迷失	122
崔路：邢州商帮的缩影	128
老道旮旯：乍暖还寒时候	134
明水掌：㵎水正源	140
七里会：野鹤一去不复返	147
杏峪：穿凿嶂石岩	154
白岸口：煤山冷眼	160
道沟：发现城计头	166
茶旧沟：邢西"边城"	172
大坪：渡口川上的一叶	178
阴河沟：山林如旧	184
杜砌：与苍老对话	190
小戈廖：冷暖风吹雨	197
鱼林沟：鱼尾山居向梦游	203
南就水：黑夜哄睡了星星	209
英谈：家国交通	216
押石：渐行渐远	223
温家沟：归去来兮	230
龙化村：另一种视角	237
樊下曹：故乡的新装	243
石盆：遗落的世界	250
驾游村：白云千载空悠悠	256
后记	262
附：邢西太行古村落分布图	264

范家垴：乡愁的守望者

邢台西部，太行山区，古村落星罗棋布。它们大多没有什么名气，但却是邢西太行山区农耕文明的载体。

有些山村早已人去村空，有些山村只剩下老人和孩子，有些山村尽管人丁不见衰落，但依然过着毫无现代气息的数百年一贯的传统生活。他们还没有被纳入现代化的进程中，就被现代化淘汰了。

这是时代的进步所产生的隐痛。那么在邢台城镇化迅速发展的今天，让我们回过头去，走进这些山村，看看会发现什么。

离不开

1990年，在此地生活了将近200年的范家垴人锁上了自家的大门，背井离乡，有亲投亲，有友靠友。

那一年，范家垴村单纯地成为地图上的地名，行政村的建制被撤销了。撤销的原因是生活不便。这个小山村从来没有通过水、电、公路。以那时的经济条件，邢台县做不到基建全覆盖。要改变范家垴人的贫困生活状况，"撤村下山"也许是当时最经济且有效的途径。

迁出的范家垴人散落在邢台县各个乡村，近在范家垴山脚下的滹沱村，远到邢台县平原地区的东静庵村。一支数百年的家族基因离开了世代盘踞的山垴，搬到山下谋生活。按照当年的政策，政府补贴400元/人到落户村，村里分宅基地和耕地，按人头分人均合1亩地。

24年过去了，散落的范家垴人在外面繁衍生息，他们的后代在自我介绍时

撤村后的范家垴

已经不认为自己是范家垴人。可是作为第一代移民的老人，他们对迁入地的归属感至今仍很模糊。

按照当年的约定，"撤村不交地"，范家垴的土地使用权还归范家垴人集体决定。这算是为离人留下了一份精神寄托，在老人们心中存着"至少家还在"的信念。

下山的范家垴人成了落户村的外来户，大多遭遇了外来户普遍的遭遇。有些村视他们为自家人，待遇与一般村民无二。而有的范家垴人却实实在在感受到"二等村民"的心酸——分到的是贫瘠的荒地和边边沿沿的小块土地。除了待遇，更多的是生活上的不习惯，范家垴再贫瘠困难，也总归是活了半辈子的地方。

也许，78岁的孔先文老太太的一句话最能表达他们的自我排解："挪到人家村里还沾哩？（还能好吗？）"现在，她一个人居住在范家垴的祖屋里，只有一只白猫陪着她。夏天儿媳妇石江苏回村里开些荒地种一季谷子、玉米。有些老人想念垴上的生活，也陆陆续续返回范家垴。

我到范家垴的那一天，村里还有10位老人，几乎都在60岁以上，多是妇女。

回不来

范家垴村属于邢台县龙泉寺乡，因地处滹沱村北2.5公里的山垴上，也称北垴。据1988年5月在村口山神庙前立的石碑记述：清道光年间（1821—1850年）范氏在此定居。在范家垴撤村前最后一任村支书，68岁的范海锁家里，我看到范家录于民国十七年（1928年）的祖宗案。范氏最开始是兄弟5人由山下搬来，凿山开窑各自立家。按照"天字仲英好"的辈分排下来，一代代祖坟就在村南山梁上。

最早一排建筑是范家堎主体格局，村里人把这排房前的过道称为"街"，尽管长度还不到100米。我被孔先文老人让进她家老宅北屋。这间房是范家堎早期建筑之一，类似一口窑洞的空间格局。券顶深邃，密不透光，角落一台土炕，炕头放着案板，案板上散落着吃食。另一边角落里堆着少量粮食和几包方便面，还有一个不满水的水缸。

站在院里看来，这是一座四合院式通体泛红的石造建筑，红色的岩石就产自当地，经200年风雨而不漏不颓。院落很狭促，分为东西南北屋，石板铺就的地面早已被磨光。梯子直通房顶，房顶平整，排水设计完好。北屋窑顶上还种着几棵豆角。

我中午到达范家堎，日头正高，热极了。老人和儿媳正在吃饭，忙不迭地给我倒了一碗水。这里缺水，吃水基本靠天。屋里的水缸就是存雨水用的。我喝着烧开的发黄雨水，看到上面漂着一层油花，心知这里刷碗也是需要计算的。别的地方趁晴天洗衣服，范家堎要等下雨天才敢洗。即便使用雨水，也是奢侈的。在村民指引下，我看到村外的雨水收集坑依稀见底，料想没有水的生活很苦。

再苦这也是自己家。孔先文家对门就是范海锁家，庭院是他爷爷100多年前盖的，明显新些。他搬到东静庵的耕地被征用了，只剩下不到一分的菜地。在他的意识里："老百姓就是种地，只有种庄稼的土地才是地，菜地不算地。"

种了一辈子庄稼地的范海锁又搬回范家堎，忍受着生活环境和条件的困苦，只为有自己的土地。我进他家门时，看到他把洗剩下的水小心泼到院中菜畦，生怕流失一滴。菜畦里种了些辣椒、梅豆、青菜和葱。63岁的老伴马金玲正准备午饭，叫我一起吃。小米汤里放了些梅豆，汤水颜色有点黑。

走不得

还在范家堎居住的老人像是被社会洪流遗弃的群体，他们已经无法适应现代社会的发展，终将被城镇化的滚滚洪流所淹没。于是，他们选择自我边缘化，

范家垴落寞的街巷

乞求这个社会能够让他们平静地按照自己的方式生活下去。

改不了了,总能活下去吧。他们还在自力更生,都在种地,只是土地贫瘠。我掀开围拢梯田的石块,发现土壤只有不到一尺深,下层全是砾石。这样的土地还要望天收。好的年头,玉米能够亩产500公斤,谷子有150多公斤。但是"今年算是完了",范振魁说。

范振魁按辈分排是范海锁的叔叔,在范海锁之前任村支书。如果说这些飞鸟返故乡的老人对命运还有所抗争的话,范振魁就是他们的代表。然而就是这样一个有思想的老人,给我的最大印象却是不住地叹息。与他聊天时,他先是双目炯炯有神地盯着你,然后长叹一声"唉"。在他的精神世界里,已经不指望外人能够理解了,偶尔碰到能多少理解他的人,会让他很诧异。很难想象是怎样的现实让这个身板硬朗的68岁老汉如此愤懑。

20多年前的范家垴,有80多口人,120余亩耕地。村民按照传统农耕社会的生活规律生存着。除了抗日战争时期,汉奸领日本鬼子来祸害过,各种政治运动基本没有过多地影响这里的生活。那时候,整个范家垴漫山遍野都是高大的果树。有核桃树、栗子树、酸枣树，最多的是酸枣树，直径20多厘米的酸枣树到处都是。而现在，整个垴上除了村里没有一棵大树。范家垴像是被剃了光头。

伐树从"撤村令"一下达就开始了。不光是本村人，还有很多外村人在这片"无主之地"盗伐树木换钱。几年间，山色遽变。今天，外人通过村中残存的乔木，勉强能够想到范家垴当年绿树荫荫的样子。

范振魁大概是叹息那些酸枣树吧，当年收酸枣的商贩往往会给范家垴产的酸枣加钱，因为这里产的酸枣品质别处好许多，是最地道的李时珍《本草纲目》上记载过的"邢枣仁"。而今，面对一片荒岗，不甘心的范振魁在家后平场上种了百十棵酸枣树苗。枣树长得慢，种下五六年还不如擀面杖粗。

范振魁更叹息的是他的故乡范家垴的命运。这里正处于天梯山和东川口水库的南侧，和当地人熟悉的剑峡大峡谷一脉。在范家垴人心中："我们村如果搞旅游开发，得天独厚。"当年范振魁也积极运作过此事，却因各种原因不了了之。他一边指给我看一边说："那里是骆驼崖、虎头山，那里是相公帽、人头山……"范家垴有什么好去处他了然于胸。

只可惜，人们大多看不到那么远。在上山的路上，我注意到有载重卡车拉着山上的白石头往下走，完好的山体被开了一道口子。范家垴村西产红石，用于盖房，村东产白石，也就是石英石，用于冶炼玻璃，再东就是青石了。

夜深人静，我把帐篷扎在老乡家石板房平坦的房顶，听到老人们围聚在一起，说着戏文，那是河南豫剧《清风亭》。这里的夜生活围绕着一台用太阳能电池板充电的戏剧播放器。这里从来没有通过电，好在月光比邢台市区里更明亮。如此日复一日，年复一年，他们是最后坚守在范家垴的范家人。

在我离开时，看到一位老大娘从山下担着一担水正要回家，我们打了招呼。山下干净的泉水并不是每家都能享受的福利，他们已经太老了，老得只能祈望上天能够将雨水赐予他们。

他们在等待着，他们在等待着什么？这个山村又在等待着什么？是消亡还是什么？

（原载于2014年8月3日《邢周报》）

白杨沟：月亮出来亮汪汪

即使时间过去很久，我依然时常回想起在白杨沟的那个月夜，还有去往白杨沟路上，徒步行进在浆水川岸边时照射在我脸上的阳光。山川静谧，岁月无声，生活在这里的人们自有一套生活方式，他们或许也知道这样的生活方式正在受到冲击。

如今通往白杨沟村的公路升级改造成了邢西太行山区的景观大道，为纪念抗日战争时期中国人民抗日军政大学在邢台浆水川办学，命名为抗大公路。公路上车来车往，拐进白杨沟，在月色下，仍旧往昔模样。

月亮藏起来

我已经有许多年没有见过如白杨沟那晚所见到的皎洁月光了。

盛夏雨后，寂寥的落山风吹彻沟里，田地里的蛙鸣此起彼伏，很少停电的白杨沟停电了。村里几家老妪各自卷着一条席子，拿着一个单子，铺到屋外平台上，凑在一起露宿，闲话着家长里短。在她们头顶上，那么明的月亮，散发着莹莹的光芒。

白杨沟村属于邢台县浆水镇，距邢台市区50多公里，在庞会大桥沿庞安线走差不多10公里就到了。还有一条近道，在邢左公路上的坡底村附近穿行一条地图上没有标注的小土路，只有3公里左右。白杨沟村支书卢先杰说，听说政府有规划，兴许过不了多久，那条小路就要硬化了。

如果成真，白杨沟便成了两条乡道要冲。即便如此，白杨沟村仍然摆脱不了正逐渐边缘化的命运。这是一座藏匿在山间的伶仃古村，它的出现正是为了

白杨沟：月亮出来亮汪汪

藏匿。

白杨沟村是卢氏聚族而居的自然村。祖先于明朝永乐年间（1403—1424年）从山西榆次搬到羊范镇的东侯兰，立足而居200多年。明末农民起义，烽烟四起，社会动乱，卢氏举族迁至今天的白杨沟。

白杨沟里没有白杨树，这里原本叫作白亮沟。清乾隆年间（1736—1796年），离白杨沟不远的下寺村有一座古寺，寺里需要从冯寨垴（音）向古寺请一尊佛像。佛像形体较大，搬运的村人且走且停，走到白杨沟的时候天亮了，由此得名白亮沟。后来讹传音误为白杨沟。

我进村时，刚过中午。村中安静得让人以为来到了一个无人村。直到在村口的一个土坡上遇到70岁的养蜂人卢登科。或许是常年食蜜的缘故，老人看起来远没有实际年龄那么老。他养了几十箱意大利蜂，算是个职业养蜂人。几十年来，卢登科养蜂的同时，也见证了白杨沟的变迁。

从前白杨沟满沟的野生酸枣树，蜜蜂采的枣花蜜品质很高。现在枣花少了，荆花、槐花等蜜源比较杂。村支书卢先杰说，20世纪70年代，当时政府要求绿化山地，大量引进种植适应性强、生长快、繁殖易的洋槐树。洋槐种好后不久，酸枣树就开始大量死亡。从前，白杨沟酸枣的名气很大，枣仁完整率在98%~99%。当年，从内丘来此收购酸枣的商贩，每公斤收购价要比给别处的多0.4元。

现在没有多少野生酸枣树了，更多的是人工嫁接种植的栗子树。白杨沟两侧山坡上，除了开垦平整出来的小块耕地，大部分都被栗子树覆盖。60多岁的卢登会家在山坡上，是村里的最高处，有种层林掩映的味道。他家房屋背后是承包村里山地种的400多棵栗子树。孩子们都在外地，一大片山地全靠他自己亲手打理。

天意和回忆

今年大旱，栗子的长势不如人意，果实灌浆差，栗子树上空瘪的果实很多，更有许多绝收。

64岁的卢登旺仿佛正等待着困顿的来临。他家种了七八百棵栗子树，多数是新嫁接的，主产的200余棵大概一共只能收1000公斤栗子。卢登旺的大儿子在家帮忙，他家算是村中少有的还有壮劳力的家庭。二儿子先在邢台矿上工作了几年，后和媳妇去了甘肃讨生活，已经好多年没有回家了。老两口很想念已经离开白杨沟的二儿子。

天旱，但白杨沟不缺水，村里的井水从没干涸过，冬天也不冻。这里缺少的是发展的气势。年轻人都离开了家，若不是放暑假，连孩子也少见。留下来的大多都是60岁以上的老人。在这些人的生活词典里对"希望"的解释已经模糊了。

发展是需要新鲜血液和昂扬精神的，但这里总让人感觉游离于现代生活之外，和外面世界的结合频繁但不紧密。这里有电有水，电视能收到三十几个台。村里最热闹的时段大概是每天早晚两次下地干活时，各家各户陆陆续续朝着自家地里去的路上。从不同的房屋出来，又分散入不同的地里。

全村33户，按照"福仕有登，先仁政显……"排辈，在此地繁衍有16代了。目前村中仅生活着几十口人，老人孩子多，最年长者91岁。今年山里不仅种地收成悲观，在外打工的年轻人也多因为"活儿不好干"，比往年回家次数多了一些。那些尝试走出去的年轻人，多少不属于这里的常住居民，因为山外的经济大环境一旦有了哪怕一丝好转迹象，他们会毫不犹豫地离开大山。

困难对于白杨沟人来说已经经历得太多。20世纪70年代，村里人逢着好年头也要背着粮食到山西换玉米，这样还能多吃几顿。1996年之前，浆水川边的白杨沟村甚至种过水稻。可惜那年一场洪水把村里的好地几乎全冲没了。2000年又一场洪水把原本丰饶的河谷地彻底废了。卢氏搬迁至此为了躲避天灾人祸，但白杨沟几次被置于天灾和历史的洪流里。

20世纪40年代，日军侵华，浆水川是国共两党抗日军队和侵华日军胶着拉锯地区。在卢先杰的记忆里，听长辈们说，日军进川抢完东西，立刻点燃麦垛，不敢停留。这里是八路军和国民党军经常伏击日军的地方。

当时的国民党中央军有投降日军的，带路进川，打量日本人听不懂中国话，走在前面大喊："别开枪，我们是中国人，日本人骑马在后头！"离白杨沟南边不远的城计头乡有国民党军一个连驻扎，在一次战斗中与八路军合作消灭了不少日军。国民党军连长在战斗中牺牲，连名字都没留下，只给当地人留下一个"真勇敢"的印象至今流传。尽管人们已经说不出到底发生了什么。

边缘别有洞天

即使在历史的洪流中,白杨沟村也是在漩涡的边缘。

这里确实是一个宁静的村落。一条"S"形小道从村外公路上深入村中。村外围的房子有几户是新建的砖瓦房,往里走拐一个弯,景致判若两地。里面是白杨沟的主体,全是古旧的石造建筑,结屋连片,错落有致。因为年代久远,红色的石墙雨打风吹后变成了历史般的青色。

白杨沟一户人家的石造建筑

连接白杨沟内外部分的是一座古老的石桥。神奇的是一棵三人合抱的参天榆树挺立在桥上。这棵树被村人视若神明,逢年过节都要祭祀,初一、十五也要奉上供品。在最艰苦的时候,就算没有饭吃,也没有村人敢摘树上的榆钱果腹。

村里有许多捉老鼠的花猫,是这个宁静村落里时常跃动的生灵。当每天下午67岁的卢登龙和老伴从家里出来坐在门口时,猫儿们也跑到人前撒娇。老两口祖上出过秀才,他们居住的祖屋在白杨沟很有特色,依坡而建,各抱地势。

曾四世同堂的院落现在只有两位老人在住

这是一座两进三层阶梯式布局的石造院落，有十六七间房屋，200多年历史。正房下券起一口涵洞，暴雨天导流雨水，不至于冲毁房屋。这座建筑精美的院子最多时住过一家四代三十几口人，而今只有卢登龙和老伴两个人。院落设计精致，非常漂亮，老伴坐在大门台阶上纳鞋垫，卢登龙靠在二进门的门框上，两个人就这么对望着挨过午后时光。

今天的白杨沟，早已沉寂在邢台西部山区里。还生活在那里的几十口人，渴望着新的生活，只是他们似乎不知道路在何方。当老人们纷纷离去，这个古村落的命运又何去何从呢？

在城镇化的大时代下，也许剩下的人会像他们的一支祖先那样，也前往城市定居吧。村人传说几百年前，顺德府东关一户姓高的人家膝下无子，当时卢氏有三子，于是高氏把卢氏的第二个儿子过继后改姓高，接到城里传续。卢氏子来到城里为了纪念祖源，辟了一处园子，取谐音叫路家园。这个地名至今还在邢台市桥东区新东街。

尽管进城的原因不同，但方向是一样的。这座建构在山沟里的古老村落正在一个个村民的背影中离世人远去。我已经看到许多房屋长满了青苔，更有那棵老榆树，在月光的照耀下，显得孤寂。

（原载于2014年8月10日《邢周报》）

凉水泉：咫尺秘境

去凉水泉村还真不容易,从邢台市区开车停到沙河市綦村镇孔庄村,而后还要步行 10 多公里山路。

通往凉水泉的山路没有一米平整,全是碎石土路,行走一路,像享受了一场高强度足疗,硌得人脚底板生疼。来回一天,一共走了差不多 25 公里,脚底磨出两个水泡。不过,凉水泉值得一去,只为看看洞天美景,见见世外桃源。

凉水泉,可以说是离邢台市区最近的秘境了。

洞天石扉,訇然中开

山路诚然难走,却因此阻止了许多世人的打扰,使通往凉水泉的路上充满了静谧和荒凉。谷中不时吹来凉风,更显寂寥。这条偏僻峡谷,如果不是有人带领,我是绝不敢贸然独行的。除了在谷口遇到几个不知做什么工程的路人,穿越整个峡谷没有遇到一个人。

安静,在早晨 7 点的太阳还没有大放光芒的时候,峡谷里安静得让人心慌。我的向导,65 岁的范心明老先生原是凉水泉人,不过很早就搬到山外位于邢台县丘陵地区的喉咽村生活了。据他介绍,从谷口到凉水泉差不多是 10 公里路,先是七里床,之后是八里峡,到桃园村再走 2.5 公里就是了。

20 世纪 50 年代,群众在八里峡峡口修建了水坝,从那时起就要走沿着峡谷一侧的绕山路才能进去。火热年代修建的水坝早已失去了存在的价值,路依然崎岖,是似乎永远不曾改变的碎石路。

孔庄背后的谷口起点还是很开阔的，约有百米宽。两侧山势起伏，植被多是荆棘，少有大树。蜿蜒曲折，向里越走越窄。途经一座废弃的山神庙，七里床就算过去了。床是河床的意思，以前有河流从沟里淌出，故名。如今在河床一侧的岩石上还残存着被河水冲刷过的流水痕迹。

从山神庙开始要弃沟上山，因为前方不远处有水坝堵路。这样，就比传统上从峡里走，多出二三公里路来。循着碎石铺就的山路，在半山腰绕来绕去。凌乱的碎石被拖拉机辗出了两道车辙，这几乎是唯一标识的人迹。我猜想，拖拉机司机一定技术不一般，才能通过这条充满危险的悬崖小道。

峰回路转，气象万千，太阳时隐时现。山顶植被茂密但并不高大，我们暴露在阳光下踽踽前行。峡谷对面的山上有放养的山羊群，不见主人。山是很值得细细观看的，其形势是太行山脉典型的嶂石岩地貌，相比别处，更显得清新许多。也许是"养在深闺人未识"，没有外界过多的打扰，整条峡谷保留了原生态的气色。

绕过库区，回到谷底。山脚下，又是一处休息点。向导指示我放下背包，还笑着说："包放在这里两天都不会有人拿。"说罢便引我走进一处促狭的山缝里。范心明说："这里叫作月亮湾，你进去就知道了。"刚一走进，顿感寒凉，咫尺距离，而气候不齐。连植被也不一样，月亮湾外是荆棘遍布且令人烦躁，月亮湾内却是一地喜阴植物，阔叶青翠，娇鲜欲滴，温良几许。进入其间，才被酷热撩起来的不安刹那间消除。方才硌脚的碎石换成了细腻湿润而柔软的泥土，走起来如踩在海绵上，舒服极了。这里似乎从来不曾有人来过。

月亮湾能让最没有文学修习的人联想到陶渊明的《桃花源记》。"林尽水源，便得一山，山有小口，仿佛若有光。……从口入。初极狭，才通人。复行数十步，豁然开朗。"月亮湾毫不夸张，正是如此。只是里面没有住着"不知有汉，无论魏晋"的逸民。200余米纵深，月亮湾尽头是一方阔大如上弦月的天井，月亮湾得名于此。天井层林掩映，光芒如缕。天井一侧有瀑布流水痕迹，多雨时节，积水成潭，不知所踪。

从月亮湾出来，复行1~1.5公里便出了八里峡。若不是水坝拦路，想象从峡谷循路穿行一定是另一番绝美体验。

山色峥嵘，流水石下。这里有水，却不在地表不在地下，而是翻开石块，便可看见有暗流在沿途的碎石下面汩汩流过。八里峡宽不过 30 米，窄只有 10 米左右。路上谈笑，战争年代这真是一个打伏击的好地方。

荆条、果木、犁把和山羊

抗日战争时期，曾有八路军地方武装在这里和日军战斗过。那一仗，八路军牺牲了十几位战士。

从孔庄谷口起点，穿过峡谷途经的第一座村庄叫作桃园村。桃园村没有桃树，或许是当地先民也觉得自己生活的地方和古文中描述的场景有几分相似，于是攀上了这么雅致的名号。过桃园村 1.5 公里叫作黄土咀，再走 1 公里是凉水泉。凉水泉是这条峡谷的生活中心，但不是尽头。过凉水泉 1 公里还有一座叫大地窑的村子。

当年的战斗就是在黄土咀打的。八路军大意吃了亏。由于不能打扰老百姓，在一个月黑风高夜，一支 30 余人的八路军武装在黄土咀村外的打谷场露天休息。峡谷外的日伪军探知消息，趁夜摸黑进谷，放倒岗哨后包围了这支队伍。一通扫射，牺牲了十几名战士，剩下的人冒着生命危险从高台谷场向下滚，沿后山路撤退，终得脱险。

身临其境，我的脑海里不断脑补当年的惨烈。得以脱险的后

巨石悬空龙王庙

山路通往邢西名山奶奶顶。黄土咀曾有一座大庙,是奶奶顶的属庙,在战争年代毁弃了。

关于凉水泉村的由来颇为离奇,个中曲直不太可信,暂且缺而不叙。可以肯定的是,这里曾是富庶地。40年之前,桃园、黄土咀、凉水泉、大地窑合为一个大队,原为邢台县西黄村镇营头公社,后归龙泉寺乡管辖。四个村分别成立一个生产队。广义的凉水泉村是行政村,包括这四座山村。

凉水泉村民大多姓范,通往凉水泉的峡谷也叫范家沟。范家沟辖地广大,范心明说:"东至撂羊庵,西至红门山,南至段家坪,北至栲栳红,曾经都是范家的地方。"这个夹在朱庄水库和秦王湖之间的独立的狭长谷地物产丰饶,土地肥沃,历来远近闻名。历史上,凉水泉名号多次变化,新中国成立前这一带叫西泉社。谷中不缺水,上交皇粮,年年第一。然而,粮食还不是这里的主要收入来源。

凉水泉最有名的风物是荆条制品,如荆筐、篮子、笆斗(栲栳)、簸箕等。邢台市区新世纪广场对面的华丰蛋糕总店以前就是专门售卖荆条制品的商行,其中多有凉水泉村的物产。地理环境和气候决定了峡谷中适宜生长荆条,全村几乎人人都会编荆条。不分年景,年产10万公斤荆条很寻常。

除了荆条,果木和其他木材制品也很兴盛。核桃、栗子、酸枣,这些太行山特产,凉水泉都有且丰。柳树、楸树、杨树、枣树满沟满谷。农具上的手把也是凉水泉村收入来源之一,一年量产几万根。

草木茂盛的地方,养羊就成了自然的选择。凉水泉养羊是传统产业,此地山羊要将近2年才能出栏。以绒山羊为主,每年售羊毛也是一笔不小的收入,淘汰下来的老羊卖羊肉。

如此富庶,当年日军进谷,觊觎这里的物产也当是目的之一。

凉水泉最鼎盛的年月是在经济尚不发达的计划经济时代。当时,从谷外孔庄进来担一担50公斤重的货物出去,大队给2元钱。正常上工一天才0.2~0.3元。物资丰盈和交通困难的矛盾使望天收的农民视进沟往外运货为一项增收的重要路子。尽管路途艰辛,这差事却也是托人拉关系才能谋得的。于是吃苦耐劳的人们白天正常上工,趁着夜里担一个来回。

如今盛景不再。改革开放以后，随着社会生产力进步，荆条制品被塑料制品大量取代，农具逐渐机械化，果木物产有交通更便捷的其他地区供应，凉水泉失去了向有的辉煌。沟里感到时代落差的人们开始走出凉水泉，外迁他乡。

从朝圣要冲到边缘的边缘

凉水泉宛如秘境的存在满打满算也不过50年光景。50年前，凉水泉是人们朝圣"小西天"的必经之路。

号称"小西天"的奶奶顶供奉着碧霞元君，曾经是邢台及周边地区香火极旺的道场，尤其是在沙河、邯郸两地，信众非常多。那时，每逢春月烧香时节，香客、商贩往来途经凉水泉络绎不绝。《邢台县志》记载："正月初一起至三月十五日止，奉香火者男男女女四方之人踵相接也，鼓声钟声人语佛号喧沸岩谷，香火之盛几与东岳泰山埒。"

连接七里床和八里峡的山神庙曾经就是一处香客落脚的驿站。驻足饮水、吃饭、休息，石阶上下坐满了人。庙旁还有凉棚，炸油条的店家在这里招揽生意，为打尖的旅人提供饮食和茶水。现在，山神庙历经风雨早已倾圮，在长满杂草的石台上，佑护着远去的热闹。神龛仍在，还有过火的痕迹，也许神明不曾离去。

那时水坝尚未修建，人们来来往往行于沟里。坎坷的石路，日久天长被人踩磨成了光滑的石路。香客们来自各地，在路途中交流着不同的信息。深山沟里的凉水泉并不闭塞。

终于，他们走到山脚下，开始登山，这是体力和心意的考验。许多人一路走来已经力尽筋疲了。我能够想象当体力不支的老者登上奶奶顶，向神灵许下愿望时的满足感。

新中国成立后的数次运动，教育人们"不问鬼神问苍生"，香客零落了。后来，经济发展的红利惠及了这里的人，却没有惠及这座村。凉水泉终于被时代边缘化，过往的一切都不存在了。偶尔有几个探知此地的资深徒步爱好者会穿越奶奶顶，由南坡登山。大部分游人按照小西天风景区规划修建的山路从北坡游览，而忽视了他们脚下这座略显荒芜的古村落。

古村落已然荒芜。村中许多石造屋舍已经塌落，房顶石板破败，院落荒凉芜秽。这里很多人早已迁徙出去，行政村建制也同时撤销。曾经繁盛一时的凉水泉，在经历战争的洗礼，运动的喧嚣，经济的挤压后，终于在行政上以一纸文件作为生命完结的仪式。

略显荒芜的凉水泉

结束，是因为迫不得已。1996年大洪水，山洪几乎冲毁了凉水泉的一切，半条沟被从山上冲下的石流埋没，良田美景，毁于一旦。山洪成了凉水泉最后的送别者。今天的碎石路就是拜当年山洪所赐，蒿草挣扎着从石缝中生长开来，不知有年。

如此困顿，凉水泉竟然还有人住。从1997年开始，凉水泉山沟里的四个自然村主体搬迁到了邢台县石相村。在凉水泉人心中，那里的环境比老家差远了。受不了山外迁出地附近化工企业污染的村人开始季节性地返回家园。56岁的凉水泉人范心英说，他们冬季在石相，开春到秋收回到凉水泉牧羊，顺带种点儿玉米、蔬菜，自给自足。

从桃园到凉水泉,羊群络绎。山谷石路上,32岁的桃园人许燕彬独自坐在岩石上,一条黄狗偎在他身边。他牧放着200多头山羊,日复一日看山、看羊、看石头。年纪不算大,也是老羊倌,他们家三代牧羊。除了牧羊,也没有别的活计。

他说,政府发文,为封山育林,所有放养羊群一律禁止,今年10月1日之前要落实。

"那羊怎么办呢?"

"杀了卖肉。"

"以后怎么办呢?"

"再说吧……"

(原载于2014年8月17日《邢周报》)

峡沟：峡里谁知有人事

大凡村落由源起，到繁衍，到兴盛，再到衰落，原因很多。在邢西太行山区的历史上不知有多少村落，一时勃然，又终归沉寂。可从来没有一个历史时期，如今天这般，给生活在这一方山水数百年的古老文化带来这样巨大的变革。

这变革是时代的进步，是城镇化的结果。为了获得更好的生活，当山里的人们纷纷走出大山，集聚在城镇，他们背后的故园于是成了对一段行将远去的文明的最后记忆载体。

峡沟村，一个很能让人体味到"时运不齐，命途多舛"的地方。

峡沟村的命运

知道峡沟村的人还是有一些的。因为峡沟水库和挂壁公路的缘故，几乎每天都有垂钓爱好者造访峡沟水库娱乐。真正以游玩为目的的人不会只去峡沟村，而是一定要去距离峡沟村大约8公里的王硇村。

王硇村在外，峡沟村在里，相距不远的峡里峡外两个村，其命运何其有别。王硇村早已为山外人所熟知。600年前，四川人王得才徙族于此。这座被标签为"太行川寨"的古村落有着典型的文化符号意义，吸引了从中央到地方各级媒体的关注。

对王硇村的介绍是这样说的：

王硇村地理位置优越，群山环绕，环境优美。石楼是村里的主要建筑，现存石楼130座，2000多间，建筑面积12000多平方米，占全村面积三分之二以上。石楼不仅设计科学、造型优美，而且结构坚固、居住舒适。特别是清一色的红石砌墙、蓝瓦布顶的建筑风格，既有太行建筑之雄伟，又有四川建筑之秀丽，堪称南北文化融合之结晶。石楼在建筑上遵循"有钱难买东南缺"的习俗，且院院相连，户户相通，家家有楼，逢岔路口必有耳房。整个村庄俨然一座攻防兼备没有城墙的城堡，是河北乃至全国保存最完好的明清建筑群落之一。

王硇村曾是沙河县抗日政府所在地。邓小平、朱德、刘伯承、李德生、杨秀峰等老一辈无产阶级革命家曾经生活和战斗在这里。抗日县政府、抗日独立营、抗日高小等旧址保存完好。

有这样的历史文化资源，王硇村理所当然地成为人们纷至沓来的周末休闲目的地。那里也很早就形成了相对完备的旅游服务体系。吃住便宜，商品丰富。王硇人大多也已经习惯了作为一个旅游村所应该具备的生活态度。王硇村在邢台西部山村中算是热闹的。

比邻的峡沟村不像王硇村那样有一位有名有姓的祖先和一段可以铭刻的村史，但却足以表征邢西太行古村落的生存样态。这里太安静了，尽管这里的人们不希望安静。

一外一里，一动一静，两个村落天壤之别。王硇村还焕发着生机，峡沟村可以说是已经快要失落了。这种强烈的对比能够让旁人觉得峡沟村生活在王硇村这个样板的阴影里。

每一个村落都有自己的过去，每一个村落都值得人们去品味，每一个村落都孕育着生活在那里的人，而人，原本是没有差别的。怀着尊重的心情，我离开王硇村来到峡沟村。

这是一个同样美丽的地方。

峡沟村的面貌

峡沟村位于沙河市柴关乡。沿着册井柴关公路一路向西，尽头就是峡沟水库，水库得名于峡沟村。一座水坝分割了峡里峡外"两个世界"，唯一连接"两个世界"的是一条人工开凿的如山洞般的挂壁公路。这挂壁公路和闻名遐迩的河南郭亮村的几乎一样，只是长度略短，只有500余米。

要入峡沟村，就要从这"山洞"里穿行。于是峡沟村也被不少人比喻为"桃花源"。进洞之前，要把车停在峡沟水库办公区院外的临时停车场。一个卖冰棍的当地人走过来收了5元停车费，算是插曲。

车技高的司机可以开车进去，山洞刚好可以容纳一辆汽车通过，左右不过余留了10厘米间隙，很考验技术。倘若两车"顶牛"，确实尴尬。当地人进出峡沟一般骑摩托车，从村里到峡外最近的柴关乡大约30分钟车程。每天有骑摩托的当地人和外地人频繁来往于隧洞中，离很远就能听到发动机的轰鸣声在洞中共振产生的回声。

洞，并不完全藏于山中，隔一段路就有凿空的岩壁，像窗户一样放进光来。有的凿空处比较敞亮，像是飘窗一般。一处"飘窗"上有四五个中年村民带着孩子纳凉，洞内温度比洞外烈日下不知低多少。洞中稍有微风便觉寒凉，穿堂风把来时路上流的汗一丝丝抽光。行路的人愿意在这隧洞中多多停留。

隧洞外峡沟底就是峡沟水库库区，绿水清波，山体对峙两岸，山岩赭红，其间荆棘遍布。

峡沟水库1958年春动工，1961年8月建成，50多年来，一直发挥着设计作用。至今，它仍供应着沙河西部册井乡及附近6个乡，近10万人畜的旱季用水。

沿着隧洞继续走，时不时会有水滴从阴暗的洞顶滴落，显得安静许多。岩壁表面也有不少地方渗出水珠。部分路面泥泞，勉强通人。就是从这样的隧洞、峡沟里走出至少两代人。

壁挂公路与峡沟水库

出得洞来,眼前豁然开朗。山高谷深,日光遮蔽,晦明变化,光影层叠。未到峡沟村,已觉是桃源,确实有几分从电影里捕捉到的桃源感。再行约1.5公里就是峡沟村。路上看到水库湖边许多人在垂钓、游泳(这是被禁止的),甚至还有一群人热热闹闹地烧烤(这也是被禁止的)。库区并不大,但水够深。当地人说,最深处有四五十米。

水库湖边青草茵茵,沙土松软,有不少羊群留下的粪便。稍远处,暴雨山洪从上游冲下的碎石落满谷底,偶尔有蒿草从石头的缝隙中钻出。放眼看去,白色山羊斑斑点点遍布峡沟,在这里生活的山羊是幸福的吧。对游人来说,这也真是一个露营、休闲、游嬉的好地方。

峡沟村就在水库边的岗地上。从前,峡沟村有五六十户人家,300余口人,现在,只有十五六户,五六十人而已。这五六十人还是外出务工工闲回来和孩子暑假回来加起来的数量。这般冷落,村中显得十分安静,倒是午后的阳光,多少给了这座孤寂的村子几分温暖。偶尔有小孩儿从巷口跑出来,让人觉得唐突。我进村时,正是峡沟村人午休的时候。

满村石造建筑并没有什么明显特色,这里除了进出交通值得说道说道,也没别的了。

孤寂的峡沟村

这里只是一座普通的邢西山村。

峡沟村的前途

离开的峡沟村人大多搬到了册井乡。留下来的人面对故乡,除了不舍之外,心中还是怀着希望的。

村里人说,地方政府已经启动了面向峡沟水库的旅游开发规划,只是许久没有看到动静(本文刊发一年后,大规模旅游开发忽而兴起,不久又因故停滞),坚守在这里的峡沟村人不少已经动摇。

多年来,他们坚守的动力是能够在这峡谷里牧羊。现在禁牧令下来,要么正规化圈养,要么禁牧,无法散养牧羊,就断了一条生路。何去何从,连他们自己也不清楚。留守村民指望凭借峡沟村人的身份能够在新的旅游开发中获得收益,但这只是一个梦想。旅游开发的红利能分给他们多少还是未知数。

35岁的周军平就是彷徨中的一分子。峡沟村的土地不算肥沃,只能种一些玉米和少量谷子。峡沟村依傍水库,而且山泉水长年不断,更有若干蓄水井。水源如此充沛,比热闹但少水的王硇村要好。王硇村至今不少人家在冬季仍要靠雨季存储的雨水生活。不过,峡沟村的村民说,他们耕作也是"望天收"。这似乎是很令人费解的事情。

原因很简单:种地不挣钱。尽管当前种地的政策环境可以说是中国历史上最好的,但种地所得,远远达不到从事其他营生所得。人们不乐意辛辛苦苦打理庄稼,多获得的收入远远低于时间成本。时间成本这个词在邢西山区农耕地带体现得如此生动。

留在这里更主要的目的是牧羊。居留在峡沟村的十几户人家,大部分家里都牧羊。每家养羊数量从七八十只到一百四五十只不等,主要是绒山羊和黑山羊。羊绒和羊肉才是他们的主要收入。

峡沟里的羊肉品质好,往往要长到3年才卖掉。周军平说:"我们这里的羊价格相对比较高,都不在本地销售,有从广东、福建过来的人收购。邯郸是个集散点。"

养羊虽多,但这里的植被较少破坏,尤其是酸枣树,满山遍野。中秋前后,收酸枣的人也就进山了。来峡沟水库游玩和采购的人不会真正感受到这里的生活节奏，只有当地人才深知自己的酸甜苦辣。

村中很多年轻人就近在沙河各个矿口打工，有些在坚持，有些回来了。回来的人说："放羊比下井挣得少，但是安全、自由。"他们还用了一个很有尊严的理由："在家能更好地照顾家庭。"

如果羊不能放了，就只好出山，反正这些最后的峡沟村人"要在都在，要走都走"。他们期盼的旅游开发确实是个好方向，自然景致可圈可点，峡沟深处更有明长城遗址隐没山间。

一进村，有一块才立不久的石碑写着"埋兵岭遗址"。抗日战争时期，八路军指挥机关，有称彭德怀，有说是刘邓，曾在这里短暂驻扎过。20世纪40年代初，日军开展冀南大扫荡，得到汉奸密报后，从峡沟北边山岭包抄，压顶下来。保护首长转移的八路军某部与日军打了一场恶仗，官兵牺牲了60多人。

峡里谁知有人事，世中遥望空云山。峡沟村太平凡了，它深藏在邢台西部山区而名不见经传，它从没有成为世人的焦点，以至于人们大多不知道在那片山中还有一个那样的村子。它也确实不值得让世人花费过多的时间了解。峡沟村的故事在山的那边继续着，只是在山外的人们来看，如果不是行将结束，便是要换一个篇章。

总之，是要变了。

（原载于2014年8月24日《邢周报》）

峰门村：空心之后

峰门村很难说是一座正在消失的邢西太行古村落。对于这样一座尚有800余口注籍人口的大村子，这么说，恐危言耸听了些。然而，村中老人看着青壮年远去打工的背影，大多没有察觉生活中深层次的变化，又或者不愿承认他们就要和过去几十年，甚至几百年习惯的生活说再见。

峰门村确实像是已经走上了这条行将消失的路子。业已空心的峰门村核心古建筑群仿佛在向世人昭告，这是这一古老山村的蝉蜕。

那盘踞在古旧石屋周围的现代生活，是新生还是挽歌？

峰门村民居

峰门村：空心之后

一过峰门便进山

当人们已经习惯了进山的柏油路后，很难记忆起通路之前的交通状况。古时候，从古邢台顺德府进入山西省，峰门村是一个重要的交通坐标。

这里原叫峪口。从地理上说，峰门村地处太行山地和华北平原的结合部，村西是太行，村东是平原。峰门原本是个山隘口，可想其在历史上的交通价值和军事价值。

74岁的峰门人杨能和对我说，峰门村历史悠久，村口的庙，在唐代就有记载。峰门村杨姓居多，大概占七成。还有刘、赵、苗诸姓。这里原本是姚、郝二姓聚族，明末社会动荡，杨氏由邢台县皇寺镇迁居于此，繁衍壮大。

峰门村离太子井乡只有1公里，且就在323省道（邢和公路）边，交通便利，离市区也不过20公里。这是我这一系列探访中交通最便捷的古村落之一。

正是有这样便捷的交通，才容易让人们忽视它的落寞。峰门村消失的不是肉眼看到的村舍，而是它绵延古今的山乡文明，那种结村而居的农耕文明。

这里又是一个缺水的地方，从来"望天收"。20世纪80年代，峰门村集中财力接连打了十几口机井，没有一口出水的。如今村中只有3口饮水井，家家户户都有雨水蓄水池。饮水勉强可以，浇地只能靠天。

这里土地不算少，每户合五六亩地。全村800多亩耕地，不怕涝，怕旱。对邢台西部山区造成历史性影响的1963年大洪水和1996年大洪水，对峰门村的影响都不大。这也许是地势的缘故。洪水再大也有收成，可是天旱就完了。20世纪90年代时，村里还广种麦子，现在基本是更耐旱的玉米了。

峰门村人占据地利，历来也不靠种地谋生。这里是古时候沟通太行山转买转卖的中枢。华北邢襄的物产，经过峰门村运进山西，山西的物产再从门前经过运回顺德府。古代运输靠人力步行骡马驮运，大概五六天一个来回。山西的皮子和鸡，顺德的布匹和盐是峰门人最常看到的贩卖商品。

尤其是盐。抗战年代，日军封锁太行山，浆水发生了大面积的缺碘症（粗脖子）。盐作为禁运物资，珍贵得很。峰门村及其附近村落，许多人偷偷贩盐给八路军和山里百姓。这些夹带的私盐一旦为日伪军发觉，是要掉脑袋的。许多人因此而送命。"盐的差价高，挣钱，敢干。"当地人说。我相信利益的驱使才是原始动力。

峰门村人和山西的联系，是自古以来的，尽管它离邢台更近。如今，村人外出打工也多往山西走，从事煤矿、石子场等工作居多。近些年，国家对环保和安全生产管得严，许多年轻人返回村里，"等待风声小了，再回去"。

过去的和怀念的

下午5点，我在村中见到许多纳凉说话的村民，其中不乏抱着孩子的中青年人。打工的村人只有趁着工闲才能和子女温存几日，他们的心时刻想着山西。

峰门村又是一种代表。在这里，可以很清晰地感觉到村落的时代变迁。新建房舍不少，占据了大半个村子。一座座新建房屋包围着峰门村旧址。生活条件改善的峰门人围着村旧址盖了一圈又一圈砖瓦房。古老的石造古村落旧址保存完好，只是长满了杂草。

旧村址是数百年的沉淀，新村舍是近30年的面貌。看着眼前几乎废弃的老院落，叫人觉得峰门村已经亡过一次了。如今，峰门村的核心区域几乎没有人家居住。和相对热闹的外围相比，这里更宁静，连狗的叫声都显得透彻。

墙壁上的"文革"标语已经斑驳。大概40年前，这里还是峰门村的政治文化中心。短短几十年，时代环境演变的烈度是多么深刻，山村的社会生活结构居然发生了改变。

旧址村头有一架石桥，造型精美，进村道路从桥下经过。我猜想，这架像是城门的石桥，也许就是邢台山区—平原的分割点。我从石桥下经过，看着两侧高耸的石墙，这是一条隧道。老村就在两侧高地上，易守难攻。顺着道路逐级而上，石造建筑鳞次栉比。说这里是从邢台市区进山的大门，再形象不过了。曾经有多少商队往返于这座桥下，只是为了生活。

隧道如同河道，分割了峰门村。在旧村址有一处像是祠堂的建筑，造型独特，建筑水准上乘。门口左右各有一排马槽。这是峰门村曾经物流辉煌的记忆残存。峰门村过去以运输为业，马厩自然是养大牲口的地方。马槽也是峰门村旧村址里非常普遍的留存，几乎家家户户门前都有这么一个配置。遗憾的是，许多建筑已经颓败,透过门缝可以看到里面的墙体歪斜,蒿草足有 1 米高。

村中乔木落落,在夕阳下透出层层历史感。过往的生活轨迹被时代的洪流冲刷,时代巨变下的峰门人自然地选择了新的生活,而留下过去的建筑作为无所谓的记忆。保存着记忆的人们终将远去,新的人们还会留给这些历史多少机会呢?

一个时代的见证者

峰门村规模不小。我走到一条曲折的过道里,抬头看到一处青石垒砌的院落,院落里有老人对话的声音。木框门头上钉着一块邢台县颁发的铭牌:离休干部。叩了好一会儿门,才有一位老大娘出来。他们一定是没有想到会有客人到来。

峰门村旧址里颓败的马厩

听村民说,峰门村有一位新中国成立前参加革命的独臂英雄,想必就是这家了。"我 1947 年 2 月参军,是中国人民解放军刘邓大军三纵 8 旅 24 团迫击炮连战士。" 91 岁的离休干部刘万春老人端坐在圈椅上,空着一条袖管,带着浓厚方言的口音听起来很沉着,只是他的耳朵有点背。适才开门的正是他的老伴,叫杨秀芹,今年 84 岁。老两口结婚 62 年,相濡以沫。现在子女不在身边,偌大一个院落大多数时间只有他们两个人。

刘万春精神矍铄,笑起来开朗得像个孩子,令人忽略了他缺少的右臂。那是 1952 年,全国基本解放,时值抗美援朝,刘万春所在部队一部移防山东益都(今青州)火车站,这里有发往东北的物资。他是机枪独立排排长。一天,火车站遭到敌军飞机空袭,机炮打断了他的右臂。救活后,刘万春转业到邢台县农林局，后任木材公司经理，1962年离休至今，在家中度过了半个世纪的恬淡生活。

他是地地道道的峰门村人。

老人讲话时间一长就会头疼，可面对愿意聆听的人，他还是断断续续讲述了他的从戎经历。刘万春参军后，1947年随部越过黄河，开进山东羊山参加了第一次战斗。前后1个多月，他所在的刘邓大军消灭敌9个半旅，这是八路军（刘老口述，当时已改称解放军）首次反攻。史称"鲁西南战役"。

战役结束后，刘邓大军原本计划返回河北武安整训。大部队北行5天后，国民政府蓄谋掘开了黄河，放黄河水淹了十几个县，企图阻止并包围刘邓大军。面对北不能回河北，后又有追兵的情势，党中央、毛主席指示刘邓向南挺进，进入大别山区，跳到外线开展斗争。史称"千里跃进大别山"。这正是解放战争由战略防御转为战略进攻的标志。

刘邓大军仓促跃进大别山时是没有经过充分准备的。1947年9月，刘万春所在部队进入大别山区，在安徽省西部金寨县迂回。那时大别山区是敌占区，没有后方基础，群众工作要重新开始。夏天打鲁西南战役，战士们只穿了单衣，连军装都不统一，遑论越冬衣物。大别山区冬季异常寒冷，没吃少穿，靠铺稻草取暖，行军生活变得很艰难。解放军军纪严格，老百姓给吃穿还好些，实在给不出就只能忍着。"大别山的老百姓，真好！"刘万春陷入了沉思。

1948年底，刘邓大军主力转向平汉路参加淮海战役，留3个团守大别山，其中就包括刘万春所在的24团。主力走后，国民党军立刻反复"围剿"，加上生存条件艰难，这3个团渐渐地丧失了战斗力。24团齐装满员3000余人，到淮海战役结束时，只剩下700人。他们连原有150人，6门82口径迫击炮，最后只剩下22人，1门炮，刘万春是二十二分之一。"死伤很大，每天丢俩人。"刘万春痛苦地回忆着。

三大战役结束后，国民党军南撤。24团补齐了员额，改编为中国人民解放军11军32师96团，参加渡江战役。"我们是第一批渡过长江的部队，一直打到福建。沿途的国民党军败得真惨，我们1个团就缴获了200多辆轿车，全是国民党当官的想往台湾跑。"刘万春老人很平淡地说，"后来，我们奉命3个月开进大西南，准备解放重庆。当时就靠两条腿，走了2000公里路。10月1日新中国开国大典当天，我在汉口。12月20多号，我们是第一支进入重庆的部队。"老人说罢，把头扬了起来，靠在椅背上。他又头疼了。

我没有想到在这里能遇到有这样传奇经历的村人。为了"保卫胜利果实"参军，回到故园他失去了一条胳膊。几十年风雨，眼睁睁看着这片山村失去了原来的模样，甚至它的命运都未卜。平凡的古老山村，一旦丧失活力，便只剩下传奇。

老人家的院子非常精致，种满了各种树木。庭中的梨树已经缀满了果实，杨秀芹大娘执意让我摘几个梨子尝尝。梨不大，但很甜。这还不是完全成熟的时候，过了中秋就差不多了。梨树是刘万春手植的，每年都能结下许多果实，稠得很。春天时，梨花如雪，在小院里飘落。春华秋实，就这样一年一年过去，生活取代了战火。

我在想，67年前，当刘万春背着行囊离开峰门村时，他身后的峰门是个什么样子？那个时候的村人知道他们延续了千百年的生活，就要在接下来的几十年里不断地发生变革吗？

（原载于2014年8月31日《邢周报》）

后熬峪：离文明6公里

我掀开帐篷，晨曦，树林荫翳。第一缕阳光透过叶子洒落露珠包裹的古村。

村中乔木很多，空气清新极了，还有些冷，处暑已经过去好久。其实我是被鸟鸣叫醒的，喜鹊还是啄木鸟，夜莺还是布谷，我是分不出来的。只听到许多鸟儿在我的周围兀自鸣啼，以它们的方式开始新的一天。

吱扭一声，有院门开合的声音。我支帐篷借宿的屋主侯二长大爷要出门采摘野生酸枣了。在这个酸枣成熟的季节，运气好，他一天可以收获5～10公斤，按每公斤3.6元计算，最多也不过30来块钱。可这钱对他很重要，因为这年月的土地收成是靠不住的。

水库割断的文明

后熬峪，位于邢台市朱庄水库北岸，在一条山沟里，行政上属于邢台县龙泉寺乡。这里距龙泉寺17公里，需要绕过村西的山梁通往乡里。从卫星图上可以清晰地看到后熬峪坐落在一个开口向南的倒"U"形山坳尽头，朱庄水库封住了它的出路。它和因邢台人"赏杏花，看野马"而颇负盛名的西牛峪村背靠背，一山之隔。

去后熬峪，一般的路线是走羊范镇，经喉咽村和东、许、中、西坚固村，到朱庄村，循朱庄水库大坝下的一条北行烂路上去，一条道走到头就是了。村子离市区40公里。

从朱庄水库大坝脚下到后熬峪是6公里山路，这6公里路隔绝了这座平凡的山村。1971年10月，朱庄水库开工建设后，这座曾经勉强能够接触现代文明的古老村落，开始逐渐远离社会进程。

40年来，城镇化几乎泽被到后熬峪的脚下，却再也没能前进一步。任凭山外在跨越式发展中日新月异，村子几乎没有变化。以40年前的生产方式，过着40年前甚至更古老的生活。抛弃后熬峪的是向前奔走的社会和生活在这里的人。

后熬峪的生活是被朱庄水库割断的。在水库兴建之前，库区分布着几十座村庄。在这些村庄的陪衬下，后熬峪虽地处边缘，但并不孤单。这些村落之间姻亲相连，构成了一个比较稳定的地方文化生态圈。水库兴建，库区周边村庄纷纷迁出，后熬峪恰好不受影响，免于搬迁。故园得以留存，但姻亲村落的离开使后熬峪客观上与社会几乎隔断。

其他村子投奔了新的生活，朱庄水库也发挥着防洪、灌溉、发电、供水的重要作用。时代进步，让库区及下游数以百计的村落有了更多的选择。时代进步，只留给后熬峪人一个选择：出走。

现在，远离交通的后熬峪，寂静地延续着它的生活。这座有200多年历史的山村，建筑格局在风云际会的改革开放40年里几乎没有什么变化。沿着前几年才修通的"村村通"公路来到这里，第一眼看到的是一座石桥把后熬峪一分为二。

石桥东是村子的老区，后熬峪人的先辈们最初就定居在这里。村西是后来陆陆续续增添的新房屋，一样是太行山区特色的石造建筑。只在村口延展出的一排最新的建筑中，有人家选择用水泥抹墙。这几栋水泥建筑在古朴的后熬峪里显得特别突兀。但这突兀的符号几乎是后熬峪唯一的现代气息。石桥下原本是从山上汇集的水流，只是今年干旱，长满了杂草，显出几分荒凉。

没有村人愿意继续在后熬峪投入了。这里封闭的环境，让人们更愿意选择离开。为数不多的新盖房舍明显不如老屋在设计和建筑上精细和讲究。也许，对于后来人来说，在老家有个栖身之所就足够了，他们的生活不在这里。

此前，我在6公里外的朱庄村问路时，小卖部的年轻老板操着方言很诧异地对我说："你要去后熬峪？那里人不多了，全是老人。"这也许就是附近生活的邻居对后熬峪的全部印象，居住再远些的人们是连这个地名都没有听说过的。

养羊和种地

我来到后熬峪时已是傍晚。在路上,遇到了圪蹴在路边的羊倌侯玉民。侯玉民39岁,是前熬峪人。前熬峪和后熬峪在同一个山坳里,相去3公里。两村同姓侯,但源流不同。

去年初,侯玉民管亲朋借钱,以平均价格1300元,买了85头大羊。一年下来,连上羊羔,他放牧了150来头绒山羊。看着聚在半山腰的一片羊群,他愁苦了。邢台市里传达了禁牧令,10月1号起禁止养羊户散放。有条件的改为集中圈养,没有条件的,就只好赶在时间点到来前卖掉。他说,乡干部已经驻村,监督落实这项政策。

他愁苦的还不是禁牧后没有工作。侯玉民以前也下过矿,挣得比养羊多,出路多得是,只要肯干。只是如今,时间点临近,附近乡村的养羊户都在抛售手里的羊。原本1300元一头入手的羊,在这个节骨眼,收羊的商贩开具的价格是1100元一套,即1头大羊搭1头小羊。辛辛苦苦一年,钱没赚到,搭一头羊羔还赔200元钱。简单的市场经济供求关系让侯玉民想不通。

同样不理解的还有后熬峪人侯凤祥(音)。这个60岁的老汉身体好得很,说话间,三两步就登上了山顶。前不久,迫于禁牧令,他作价500多元开始卖羊,现在还有五六十头羊。侯凤祥当过兵,村人戏称他"老八路"。他是服从大局的,只是不理解为啥不让放羊。像侯凤祥一样,许多村民看到政策下来,只知道要干啥,不知道为啥干。

封山育林是正确方向。对邢台西部山区采取保护的新政策在落实中有时会和当地百姓千百年来的生活习惯产生冲突,这恐怕是不可避免的。毕竟不论山区还是平原,所有人都正经历着前所未有的时代巨变。山区百姓感受到的变化甚至更强烈些。我认为,今天影响邢西太行山区发展的许多政策,放在古代往往要用一个世代,甚至一个朝代来完成,譬如取消农业税、家庭联产承包责任制。即使是一些地方性政策,也在飞速变化的时代浪潮中,不断重塑邢西太行山区。

地方政策制定者统筹兼顾的行政命令对邢西太行山区深处的村民生活产生

的次生影响是巨大且深刻的。充满善意的白纸黑字无意中加速改变着已经脆弱不已的太行山区传统农牧文明。

受影响的不只是侯玉民一人一户，整个邢台西部山区的养羊户何止万千。养羊已经成为山区百姓一种熟悉的生活样态了。侯玉民们焦急地等待着最后期限的来到，他们侥幸希望能够拖延一两个月，到年底，把羊养肥了，兴许还能多卖几个钱。"挣钱是不指望了，赔少点儿就行。"侯玉民说。

至于圈养山羊，侯玉民算了一笔账：一头山羊一天就要一块五，150头一天要200多元。他的结论是："没挣头。"

种地吗？他家有两三亩水浇地和八九亩旱地。按他家的情况再算一笔账：籽种、肥料、二胺等种地必需的开支，差不多是2700元。可是今年天旱，旱地几乎绝收，水浇地能打1000多公斤玉米，辛苦一年，不赔不赚。他看看天，说："咱老百姓，庄稼地里没有收成，这羊要是再没了，两三年就白干了。"他这样说，还有些保守，因为他忘了算上还要还借的钱。

这个山峪里只有少量水浇地，基本集中在前熬峪，后熬峪很少。后熬峪人"有办法的，都出去了"。

湮灭的过往和留存

后熬峪人的精神状态给人一种滞后的感觉。这或许是生活在偏僻山区人们的共有特征，只是这里更明显些。山外的时代，进步得太快，跟上的人，已经离开。剩下的人，跟不上。

村民淳朴得很，我推着自行车走进村子，在侯金英家门口停下。他今年66岁，一个人住。我坐在他家门口的石台上，聊起了这座山村。他说："后熬峪改革开放之前啥样，现在还啥样。"村子没变，人变少了，年轻人一出去就不回来了。面对变与不变，这位明显思考过的老人用最质朴的语言提示我。后熬峪祖祖辈辈靠种地为生，以前也只是能温饱度日，现在这里还是只能温饱。只是"以前吃饱了，啥也不想，现在吃饱了，还想再挣点钱，那靠种地就不行了"。

我理解为：邢西太行山区百姓对物质文明的更高要求，逐步瓦解了深植在这里千百年的农耕文明。这是更深层次的社会变迁。1840年鸦片战争之后，西

人去屋空,杂草丛生的后熬峪

方工业文明对中国沿海农村的冲击,逐步瓦解了当地的农耕文明。140年后,改革开放时代背景下,邢西太行山区百姓对物质生活的自发追求,同样改造着这里的社会生态。这两件事的时间间隔虽然有点远,但仔细想过,也许就是这样。

入村太晚,在侯二长大爷家吃了饭便休息了。第二天才走遍了整个后熬峪。

后熬峪原有户籍人口270多人,56岁的村主任侯兵辰介绍说:"现在村里有30来户,八九十口。"封闭的生活环境,导致"成家受限制"。侯兵辰说:"这是最大问题。"外村的姑娘不愿意嫁到后熬峪吃苦,村里成年的小伙子很多都入赘到山外。依然是姻亲,成为后熬峪后辈们和外界联系的桥梁。村里很久没有办过喜事儿了。我看到这里不少人家已经人去屋空,院子里长满了杂草,有的甚至用作羊圈。

后熬峪的建筑,总的来说还是很完整的,且有许多看点。村东老宅保存了数栋二层建筑。这种建筑格局很有地方风格。一层开门在院外,是下沉式的。二层开门在院内,是跃层式的。原来,以前人们在一层存放带刃农具和其他工具,有的还把牲口养在楼下,一来可以保持院内卫生,二来也讨个刃具不入宅的彩头。

侯兵辰家的木雕门头很漂亮,在"文革"时偷偷埋在土地里才免过一劫。他家的四合院设计精巧。北屋二层,木质窗棂,方底圆券。他说:"原本这是一

后熬峪的二层石造旧居

座两进的院落,后来前后院分开了。"

我绕过侯兵辰家,来到他所说的后院,看到 85 岁的老大娘侯玲妮(音)独自一人坐在灶台前的板凳上烧火做饭,柴火是她自己捡拾的。柴火熏黑了墙壁,锅里煮着食物,蒸汽混合着烟气扑面而来,这是后熬峪村最古老的生气。

这个小院子里有一棵椿树,枝叶还算茂盛,叶子上的露水还没有蒸发。

(原载于 2014 年 9 月 14 日《邢周报》)

盘石村：空山新雨后

盘石村给我很大意外。它让我刷新了对正在消失的邢西太行古村落这一先入为主的概念的认知。这是一座比较富有的山村。在山沟里，它的样貌是别开生面的，至少对我而言是如此。

探幽访古的路上遇到欣欣向荣的表象，能不让人讶异？或许这才是今日邢西太行山村的主流和前途，很好。只是还没有来得及让外人充分记录那过去的过去，它便已迫不及待地斑驳了旧颜。

盘石文明生态村

通过一座石桥，"盘石文明生态村"七个大字端写在入村大门上。长驱至此，绕进山来，如此迎宾，给人感觉此地虽处山沟深处，但并非荒郊野岭。

盘石村分为前盘石和后盘石，两村相连，间隔不过几十米。整座盘石村沿着一条东北—西南流向的小河建筑，在河西岸一块缓坡台地上分布。依山傍水，高下林立。

前盘石多姓郝，后盘石多姓赵，两盘石沾亲带故，更有别的姓氏错杂共处。村中有二百七八十人常住，如今多是老人。老人虽多，但盘石村没有暮气。恰恰相反，盘石村焕发着许多新气象。

我原本以为，如此闭塞的山村，古建筑当存留完整。现实的情况令人出乎意料。整座盘石村，从前到后，几乎没有连体的石造旧居，凡青石屋舍多是独立。各种新式砖瓦房错落其间。有人家新房明显才建筑不久，窗框还没有装全。即使那些没有完全改建成砖瓦房的人家，也多数拆除了配屋，将示人的门楼砌为砖瓦，仅主屋保留传统石造墙体。不过，这类主屋的石造墙体外，大多被主人刻意地抹了一层水泥，显得和新建院墙浑然一体。

古旧山村的纹理夹杂着现代气息的新式房屋，盘石村早已开始了属于自己的变化。数年之前，盘石村开发旅游业的呼声不断，只是如今依然看不到整体规划实际开展。村民们等不及旅游开发的节奏，纷纷然自力更生去了。

自力更生得益于盘石村优良的水土。这里适合种植板栗和冬枣。尤其是板栗，可以说是留在盘石村发家致富的村民的主业。53岁的赵良志家的砖瓦房盖了有七八年，在邢西山区来说，是很漂亮的院落。正午时分，他正在

盘石村一户传统的石造院落

家休息，院子里墙角下堆着一堆还没有破壳的板栗，绿毛油油的。赵良志说自己家种得不多，年景好的时候一年收入四五万没问题。不过今年受气候影响，板栗能收一半都算是好的。

村中人家种得多少不一，一家种三四千棵也有，少的也有七八百棵。从立秋过后到秋分，前后差不多40来天，是板栗收获的季节。家家户户每天去林地里拾栗子，回来就在门口、院子里砸板栗壳。

在后盘石，一位剥玉米的老人说："年轻人都出去了，留在家里的大多是父母老人。"年近70的他种着700多棵栗子树，他说："一个人照顾700多棵树将将应付得过来。"他家子女都长期住在邢台市里，只他一人留在老家。有人口多的人家种几千棵也是没问题的，只是丰收繁忙时才需要雇人采摘。

板栗种植技术在早些年刚引进时，有农技人员帮扶，现在村里人人都是板栗种植专家，形成了盘石村的特色产业。每年从这里运出的板栗流入各地市场，为当地人赚得了不少收入。

板栗价格常年比较稳定，刚下市时是17.4元/公斤，现在是13元/公斤。新建的砖瓦房就有不少是用这一粒粒板栗"盖"起来的。富裕起来的生活，让当地人有能力迅速抛弃老建筑。

龙盘石与盘石寨

盘石村西面大山名叫盘石寨山，山上有一方大石，名叫龙盘石。盘石村的名字正是得于这方石头。历史上，盘石村一直叫作龙盘石村。中华人民共和国成立后，村人自觉要和封建思想划清界限，把"龙"字去了。

在盘石村向西望，可以清楚地看到一块被当地人称为"大立石"的青白色花岗岩。龙盘石就在花岗岩北边不远处。关于龙盘石的由来，有一段关于"小白龙大战蜘蛛精"的玄妙传说。传说起始年代已不可考，但龙盘石上鬼斧神工的盘龙印痕清晰可见，栩栩如生。

盘石寨山上的巨石

盘石寨山上没有人工痕迹，算是一座名副其实的野山。山路不明，荆棘布满。野生酸枣枝上的刺最缠人，一不小心就会被划破皮肤，或者扯住衣服，前行比较艰难。我对此深有感触。在探访盘石寨山时，我在半山腰处不小心一脚踩空，从陡峭山坡滑落，吃了不少苦头。

沿着被杂草荆棘掩盖的山路再向上，山顶是一片开阔有数亩的平地。村民说，他们小时候这里还有石造房屋数间，寨墙也还完整。如今，房屋只剩断壁，寨墙不过残垣。相传，这座山寨是东汉末年落草在此的黄巾军头目周仓所建，叫作周仓寨，今日地图上叫作盘石寨。

传说后来，关羽路过此地，收服了周仓。于是周仓弃恶从善，随关羽征战一生。当关羽败走麦城被孙权斩首时，周仓亦自刎以殉。这段事迹不见正史记载，《三国志》也没有周仓其人，倒是民间传说借由《三国演义》牢固了周仓的文学形象。另外邢台《顺德府志》有其详细记载，多少是风闻言事。除了周仓寨，这里还保存着数座山寨的遗迹。想必乱世时候，盘石村一带是落草的好地方。

也许正是看中了这里绝佳的地理位置，各路绿林好汉们才会在此结寨立足，称霸一方。盘石寨山是七里河流域和湡水（沙河）流域的分水岭。龙盘石西面是在野沟门水库会合了宋家庄川、将军墓川蜿蜒南下的野河河道。这条河道在距庞会村1.5公里处与西北来的浆水川合流，进而在庞会桥与西来的路罗川一道向南汇入朱庄水库。朱庄水库再向下是沙河。

龙盘石的东面，几道山梁像蒲扇一般，又如树冠枝杈一样分布。山梁之间的山沟，整体向东开口，从不同方向在东川口水库会合。东川口水库下游，经邢台名山天梯山，在邢台县南会村附近和从邢台县李、巩、于、韩家庄村方向来的干流合流，过姚坪村、皇台底向南就是邢台市区南郊七里河的上游。

一方龙盘石，从亘古时代就盘踞在邢台西部一座不起眼的山上，分开了两条河流。如今，石仍在，山仍在，只是河流暗淡了当年的景象。常年夏秋之际，也只有涓涓细流汇合在几座水库里。水库里的水勉强撑着宋家庄川、将军墓川、浆水川、路罗川等邢西四大河川当年川流不息的面子。

在山梁上的思考

盘石村诚然古道当途，是一个岔路口。古时马帮入晋，从盘石村向西翻山越岭，要么取道将军墓川，要么取道浆水川，就此分别。

古今殊途，今天从邢台市区通往盘石村的路一般是从邢左公路过庞会村，在距离庞会桥200米的拐弯处，有一条北向的小路，强通车，沿路直走，过河下村，复行3公里就到。从邢台市区沿此路到盘石村大约45公里。我去时选择此路。还有一条路，走邢和公路，在西黄村镇向马河方向，过东井庄向西走7公里乡间脊梁小道便是。

若是骑行爱好者，会选择一条汽车少走的僻路。沿邢和公路拐进天梯山，走东川口水库南岸，过西川口到东井庄，再循上述脊梁小道。远离南北的邢和、邢左两条跨省主干公路，夹在山间的这条乡道，也许才是真正古道（2018年邢台县新修通的抗大公路东段便是以此路为基础）。在东川口水库修筑更早之前，这条被库区淹没的大川确是沟通太行山东西的要道。从盘石村返回，我选择了这条远离汽车的骑行道路。

自西向东，从盘石村到东井庄，差不多一直在山梁上行走。道路南北两侧远处各有一道平行延展的山梁，三山夹两沟，人就在中间的山梁来去。两侧村庄建在沟里，一座座名字取得贴切。旮旯、贾沟、咀子、葫芦峪、马河、川口……从字面上看，这些就是在低地上存在的村落。

"古道西风瘦马"，历史上不知有多少商帮马队在这里匆匆行过，下沟上梁，贩运晋冀风物来回。收货的、运货的、贩货的，为生活在这一条条沟里的人们带来外界的新鲜事儿和传说。沟里的人们面朝黄土背朝天，一代代在孤独的山地里抠食。而今，两侧的坡地仍旧种着玉米，人们开着农用车把收获运回家去。在夕阳和晚风中，砰砰的马达声如挽歌唤起沉睡的记忆。

交通便利，运输通畅。这片山里的许多人走出了世代生活的故园，面对山外发展带来的机会，抓住，再不回来。保持了数百年不变的生活和生活的环境，在二三十年间潜移默化地发生着根本性的改变。被拆除后在原址新盖起的砖瓦房还只是变化的一个表面。更深远的变化来自那些已经几乎彻底离开山村的人，他们把在山区收获的财富投入城里,就像汇流的河水一样融入城镇化的进程中。

有村民故作自豪地问:"你知道这个村子有多少人在市里买楼(房)了吗?"接着自问自答地说:"几十户都买了,现在村里没有在市里买楼(房)的人家不多。"习惯城市生活的盘石村下一代,还会回到这条祖先开垦过的山沟吗?如果下一代中还有恋旧的人,那么更下一代的盘石村人呢?

这里的山货是牵连一部分人留下的原因,也是他们愿意投入改善住房条件的原因。青石房子的毁弃和砖瓦房的建造,也可以看作是盘石村内部城镇化的表现,这是城镇化的理念在山村百姓心理上的投影。赵良志家的洗衣机隆隆响着,这里的人们早已被纳入现代生活体系,和生活在城镇的居民没有本质区别。

山梁左右的村庄模样和盘石村相差不多,这一带的村落率先开启了住房改造。他们抛弃的是过时而落后的农耕文明,可是这农耕文明,派生了邢西太行山里千百年的喜怒哀乐。看着推倒的石墙,总让人觉得应该保留些什么?

(原载于 2014 年 9 月 21 日《邢周报》)

五条梁：鸡鸣三市

五条梁是一座很有地理坐标意义的村落。这里是邢台市的西南极。行政上，五条梁隶属于白岸乡前坪村。五条梁村只是一座自然村，是前坪村的一个村小组。这里向西不过几百米，翻过一道坡，就是山西省晋中市左权县；向南也不过几百米，越过一座岭，就是邯郸市的武安市。

这个如今只有10来个人的居民点，正处在它有史以来最大的命运转折点。仍旧生活在这里的人们，夹杂在滚滚向前奔跑的洪流中，迷茫着、好奇地、被动地接受着新的生活轨迹。

有一道无形的围墙圈住了这座鸡鸣三市的聚落。

五条梁一户民居前

五条梁：鸡鸣三市

去山西比去邢台近

一路上穿过杂草掩盖的古旧石板路，抵达五条梁已经下午1点多，村里人们刚放羊回来正在做饭。五条梁最多时也只有10来户，三十几口人。现在，只剩三四户，10来个人。

村中62岁的老人李二奎说："五条梁从有人住到现在五六辈儿了。"算来也不过100多年。村中各家各户几乎没有血缘联系，都是从外地陆续迁进来的。有从邢台龙泉寺过来，有从邯郸武安过来。他家和邻居李小书家都是从武安迁来，虽然同姓李，但不是一家子。

"武安那时候还没有开矿，闹饥荒，老爷爷没有吃的，就带着家里人跑到这里来了。"李二奎说，"这沟里有橡树，家人靠吃橡树果子熬了过去。"现在他们主要耕种玉米，还有少量黄谷子。旱情同样影响到这里，今年的收成并不理想。秋天，村民不得不进山采摘些山核桃和栗子，多少能换点零花。

虽然来自武安的多，但五条梁人口音乍听起来多少带些山西腔。46岁的李小书家摊了一地山核桃，一边拿给我，一边说："五条梁从来不通车，出山采购生活用品要么去山西，要么去前坪。去山西比去下面近。"

这话快要被纠正了，就在他家对面的山梁上，属于邢台的一侧正在修路，也许明年一条从山下正在开发的景区大门处直达五条梁的盘山公路就要建成。

在通路之前，这三四户人还要靠肩挑背扛买卖东西。李二奎的侄子跟他老两口一起住，我在返程路上遇到他正背着六七十斤核桃出山卖。他走得很慢，时不时停停。当然，通路之后，他们或许就要离开五条梁了。景区开业后，原住民大概不方便再居住在这里吧。

在五条梁谋生的路子还有一个——养山猪。这里地处太行山深处，人烟稀少，当地人说："山猪可多了，经常碰到，地里的庄稼被它们吃了不少。"

"攻击人吗？"

"怕人。"

李二奎就在山里捕获了两头山猪。去年一头，今年一头。他说："大山猪不好抓，小的好抓，有的大猪生了小猪不要了，丢在山里，一抓就着。"他家下面的废弃石院里那头50多公斤的大山猪去年抓到时才1尺多长。后院里还有一头才抓住的小猪。"山猪养大了,一头能卖2000多。"李二奎很满意他在山里捡到的宝贝。

五条梁整体石造建筑,或许是只有100多年的缘故,几乎保存完整。这些房屋不是一时建立的。因为居民来自不同的时代和地方,五条梁陆陆续续才有了今天的规模。有的人家已经离去,新的人家又搬进来。"最早的一户姓黄的人家没人了。"李二奎指了指"猪圈"对面的一围房屋。

五条梁一户人去屋空的民居

这里的老式石造建筑并不算精致,石头缝隙略大。想来也对,此地先民逃难至此也没有多少富余精力在住宅上多做考究。不过,所有石造建筑整体格局严谨,布局合理,实用性和功能性很强。

溯洄从之,道阻且长

五条梁不通车,自驾行可以直达位于前坪村的紫金山山门。这里有一个变化,去五条梁原本是到前坪村后,循着东边的一条小路,绕过新建的紫金山景区,沿半沟、岩子南村,折向西南,走山路到五条梁。

敢于挑战的户外达人,会选择从前坪村向西绕行,经后坪、小窑沟、常家沟村到五条梁。如今常家沟段的山路早已湮没,杳无人迹,当地人都轻易不会穿行。有人问我:"你从常家沟走过吗?""没有。""那可别从常家沟走,没有路,我们认识路的都不敢走。"

不论是东绕还是西绕都是绕过紫金山景区。不过上个月,紫金山景区扩大了开发范围。树立在山门处的景区路线图上,赫然标着五条梁。也就是说,五条梁名义上已经从紫金山景区外圈到了紫金山景区内。要去五条梁,就要经过新建的宏伟的山门,进山门,需要门票。

通过拨打紫金山旅游服务台的咨询电话得知,五条梁虽划入紫金山景区,但尚未开发。景区内通往五条梁的道路上也确实明确摆放着"未开放区,游人止步"的警示牌。不论开发还是不开发,通往五条梁的路就在那里,不改不变。

若是长途车,从邢西汽车站乘坐白岸方向的客车,可以在沿途贾道湾村下车。从贾道湾到前坪村还有6.5公里。风景从贾道湾就开始了。

白岸乡地处太行深处,位于晋冀交界。前一段时间阴雨连绵,洗刷得此处山色清新,植被茂密。赭红色的岩石让人感觉比外山纯洁许多。来途路罗川水流湍急,一条支流从贾道湾村向上直抵五条梁。天朗气清,林荫下舒爽极了,只是日头直晒时惹人发汗,在路边河道里淘两遍毛巾,搭在头上,河水清凉,还有青草香。

一条野瀑布从路边的山缝中喷出,不少自驾游客驻足观看,果然是深山区,水量充沛。外人开玩笑说,或许过几年,紫金山景区会把山门圈到这里。

进入景区范围,植被更茂密了。部分山路尚未铺好,溯洄从之,沿一条崎岖而狭窄的人工登山栈道拾级而上。恐高的人会畏惧这条悬空栈道。这是一条人工新路,传统老路要走骑峡关,没有这水流伴行。山一程,水一程,看着近在咫尺的瀑布,想起一句"飞湍瀑流争喧豗,砯崖转石万壑雷"。其险也如此!

泾流之大,时常漫过石板路。五条梁老乡说,这要多亏了前几天下雨,山上水多。往常没有这么多水,逢到干旱,一滴水也没有。五条梁就在这条水道的尽头。路过"游人止步"的警示牌，就算是出景区了。景区工作人员在电话里说："要注意安全啊。"

少有人迹的山路，两山夹峙，一水细流，风光更比此前幽。沿途尚有几处残垣断壁，想必这里曾经也有人居住，不知何年月搬出去了。经过几道荆柴扎起的篱笆围栏，就算到了五条梁的地界。看着废弃的围栏，揣测也许是羊圈。羊不在，圈还留。

枯黄的玉米秸秆种满山谷，今年大旱也影响到了这里。这场雨下得不是时候，太晚了。越过玉米地，几栋石屋错落在半山腰上。

五条梁到了。

乡关何处

何处才是家园呢？城镇化进程中，不知不觉多少寂静的偏僻山村纳入了"天下大势"。这其中又有不知多少村落在不经意间退出了历史舞台。我想在邢台西部山区的历史上，再也没有哪一个时代能像今天这样极大地改造着山村社会结构。曾经，那些为了"活着"而从各处迁徙至此的家族，今天，以"更好的活着"为目的离开自己的家园。

我始终认为，邢台西部山区是一个了不起的文化存在。历史上发生在邢台西部山区的大事件未曾完全梳理，但可以肯定的是几乎所有的大事件都和这里的山水形胜有关。当别人去整理那些被梳妆打扮的历史时，是否可以微观审视一番散布在邢西太行山区一座座山村里的故事？

它们是这样的独特，越普通越独特。

我总想探究邢台西部山区的历史人口流动。几乎每一个村子都有一段属于自己的迁徙轨迹，想要用一个大致的方向来概括未免有失偏颇。在五条梁，这个邢台市行政区划的西南极，背靠晋中和邯郸，东北望，千百年来无数劳动人民来来往往，繁衍生息，划出一道道优美的时空轨迹。

行政区划古已有之，总是那么一条无形的界限，历朝历代依靠组织和赋税来拴住扎根土地的农民。在这里要插一句，与其说历代统治者通过这两个手段来控制人民，毋宁说是借助这两个手段帮助一地百姓建立和当地社会的联系。

改革开放以后，包产到户。2006年全面取消了绵延中国古今2600年的农业税。宣公十五年（公元前594年），鲁国开始实行"初税亩"时，那个在邢台建立周王朝诸侯国的邢侯国已被南边的卫国灭亡40年了（公元前635年）。值得一提的是，鲁国君主和邢国君主都是周公旦的后裔。五条梁东北，浆水川里的夷仪城而今安在哉？

赋税没了，五条梁人和社会断绝了一条联系。组织仍在，但不在五条梁，而在山下的前坪村。居住在这里的三四户人，就像是游走在历史的边缘，充斥着一方空间。时间如流去路罗川的溪水一样不舍昼夜，这几户人家只是偶尔亲近一下几公里外的社会组织。

外人来了又走了，他们继续在这里活着。想必"活着"的念头才是推动社会进步的普遍意志。

现在五条梁被纳入景区开发，剩下的十几个人还不知能在这里生活多久。

并村迁居，这是许多邢西村民的人生宿命，也是许多邢西太行古村落的命运。社会的发展是向着人与人之间更加紧密的联系前进的，那些"自然的散布"成了进步的绊脚石。

从此，曾经飘散炊烟的村落变成暂时留存在地图上的名字，或许多年后，连名字也要迷乱在人们的记忆里了。

（原载于2014年9月27日《邢周报》）

青崖嶂：烟雨深处有禅声

青崖嶂这个名字不见诸邢台地图，是我听一位当地老乡说的。我问他这条山谷叫什么，他用浓厚的邢台县方言说出这三个音。我问"zhàng"是哪个字。他说他只知道叫这个名，也不会写，大概是山崖的意思。我想也许应该就是"青崖嶂"没错了。

青崖嶂，名字很好听。

徒步进入青崖嶂，并不需要走太多路。这里差不多是一个被废弃的居民点。那天还下着雨，洗刷得山色清新如许。

雨落幽谷青苔上

青崖嶂严格来说甚至不算是一个村，曾经它只是水门村的一个微不足道的村组。水门村地处邢台县浆水川上游，沿浆水川源头一线分布若干村组。青崖嶂是老水门村的一个组成单位。

发现青崖嶂是个意外，我原意是要看看水门村的。这个和美国现代史上著名的政治事件同名的村子，真的是一个"水门"。浆水川发源于太行峻岭之中，积水成川到水门这里渐渐成势，民居于此，故名水门村。因地势而得名，与此前采访过的峰门村遥相呼应。

时值苹果收获季节，来到水门村，看到齐整的砖瓦房，我知道时代的发展已经泽被水门。于是咨询当地村民："是否还有完整的石造建筑群留存？"在当地人的指引下，一路向西，弃车徒步，在一条山坳里，我找到了这个叫青崖嶂的地方。

过水门向西不久，遇到筑路施工。打听下得知这是邢台县施工队正在修筑水门村连接邢和公路干道的村村通公路。修通后，从水门可以直接向西开车到邢和隧道西口，而不用绕行浆水、将军墓。"估计还有两个月就完工了。"施工工人说。

指路的村民还告诉我说，青崖嶂中有一位中年僧人，远近闻名。

从施工的土方下到浆水川里，蹚过从满滩碎石的石缝中冒出的溪流，走到川对岸，有一条幽长的峡谷，这是通往青崖嶂的路。峡谷两侧岩石裸露，赭红的色彩在雨水的打淋下更显纯净。

山谷入口处有一片炸山采石的矿场，两侧山体崩落许多石板。有些粗粗加工后堆放在路边，石板之间已经长出了青草。路虽是石板路，但一看就是铺就经年，且修建粗糙的临时道路。拾路而上，太行幽谷静谧极了。经村民指点，赫然注意到岩间峭壁高处挂着几个中华土蜂窝，这是没有人迹的表征。

峰回路转，电音禅声划破山谷，在林中激荡。我是个不通佛法的人，在此幽谷之中忽闻"南无阿弥陀佛"，竟也能感受到四下寂静，心境澄明。

邂逅的村民说，僧人法号净一，河北巨鹿人氏，看样貌大概30多岁。2008年前后，从山外寺庙云游至此，在山崖下的山洞里修炼，每日参禅打坐，口中念念有词，反复诵吟"南无阿弥陀佛"。几年下来，在当地小有名气，不少信众扶老携幼来此布施。当我返回时，遇到一家四口撑着雨伞，相拥进山，手里提着许多供品和布施。

人们知道禅宗比较多，我猜想这也有可能是一位净土宗的师傅。净土宗的心法较为简单，可以概括为：信、愿、行。也就是相信净土的存在，发愿往生净土，念"南无阿弥陀佛"。由于净土宗简单易行，所以更适合受教育程度不高的偏僻山乡百姓修习，不像禅宗奥妙，相对不易修持。

空山不见僧，但闻佛语响。"南无阿弥陀佛"的声音越来越近。走到山脚下发现，这声音是从一间石屋里传出的。石屋里放着一台扩音器，把录制好的经词反复广播。我前后寻找了一圈，竟是空无一人。

太行山给予我们什么

太行山给予我们什么？

邢西太行山是一座聚宝盆。苹果树、核桃树、栗子树、山楂树……各种果木漫山遍野。每到秋季，运输山货的大卡车一辆接着一辆，好像永远也运不完似的。从水门村到青崖嶂的狭窄公路正上演此情此景。

今日山村，山村今日，也不过是二三十年时间。二三十年，足以让天地覆翻。

在曾经风起云涌的年代，这里的果木农业只是作为副业存在，小麦、高粱、玉米才是主业，所谓"先吃饱饭再说"。水门村是浆水川深处的行政中心。这里开始发展果木农业不过改革开放后的二三十年时间，至于集中全力发展特色农业的时间就更短了。

沿山脚排列的石造房屋多已荒废

太行山给予我们的岂止是谋生立命的土地，这土地自古有之，只看人们如何利用。它给予我们的还有传承了数千年的山区文明，我想这才是千金不换的。只是这乡土文明，放在今天宏大的社会环境中审视，有点过时了。

越遥远，越可敬。穿过历史的砥砺，年代越久远，越是靠近文明的核心。家族的流转，民风的传承，生产方式的教授，生活方式的影响，建筑格局的构思，年节里的礼仪，还有最根本的"做人的信条"。

太行山人，淳朴而好客，耐劳而矜不能。这是生活在太行山下的民人不知经过多少代人才凝聚的共同价值观念。而今，这些难能可贵的品质正面临时代的考验。在经济开放且进步中,大山深处失去了向有的单纯的生活环境,多元的思维正在干扰人们的选择。

有些人不愿选,隐居深山的僧人是这样吗?我不知道。远远看去,悬崖下有一圈沿着山脚排列的石造房屋,这就是村民说与我的青崖嶂,像是武侠小说里描写的世外高人隐居的地方,又像是贵州山区里的洞天苗寨一般。规模并不大,也就是五六户人家,不过原本的居民都不在这里生活了。

峭壁遮蔽,树林荫翳,外围成片的山楂树无人采摘,任凭掉落烂在地上。梨树、柿子树、梧桐树挺拔而高大,梨和柿子同样无人采摘。树叶零落在石板上,石板好像是棋盘,又或是餐桌。也许当年的居民就在这里,在月夜下围聚全家用餐。

僧人打坐的山洞,洞口大开,干燥而寒冷,有过火的痕迹。生活用具简单极了,盆、桶、毯子摆在地上。两条柴狗听闻人来,远远地吠叫,当人走近了,又急走到远处,呜呜地低嘶。

并不是所有人都离开了青崖嶂,这里还有一位牧羊人。牧羊人姓郎,水门村一带王姓、郎姓为多。一间似乎有人居住的石屋外种着西红柿和丝瓜,是他

似是郎姓牧羊人居住的民居院落

种的吧。我也没有见到他，只看到一些羊粪落在石板上。

等不及的历史

  水门村向里依次是河北村、菜树垴、香炉沟、黄土岭、下门村、大石岩和青崖嶂诸村。并村后，这些村小组基本都搬到了新水门村，致使水门村人口急遽增加。除了水门村以外的其他居民点，位于公路沿线的建筑偶尔改头换面，砖瓦齐整，不过失去了古旧模样。至于青崖嶂等藏于山峪中的聚落更是逐渐失去活力，人去屋空。

  山村美丽依旧，只是寂寞了许多。这是邢台西部太行山区里大多数山村给外人的共同感觉。不单是那些业已消失的古村落，各座不同规模的村落，甚而那些成百上千口人的大村子也同样如此。这便是城镇化时代带给山村的改变——心态的改变，气息的改变。

  昨天的闭塞与知足成为过去，今天的迸发与渴望正在行进。今天的伟大进程终会成为明天的历史，只是现在太匆匆，历史还来不及述说。站在青崖嶂的山崖下，看着孤寂的民居和那两条默默注视我的柴狗，那警觉而又惊恐的眼神，令人不胜唏嘘。

  等等，等等历史，好吗？

  等不得啊。

  山区的发展再快，也比不得城市，怎么能有丝毫的停顿呢？"山里人也想过城里人的生活。"这是几乎所有中青年村民的心声。历史，只能从那些行将就木的老人身上探寻了。老人走不动了，不愿离开故园，哪怕窗户还在漏风，吃喝也成问题。就让他们活在他们的时代里，慢慢凋零吧。这也许是对山村老人最大的仁慈。

  谋发展，一部分人走进城市，改变了身份。剩下的人靠山吃山，发展特色农业。用市场化的思路和科学的方法，在新时代里走出了一条成功的道路，这是浆水川里农业发展的成就。这在很长一段时期，让附近其他乡镇的村民很羡慕。在去浆水川的路上，一位指路的老乡说："呀，人家那里发展得可是比咱这儿好多了。"

浆水最有名的浆水苹果、浆水板栗，为浆水川带来了机遇，也赢足了名誉。科技的进步和管理的进步深切改造着历史悠久的浆水镇，这二三十年兴许是浆水历史上最重大的变革时代。从浆水村到水门村深处，视野所及，皆是苹果树。纸袋套装的苹果挂满枝丫，又是收获的季节。

现代农业发展的附带好处是信息能够快速流通。闭塞已经不是山区的象征。年轻的水门村人习惯了山外的生活，接受着山外的洗礼，向往着离开家的日子。家中的劳动主力往往是他们的父辈，他们有新的生活，不同于父辈的生活。

水门村的农业合作社，在组织结构上把村民编在一条特殊生产线上成为"产业工人"。这种现代化的生产关系，另一方面也改变了山村的精神风貌。效率和质量在科技的帮助下蔑视着"望天收"。人们更加地不愿意忍耐，而更加地愿意去挑战。挑战就有风险，风险介乎竞争，竞争产生矛盾。

那位青崖嶂里轻掩柴扉的牧羊人在招呼着羊群走向深山的时候，心里在想些什么呢？去哪里吃草，小心别走散了，羊毛羊肉能卖上什么价钱？可他离去的背影，却令造访的旁人浮想：他或者他们，是在向一个时代告别，还是那个时代已经湮没，他们只是"守墓人"？

采访结束后，回到办公室，我在网络地图上意外搜索到了青崖嶂这个地方。实际上，地图标识的青崖嶂要比我所到达的地方更偏西北，甚至已经标记在山西省地界内了。那是邢和隧道的西口，也是邢台县和山西省和顺县的交界处。

也许我所踏足的地方不是青崖嶂，是村民讹传了，也许那一带山脉都叫青崖嶂，而我无力考究。青崖嶂是浆水川源头所在，也是河北和山西之间的界山。

在青崖嶂东侧，有一条西北—东南走向的山梁叫大寨山，那是浆水川和将军墓川的分水岭。关于大寨山的故事，有很多。

（原载于2014年10月12日《邢周报》）

折户村：大寨山往事

了解折户村的名称，可以说是煞费周章。这个名字本身就很奇怪。问了村中老人，说折户村这个地方古时候只有三户人家，而且分布较远，很不安全。这三家人商议挪到一起，互相有个照应。"折"是动词，合并的意思；"户"做宾语，人家的意思。"折户村"就是合并人家后成的村子。

后来，太行山区发生虎患（有人说，不是老虎，而是艾叶豹）。村人将村名改为遮虎村。虎患过后，几经变迁又改为遮扈村。汉字简化后，村子保留了最初的名号，仍然叫作折户村。

位于邢台县将军墓镇的折户村是传统观念里邢台西部深山区公认的四座千人人口以上的大村之一，另外三座是放甲铺、内阳村、桃树坪。

大寨山惨案的幸存者

1942年夏天，日军集结重兵，对日益强大的中共敌后抗日根据地进行了一场空前残酷的大扫荡。对这次扫荡的记忆，至今清晰地留存在折户村许多老人的脑海里。

稍早接到情报说日军进山了。将军墓川和浆水川等西部山区的村民纷纷躲进附近深山。折户村西南方向的大寨山由于地势陡峭，不易攀爬，成为许多乡亲的避难所。浆水川里的寨上村、寨沟村的部分村民和将军墓川里的折户村的部分村民132人就躲在大寨山一处藏人的石窟里。

眼看尾随追来的日军逼近石窟，村民奋起向山下抛石阻挠。一个日军士兵在躲避石头时不慎摔下山崖，死了。恼羞成怒的日军爬上大寨山，把躲避于此的村民悉数赶到大寨山山顶。村民中有老人，有妇女，还有孩子。山顶上太阳晃得人眼睛睁不开，老百姓惶恐不安地等待着日军的报复。

在刺刀和机枪的淫威下，这些村民如待宰羔羊。日军把村民聚到一堆，两个士兵站在悬崖边，驱赶着村民依次走到近前，然后一人抄手，一人抬腿，像荡秋千一样把老百姓一个个抛下山去，一个个摔死在山下。日军的表情因为狰狞而不可辨识，村民们脑海中已是一片空白，尽是对死亡的恐惧。

王保莲今年74岁，是大寨山惨案的幸存者。当年她只有2岁，正在母亲的怀抱里等待着死亡的降临。母亲李赖妮抱着孩子挤在人群里，寻思"被鬼子抛下去，是个死，还不如自己跳下去，垫着孩子，孩子没准能活"。这位勇敢的母亲，趁着敌人不注意，冲出人群，跳下山崖，滚了下去。

大寨山植被茂密，李赖妮和孩子被山坡上的荆柴松枝挡住，得到缓冲，坠落山下竟奇迹般地幸存了下来。在经历了抗日战争、解放战争、中华人民共和国成立后的历次运动和改革开放后，李老太太活了93岁，于2011年去世，善终。

后来人们得知，那次日军扫荡，是冲着建在折户村的八路军皮革厂去的。紧邻村子西头，如今已是一片玉米地的地方，当年是一座远近闻名的千年古寺。八路军开辟根据地，将之改建成皮革厂，生产武装带，成为太行山敌后抗日根据地重要的后勤工厂之一。日军扫荡，捣毁了工厂并一把火烧毁了这座古寺。

村中尚有不少老人能够回忆起当年在古寺里玩耍时的样子，以及古寺的全貌，至于村中的年轻人，有些已经不知道有古寺的存在了。事过境迁，老人们回忆起往事，平淡地说："当时要是不扔石头，没准还发现不了。唉，就该那个日本鬼子倒霉，上个山，还穿皮靴，不砸他也保不准滑下去。"

火热年代的模范村

折户村一直是模范村。

抗日军政大学在浆水时期采取流动办学。折户村也接待过当年的抗大学员，抗大校长滕代远还在折户村住过。经历了1942年的华北大扫荡，中共领导的太行、太岳、晋西北敌后抗日根据地遭到了严重破坏，加之国民党当局封锁，遂出现了各类物资短缺等困扰抗日军民生活、生产的难题。

在这样的背景下，中共中央于 1942 年底提出"发展经济，保障供给"的方针，号召解放区军民自力更生，克服困难，开展"大生产运动"。折户村在这场大生产运动中脱颖而出，成为十里八乡远近闻名的"老师村"。

后来成为全国劳模的郭爱妮就是折户村大生产运动的代表。中华人民共和国成立后，郭爱妮参加了第一届全国劳模大会，并受到毛主席亲切接见。面对困难，郭爱妮自制了一台织布机，组织起邢台县第一个纺织组，培育纺织能手 94 人，带领乡亲掀起"纺织高潮"支援八路军抗日。郭爱妮也成为闻名太行山区的纺织能手。

"以前咱这儿没人会织布，郭大娘教，慢慢地都会了，现在西边山里会织布的都是从咱折户出去的，人家管咱这儿叫'老师村'。"有老人说。

1951 年郭爱妮积极创办"农忙托儿所"，解放妇女劳动力，投入农业生产第一线。此举又开创了邢台西部山区幼儿教育的先河，成为当地的另一面旗帜。不知疲倦的郭爱妮带领群众，治山造林，修路筑坝，发展生产，1982 年当选第五届全国人大代表。

从郭爱妮开始，折户村成了名副其实的模范村，先后涌现了全国劳模郭爱妮，边区劳模姚德增、李顺华，省级劳模姚连勤、姚连君。中华人民共和国成立后，在众多劳动模范的带领下，大寨山下的折户村人愣是把这个"鬼神难救穷折户"改造成了远近闻名的富裕村。

当年热火朝天的劳动景象如今留在了带有鲜明时代感的口号里。"每人百棵树，不富也得富""山上梯田化，沟中水长流""洋槐头，果树腰，梯田脚""以粮为纲，全面发展"。这些带有劳动方针含义的口号造就了今天折户村的宏观格局。

折户村外，大寨山下，有一条南沟。层层塘坝伸向峡谷深处，这是折户村的聚宝盆。核桃树、山楂树、酸枣树、栗子树、柿子树布满山谷。这些经济林生长的土地原本都是乱石堆。

折户村是"农业学大寨"的先进村。村子周围的塘坝就是那个时候建设的，民人至今获益匪浅。如今折户村的农田基础设施还是毛泽东时代留下来的，那个时代的人民普遍怀有"战天斗地，改造自然"的精神。"在那之后，折户村几乎没有再进行过大规模的农业基础设施改造工程了。"老乡说。

折户村以姚姓为多。今年78岁的姚德臣说，姚氏在此地扎根数百年，繁衍有17代，祖上从宋家庄乡的路家庄村迁来。迁来之前，折户村原本姓魏的多。

今天，折户村的主要种植收入来自板栗。农历八月里是板栗收获的季节，即使天旱，家家户户也收获不少。玉米也收获了，家家摆在屋顶，户户一片金黄。午间屋顶的炊烟告诉外人，这里的生活还在继续。

收获玉米摆满屋顶

变革中的失落

属于折户村的辉煌在20世纪70年代中后期达到顶峰。

在热火朝天的时代，折户村村民的集体主义精神为这个村子的发展打下了坚实基础。20世纪80年代后，邢西太行山区推行家庭联产承包责任制，折户村相比自身取得了令人瞩目的成就。但放眼全县山区，折户村逐渐退出了舞台中心。

和浆水川里那些村庄的对比是折户村人提得最多的。老人们更津津乐道于这里的先进更早，劳模更多，级别更高，"郭大娘3次受到毛主席接见"，次数更多。今天，对比周围，发展势头有些压抑的折户村人在新的历史条件下，摸索着致富的途径。

模范村的人知道怎样成为模范。

折户村的功臣郭爱妮1995年去世，享年88岁。她的故居就在折户村中部的老村里。这是一座早已人去屋空的石头院子。院墙倾圮，高不过肩，推开轻掩的柴门，院中杂草遍地，勉强落脚。北屋的大门锁着，一丛牵牛花从地上爬到房顶，遮蔽了半扇门。故居芜秽，窗棂破损，深感凄凉。

郭爱妮故居

老人临终前罹患白内障，生活不能自理。每有外人探望总是不住地说："又给政府添麻烦了，给你们添麻烦了。"好像她一生的辛苦都是欠别人的，一生的劳碌是为了报答。我问村中接触过郭大娘的老人："郭大娘是共产党员吧？"

"是，1947年入的。"

旧村新貌，折户村搭着时代的快车获得了发展，却在发展中失落了曾经的骄傲。看着新建的、齐整的民居，任谁也不会怀疑这里的生机。对比村落中部的老民居，时代的层次感油然而生。

老民居建筑群整体保存完好，石雕精美。村子中间的老戏台顶部雕着一颗五角星，戏台下面圪蹴着几位上了岁数的老人，嘴里叼着烟卷，慵懒地晒着太阳。对于他们的后代而言，折户村只是一个家，家而已；可对于他们而言，折户村就是他们的生命。

村中 73 岁的姚连魁是退休干部。退休前曾先后担任过将军墓镇、宋家庄乡、冀家村乡等三个乡镇的主要领导。1960 年，姚连魁在浆水中学参军入伍。部队驻扎在北京玉泉路西山，是一支卫戍北京由总参直属的地空导弹特种部队，负责追踪美蒋针对大陆的当时最先进的高空侦察机——U-2（绰号"黑寡妇"）。

老人所在部队通过雷达干扰敌机，研判敌机飞行轨迹，锁定敌机，并将相关资料交给地空导弹部队。后者于 1962 年首次成功击落一架 U-2，极大地挫败了美蒋针对大陆内陆侦察的嚣张气焰。在这里，老人的记忆发生了偏差，老人讲述中把中国首次击落 U-2 说成了 1964 年。有资料显示，中国前后共击落 5 架 U-2。

跟着部队，老人后来又驻扎过福建龙岩、江西上饶等地。部队时期的记忆在姚连魁心中最为珍贵，说得也最多。1968 年，随着一道"从哪来到哪去"的指令，一身通信技术，原本要留在广州的姚连魁，回到太行山沟里的折户村当了民兵连长。不久又走上地方基层领导岗位，一干就是几十年。

一人一村，往事如烟，桑梓故土，夕阳西下。老人和老伴坐在自家位于山坡上石屋前的阔大庭院里，居高临下，望着远处的大寨山。身旁的梨树，已经结满了果实，脆，甜。老人把梨洗干净放在院中的石桌上，呵呵笑了起来。一只老猫看到生人到来，远远地躲在屋前一块菜圃里，时不时探出头来又缩了回去。

（原载于 2014 年 10 月 19 日《邢周报》）

道士谷洞：大山里的隐逸生活

道士谷洞这个地名颇引人好奇。此前在高分辨率的卫星地图上发现这个地名时还纳闷，如此有历史文化感的地方为何籍籍无名？"道士谷洞"是国家测绘局地图上标识的名字，在百度地图或谷歌地球上显示的是"道石谷洞"。

在道士谷洞东偏南1.5公里方向另有一个村子叫作前道士圪洞。想必是从前道士谷洞音变讹化而来。由此，相对的，道士谷洞也被称为后道士谷洞。

掩映在山林中的道士谷洞民居

仿佛一转身便会遇到隐士

"道士谷洞是一个藏有隐士的地方",这是在前往道士谷洞的路上产生的感觉。

从白岸乡前坪村口向西有一条杳无人迹的小山路,行不多久就到了麻地凹村。麻地凹在一些地图上标注为马地洼。初冬时节是农闲,许多人家紧闭房门下山去了。院子里码着收获的金黄的玉米,房顶上用塑料布盖着一些个头不算小的野柿子。柴草堆里几只母鸡咕咕觅食,远处的枝杈上忽然飞来一只好看极了的喜鹊,还有黑得发亮的乌鸦。天气有些寒冷,四野里所有的声响都比平时感觉放大许多。这是僻静的地方。

麻地凹是通往道士谷洞路上唯一的村子,从这里到道士谷洞不过几公里,腿脚快的人一个小时就能走到。道士谷洞位于邢台和山西交界的邢台一侧,离山西只隔一座山头,从那里步行到山西不过20分钟。

通往道士谷洞的山路并不难行,只是覆满了湿滑的落叶。后来得知,就在我造访的前夜,这里下了一场雪,整座大山变得白茫茫一片,不过早晨太阳一出来便化光了。一路上,野生柿子树从树梢到树下,缀满了橙黄色的果实,远远望去如一只只小灯笼挑在树枝上,无人采摘,任凭它们腐烂。随手摘一个软烂的,把皮撕开,又凉又甜。

道路崎岖且优美,层峦叠嶂而云雾缭绕。从山脚到山顶的荆棘已经凋谢了叶子,枝杈缠绵如萦绕在山崖上的云絮。山中竟有一尊擎天巨石突兀出来,巨石顶上有三株松树。中间巨石唤作石头山,四维山势,面向石头山的尽是一片如染黄叶,背向石头山的遍山松柏尚葱茏青翠。一黄一绿,站在山脊上看去,如油画般美。

这太行山脉中的寻常山路,竟给人一种强烈的历史沧桑感。想必古人也是在这样的路上独行,仿佛一个峰回路转就会遇到某位侠客或者隐士。

往事回溯800年,侠客不好说,隐士真会遇见。道士谷洞村所在的山,是金元易代之际,大名鼎鼎的紫金山。那时在此,日后辅佐忽必烈统一中国的邢州五杰就曾在此地——依山而建的紫金山书院读书。

五杰之首邢台人刘秉忠早年因不甘"汩没为刀笔吏",隐居此山中,"与全真道者居"。1238年被天宁寺禅师招为僧,遂学兼儒、释、道三家。1239年由海云禅师推荐,受到元世祖忽必烈的召见,刘秉忠"应对称旨,通论天下事,如指诸掌",深得忽必烈的赏识,被留在藩邸。在其后的30余年,跟随忽必烈南征北战,出谋划策,为建立元朝立下汗马功劳,成为开国功臣。

在刘秉忠的引荐下,张文谦、郭守敬、张易、王恂先后进入忽必烈幕府,各自在历史上留下赫赫声名。其中尤以邢台人郭守敬在科技上的成就最高。

这五位人杰,都是学贯儒、释、道的大师。他们当年隐居在道士谷洞所在的紫金山读书论道,一时蔚为大观。日后出山,辅佐忽必烈统一中国,成就国士无双。宋末元初时候,道教全真派在中国北方影响力极大,料想当年紫金山也是一座道门圣地。或许道士谷洞的名号就是来自这段渊源。

道士谷洞的最后一户人家

古之隐者安在?今之隐者犹存。道士谷洞作为一个自然村,也有其兴衰。小小村落如果站在历史的大背景下,或可将它的源流推断一二。刘秉忠、郭守敬等五杰的时代去今将近800年。800年间,改朝换代,兵燹匪患,生老病死,沧海桑田。变的是生活在这里的人们来了又去,扎根又搬迁,不变的是这山上的荆柴乔木,溪水流泉。

这真是适合出隐士的地方。仿佛因为有五杰的缘故,道士谷洞更像是一个逃避喧嚣社会,图谋清净生活的世外之地。

事实也差不多确是如此。这一段山路进出不易,若非迫不得已,住在这里不是特别方便。也许当乱世时候,人们躲进山中不问世事,当升平时候,便离开这里迁出山外。升平日久,民口繁衍,山外承载不了那么许多人,便有人家主动寻到山里,住了下来。日后,先来的人家觉得此地虽僻,但地方够大,不妨多约些熟识一同搬来,于是逐渐形成一片小村落。

如今的道士谷洞正是这样形成的。

道士谷洞村都姓张,百年前是从山外路罗镇"挤"上来的。这种随着时代变化,像潮汐一样存在和消失的村落人口不会太多。据地方民政部门统计,

1979年，道士谷洞一共只有26口人，而前道士谷洞仅有9口人。如今生活在这里的只有张印荣和王东菊老两口。其他的邻居都离开了。

离开是从30年前开始的，当政策对村民的束缚放宽之后，人口开始自由流动，道士谷洞也迎来了它的新一轮衰亡。这种事情，这个地方在历史上经历过许多次了。只是这一次，山外发生了天翻地覆的结构性变化。这一次，或许是这里的最后一次衰亡。

仅有的一户邻居也匆匆离开

我到访时的十几天前，住在老张家坡下的另一户人家主人查出罹患胃癌，老两口匆匆离开，这个名不见经传的僻陋山村就仅剩一户了。除了老张两口，只有一只自家养的小灰狗，和邻居离开时留下的大黄狗，还有一只通体黝黑的猫，以及几只下蛋的母鸡。

这最后的人家何时离开也只是时间问题。到那时道士谷洞便只剩地名而已。

在这里的感受只有生活

每天天色蒙蒙亮，张印荣夫妇就开始了一天的生活。老张掀开遮盖在石磨子上面的油布，抖落布面上的露水，将准备好的黄豆倒在磨盘上，随着一只手转动石磨，黄豆被碾成豆末儿，有时还会掺和制作一些青豆末儿和玉米末儿。把这些自家种的食材加工好收到一起，煮水下锅，再切一些同样从自家地里长的萝卜条、土豆块和蔓菁条，这一锅"农家生态早餐"就算做好了。

老两口不吃肉，生活作息很是规律。夏季每天三顿饭，到了冬季就只有两顿，上午一顿，傍晚一顿。老张原本是个木匠，前两年还能揽工，如今66岁了，便回到家里打算安安稳稳地过日子。两个儿子，一个在北京定居，一个在青岛工作，两个女儿，大女儿嫁到山后的小西庄，二女儿嫁到山下的后坪村。

回到家里生活，如果没别的事儿，他们很少出山。生活必需品也是由女儿女婿捎进来，带一袋面粉能顶一个月。生活采购去隔壁山西左权的上庄村、东山村比去山下的前坪村更方便，40分钟就能到。家里许多物品都是山西产。

生活寂寞但并不枯燥，有水有电还有电视，时不时山外的户外爱好者也会慕名造访，增添生活乐趣。对外人来说，这里只是一个呼吸新鲜空气，放下生活包袱的避世所，对老张夫妇来说，这里是生活全部。而这种生活细细想来，是许多忙碌的现代人的毕生追求。

夏天种植一些玉米，每天干一点儿，时间就过去了；秋天收一些山货，栗子、核桃、楸子、山楂、酸枣……每天收一点儿，时间就过去了；冬天盘一些柿子，每天串一串儿，时间就过去了；偶尔去山下走走亲戚，偶尔在山中见见驴友，偶尔在家里看看电视，时间就过去了。他们无意识地过着都市人最向往的隐逸生活。

非要诠释在这里生活的意义，只有"生活"二字。为了生活而生活，如此纯粹而质朴。日出而作，日落而息，道士谷洞保留了一份生活的真实，何况这里还有那么优美的风景。

太行山的活力在景区吗

有优美风景的地方，在一些人眼里就有商机。

太行山的冬季，色彩忧郁，万物肃杀。这是一座一年四季都优美的山。道士谷洞山下前坪村已经纳入紫金山风景区的开发序列。南边不远的五条梁也被圈入景区范围。生活在这里的人们不及出门，就已经被带入了现代社会的发展进程中。

商业化自有商业化的好处，但它又是一把双刃剑。不加宏观规划的商业开发，带来的经济效益或许可观，但损失的发展活力同样深远。金钱不一定带来活力。

"人造的景致"和"杜撰的传说"对邢台西部太行山区的长远发展破坏最为严重。再加之商家运作资本扩大宣传，更加混淆了真实的太行文脉与山脉。这正是道士谷洞这样一座原生态的正在消失的古村落给普通拜访者带来反差震撼的地方。这里有故事，但不张扬，恰如隐者。

太行山的活力在于对传统文脉和自然山脉的保护。这时候，今人大可以求诸800年前在这里兴盛的道家的思想——无为而治。"无为而无不为"，对人文和自然尽量地减少干预，便是减少破坏。太行山便还是太行山，天然去雕饰。

道士谷洞是太行山分水岭上的一座久远村落。邢台西部边缘的零星村落从最南边的五条梁开始，经南沟、常家沟、小窑沟、后坪、东关至此，不过5公里。这一带山峰密集，从最南边的摩天岭向北依次是长条梁、石条凹、贯垴凹、南并山、石头山。

道士谷洞是《邢周报》之《发现之旅》栏目"正在消失的邢西太行古村落系列——太行山分水岭之行"的第三站。"太行山分水岭之行"起点在邢台县、武安市、左权县交界处的五条梁，终点在临城县、赞皇县、昔阳县交界处的嶂石岩。

接下来，我将继续北行，用脚步丈量邢台西部最深处的太行山脉。

（原载于2014年11月16日《邢周报》）

凤凰崖：时间滞后的角落

通往凤凰崖的道路崎岖且泥淖。

我前往凤凰崖的那天早晨，下起了入冬后的第一场雨。由山西来的运煤的重卡长年累月的过往，破坏了邢左公路白岸段的路基。煤炭撒落的粉尘，路面涌出的泥浆，车轮溅起的污浊，使行人很难通过。即使是机动车，也很有托底的风险。

迎面重卡轮胎因为太热的缘故，淋水降温挥发出熏腾热气，让这段著名的盘山公路显得比实际上更加繁忙。发动机轰鸣的声音此起彼伏，拌合着各种机械的摩擦和运动，响彻整个山谷。这就是沿邢左线快要驶出邢台时的场景。

就在这里，有一条不起眼的小水泥路出现在路边。它的终点是凤凰崖。

近在咫尺，恍如隔世

凤凰崖是邢台县白岸乡大西庄村西边山沟里的一个自然村。

从紫金山道士谷洞村向北，沿太行山分水岭——这一段分水岭叫作东山，经过已经人去村空的孔王碑村，下得山来，就是大小西庄。人们戏称："小西庄不小，大西庄不大。"这两座村子是邢左公路邢台境内最西头两座行政村。大西庄向西南越过盘山公路所缠绕的东山，就到了山西左权东山村。

凤凰崖村行政上属于大西庄村。这是一座几乎凸入山西境内的古老村落。从经度上讲，凤凰崖甚至比山西的东山村还要靠西。实际上，东山村主体差不多在凤凰崖村东南。从凤凰崖向西向南直线距离不过几百米就是山西境内。

凤凰崖人口最多时也不过10来户，三十几口人，血脉相通，全姓宋。宋氏到此定居已有上百年历史。这条沟原本不是宋氏的地方，而是邢台县路罗镇鱼林沟村李家财主的家产。李家财主手下有一个长工伍长，叫宋光新，为人老实本分，给主家打了多年长工，勤勤恳恳。此人在主家前有面子，在工友里也颇有人缘，当长工们想改善伙食打打牙祭时就拜托宋光新："给掌柜的说说。"

李家财主念在宋光新多年勤恳，且看他还没有婚娶，就对他说："凤凰崖那条沟送给你吧，在那里置几亩地，盖间房，成个家口。"宋光新在凤凰崖下的一个平台上建起了草房，修整了山地，又养了羊，不再寄人篱下，过起了有自己土地的日子。

这件事儿发生在清朝晚期，是宋光新的孙子68岁的宋纪富讲给我听的。他说："我爷爷那会儿还是清朝人，后来解放了，入了高级社，我们就成了大西庄村第五生产队。"宋光新有4子2女，现在凤凰崖的居民都是他的后人。凤凰崖全村就是一个完整的家族。

我相信社会发展也是有相对论的，它的变量就是交通。站在凤凰崖村口的台地上，可以清晰地听到东山上重卡驶过时的轰鸣声。隔着几道山梁，只闻其声，不见车流。轰鸣声就如同舞台上的唱腔，演唱着世事如流水般匆匆的变迁。我们当然知道世外的样子，躲在幕后的凤凰崖人或许也是知道的吧。

在凤凰崖能够感受到这里的语境总是滞后的。发生在百十年前的事情仿佛并不很遥远，一些古早的人，一些久远的事，在凤凰崖人的嘴里说出来有一种陌生的亲切感，并且十分真诚。

交通的便利让公路两侧村庄得以延续进而与时代同步发展，而远离干线公路的村庄的命运是另一个样子。这里的时间似乎放慢了脚步，凤凰崖在信息化、工业化、城镇化之外按照中国千百年历史中关于山村发展的最传统的固有模式，一步一步如小河淌水般走着，而山外的江河早已一泻千里。

这里能感知古旧中国的步伐。

老人的老根据地

我在进村的时候，遇到了63岁的宋纪军老人，他是宋纪富的叔伯弟弟。宋纪军担着扁担，正要往家走，扁担一头挂着一筐囫囵个的柿子，另一头挂着一桶已经软烂的柿子。这时节，他每天清晨起来要进山打柿子。这里的时间虽然缓慢，但每时每刻都有价值。

在宋玘军的院子里，支着两个柿子架，盘好的柿子一串串悬挂在架子上。我指着稍小的架子问："有多少公斤？"

宋玘军说："刚摘回来时有3500公斤，等晒干了差不多1000多公斤。"

"多少钱一公斤呢？"

"柿饼几毛钱一公斤。"算下来，这一架柿饼不到2000元钱。

凤凰崖现在常住的只有五六个老人，年轻人都在山外定居。对这个没有太多利益可图的地方，山外的舞台更吸引人。宋玘富是凤凰崖村的负责人，他为我讲述了凤凰崖的前世。

凤凰崖这个名字缘于一个美丽传说。相传当年一只金色凤凰停落在村后倚靠的山崖上，于是人们把这里叫作凤凰崖。凤凰崖原本土地贫瘠，不适宜耕种，自从来了金凤凰，这里连年旱涝保丰收，粮食亩产比山下多，林木果实也比山下密实。1942年冀南遭了蝗灾，凤凰崖躲过一劫，粮食丰收。1963年大洪水，给邢台西部山区带来灾难性的破坏，粮食大减产，但在那一年，原本年交公家500公斤粮食的凤凰崖，奇迹般地支援了1500公斤粮食。

坍塌的石院印证着当年的荣光

老人们不愿意走，不只因为这里是祖辈传下来的家业，还有一个原因——凤凰崖是老根据地、老解放区。这是宋玘富最引以为豪的情感源泉。在村中一片坍塌的石院前，宋玘富指着院子说，这里是当年八路军的军械库，后面那个房间是文件档案室。

抗日战争时期，因为隐蔽，凤凰崖成为八路军一处秘密物资屯放点。太行军区有一位王姓科长在这里看管军用物资和档案。忽然有一天，情报员得到消息，凤凰崖被汉奸出卖，要带日本兵和伪军进山抓人。等20多个日伪军进到凤凰崖山沟时，所有物资和档案都经山西羊角村被转移到了山西长治。日伪军扑了空，凤凰崖躲过一劫。"要是让鬼子把八路军的东西抢到，我们村的人都得死。"宋玘富说。

因为是老根据地、老解放区，说起来也是为中华民族的解放事业做过贡献的地方，宋家老人不愿意离开这里。他们还停留在光荣的岁月里，尽管那些荣光早已被世人归为历史。但也正因为这层情感，让凤凰崖避免了被湮没的命运。在宋玘富这一代人当家的时代，凤凰崖曾建立过和现代化的联系。

在邢台县政府对革命老区的政策扶持下，1986年到1989年，凤凰崖修通了当地历史上第一条简易拖拉机道，告别了步行进出的历史。通路前，宋玘富送母亲出山治病都是一件惊动全村的大事，"好些人拿柴架抬着不知道跑了多少趟"。

紧接着，1989年底自来水入户。1990年凤凰崖通电了，这个小山村历史上第一次沐浴到现代文明的光照。直到2012年，通往凤凰崖的道路才水泥硬化，达到通车标准。

即使是这样，凤凰崖位置还是太偏僻，它的消亡也只是时间问题。

凤凰崖会涅槃吗

对这个问题的回答，是肯定的。

只是这里还有一个矛盾。宋氏族人对自己家族依据的凤凰崖的规划随着老人们的凋零而渐渐式微，山外资本的侵蚀也不会允许两个发展思路的存在。

已经有人把这片山地圈走了。但是什么时候能够开发，宋玘富也说不上来。

不管怎么说,凤凰崖还没有被人遗忘。凤凰崖人也没有遗忘它的访客。

20多年前,当凤凰崖通路通水通电时,《牛城晚报》前身《邢台晨报》的记者一行人前去采访。当年宋玘富带领族人修路时的艰辛被记者采写回去。当我到时,宋玘富从家里的衣柜里掏出一个用布包裹严实的本子,又翻开本子小心翼翼地取出一张剪报。剪报里有一篇名叫"夜宿凤凰崖"的散文。

看着泛黄的剪报,老人伸出一双干枯的手掌给我。当年记者对这双筑路的手印象深刻,因为满是伤口。国家出钱,村民出力,为了修路,"起个五更待到黑,两头见星星"。就这样一个小村组,男女老少齐上阵。如今路修通了,住在这里的人却不剩几个了。

凤凰崖的打谷场是俯瞰全村的制高点。

宋玘富不甘心凤凰崖就此落寞。在打谷场上,他指着山下对我描述了他的想法:"我想把这条水泥路修到后面的山沟里,那里全是核桃树,这样村里的物产就能运出去。"这是他的梦想,说这些话时,他完全忘记了他已年近七旬。

凤凰崖的山地和民居

凤凰崖的核桃值得他这样做。这里的核桃要比附近其他山区生长得时间长，会迟至白露时节才采摘，而凤凰崖周边其他地方的核桃大多处暑时节就摘光了。用宋玘富的话说，"到白露再摘才算足月"。而能挂到白露是因为这里绝少有外人来，村里几口人商定好了到日子才收。别处往往是等不及，就提前收了。

果树经济是1987年才开始的，全村退耕还林开始栽种果木，核桃树、栗子树。尽管1981年就包产到户，但种树时还是集体思想。这里各方面比外面世界总是迟到些。

果树经济之前单纯就是种地。宋氏百余年一直在坡地上耕种。"毛主席号召大家伙儿修地，我们全村治出来15亩水浇地，人均半亩。"宋玘富骄傲地说。当年在得到治理改良的凤凰崖农田里，小麦、谷子、高粱、玉米、荞麦都能种。在宋家的堂屋里，一张有年头的毛主席像还十分干净。如今，凤凰崖村像邢台山区别处一样，主要农作物只剩玉米。

种的是玉米，吃的是白面，生活必需品大概每月出山一次运回来。一辈子生活在这里，老人们没有觉得不习惯，反而因为通了公路对未来生活更加充满信念。

为了照看家，为了守住老根据地，为了对土地最淳朴的感情，这些老人不愿意离开祖宗的遗产。可是还能坚持多久呢？当我离开凤凰崖，再回头看一看进出的山路时，尽管是隆冬时节，也能够感受到一种裹挟着劲风的浓烈的诗情画意。

只是这诗情画意多少苍凉悲怆些。

（原载于2014年11月30日《邢周报》）

绿水池：样板戏的样板村

绿水池，我不知道什么时候去是最合适的。夏天的时候就有人向我介绍此地，彼时我才从峡沟村采访古村落回来。峡沟村和绿水池相距不过三四公里，心想错过就错过吧，等以后有机会再去也好。这一错就是半年。

冬季的绿水池既冷且静，使我联想，冬季也许是这类古意盎然的山村最能烘托乡愁的时节。尤其是树叶被风吹落，飘在眼前倏忽而过的一刹那，仿佛让人穿越。

萧索、萧瑟、萧条，一切因为季节的缘故而给人的错觉在走近绿水池石桥的一瞬间发作。

角落里的小村落

绿水池属于沙河市柴关乡，是一个行政村。全村现有户籍人口598人，常住人口也有400多人。这样一个不算小的村落，坐落在邢台沙河、邯郸武安行政边界的边缘。从绿水池的南山走山道翻过去就是武安的临河村。从地理上说，绿水池是邢台山区最南缘的村落之一。它被包裹在太行深山区的一条普通山沟里。

之所以取名绿水池，有村民告诉我，传说有一条白龙栖于村南一条水道里。古人云："水不在深，有龙则灵。"这也算是一个人杰地灵的地方，定居于此的先民，打量此地山清水秀，便称为"绿水池村"。传说终归传说，冬季的绿水池称不上山清，曾经栖龙的水道也几近干涸。

抛去背景山水之色，人们更能把注意力集中在这座古村落本身。沿着乡道驶进村里，在外沿可以看到几座新建的房舍，越往里越朴旧。进村后，几乎清

绿水池：样板戏的样板村

一色全是石造建筑。保存如此完好，在邢台西部山区也算平常，难得的是，对古建筑的保护早已成为绿水池村全体村民的共识。

57岁的村支书王进英说："村中的老房子都不许动，不许翻盖，不许毁坏，要盖新房就去村外面盖去。倒是没有上级的命令，这就是我们村自己定下的规矩。这些房子可是我们村最有价值的。"在邢台西部万千石造村落随波逐流的发展变迁中，鲜有如此有意识地保护古建筑资源的村子。

绿水池的朴旧民居

离绿水池不远的王硇村几年前被评为"中国历史文化名村"，现在已经走上文化旅游发展的车道。绿水池村民的自我保护意识或许源于对王硇村的参照。同时，这也更加衬托出绿水池的落寞。几百年的相邻共生，在新的历史条件下，一个被媒体发掘，行政命名，成功转型，一个继续在不远的山沟里守望。

山外的世道，纷繁复杂，眼见他起高楼，眼见他宴宾客，眼见他楼塌了。绿水池还是那么寂静。村口有一座石桥，石桥上有一座石楼，不知何用，一堆稻草堆在桥上，俨然废弃了。石桥下的桥洞，多少代人出出入入。我仿佛听到

错落有致的绿水池民居

了历史回声:"老哥,你去乡里啊?"

"刚买了籽种。"

繁华能有多少,大多总是平凡。乡土生活在千篇一律的作息中保留下最淳朴和最厚重的。这淳朴和厚重又不是一个村落,一片乡土所能承载,那是凝聚了千千万万个村落,千千万万片乡土共同的精神,是由整个邢台西部太行山区所有古村落共同造就的。

绿水池人也很希望他们的村子能够纳入"中国历史文化名村"名录。他们预想着,那样或许会提高村子的知名度,把绿水池做成"第二个王㟃村"。

愿景是美好的。只是如王㟃、绿水池这般的村落太多,有些精致,有些粗鄙,有些庞杂,有些单调,有些喧嚣,有些冷落。如果只把重点放在对"列入名录的村子"的保护上,而忽视了集群效应,那这些硕果仅存的"古村落"将成为乡村城镇化汪洋大海中的孤岛,终将失去它们所赖以依附的宏大的地域文化背景。

地域文化是古村落的灵魂。

社火、社戏与人民公社

  石桥南侧有一座石楼，曾经是一座戏楼。戏楼不大，只比乡间小庙大一些。曾几何时，这是全村人精神娱乐的中心。戏楼坐南朝北，是村中最古老的建筑，始建于清代初期，至今300余年。

  戏楼、祠堂、神庙是每一座传统山村必不可少的三种建筑，分别承担着娱人、祭祖、敬神的功能。绿水池的戏楼每到年下，便成为这个蜷居山沟的村落最吸引人的地方，闹社火、唱社戏总离不开它。这里将上演全村人一整年最为期待的"精神文化盛宴"。

  村人扶老携幼，跄跄济济，相约于此。远远近近，高高低低，举头凝视，戏楼上戏词的曲调抑扬顿挫，乡亲们脸上的表情随着起承转合。或许还有人端来一碗大锅菜，就着粗黄的棒子面馍馍，蹲在高处叫好一声。台上出将入相，忠孝节义，满足了村民对传统价值观的认知和认同。天地君亲一幕幕，使厚德重义成了古朴乡村的文明底色。

  这种文明的主题是"正"与"义"。只要戏楼上的戏还在唱，戏楼下的人还在听，就不会褪色。终于历史来到了20世纪60年代，专业表演者的传统戏少了，民间自发的"样板戏"演出团队占据了基层文艺的话语权。70岁的王振民时任绿水池村文艺宣传队队长，大唱样板戏的年代在他的人生岁月里留下了浓墨重彩的一笔。

  当年只有30多岁的王振民是村里的能人，能编能导能演。公社里发下来的样板戏剧本，主要是京剧《智取威虎山》《红灯记》《沙家浜》，到了他的手里都能迅速落地。演出需要的道具、服装全部是自己村里制作。编排好后，首先在绿水池的戏楼上首演，而后便是走村串乡巡回演出。绿水池的样板戏文艺宣传队在当时隶属的册井工委是有名的。

  回忆往事，王振民脸上又浮现了当年的模样："那个时候饿着肚子，劲头还那么大。苦，累，可是心情快乐，有时候黑夜里不睡觉，也琢磨着怎么演，全村的演员都是自发自愿的。"

人们总是对自己刻骨铭心的岁月倍加留恋。在邢台西部山村里，许多老人更加怀念那个吃不饱肚子但热火朝天的年代。他们至今还能成段成段地背诵《毛主席语录》。

在王进英的家里，摆放着电脑、电视、电饭煲、微波炉等家用电器。我问："现在的日子总比当年一天八两口粮的时候好吧？现在就算只种玉米，也是吃的白面呀。"

王进英说："心情不一样。"

那是山村最后称为山村的时代。面对中国历史上史无前例的最大的城镇化浪潮，任谁也无法避免。

当我到来时，戏台是完全看不出戏楼的模样的。一面墙把戏楼封住，将之改造成一间存放粮食的仓库。是老支书告诉我这里曾经的热闹，和他们年轻时的激昂。在波诡云谲的历史洪流中，人民公社没了，人们的精神文化生活有了更多的选择，不用再只专注于唱八大"样板戏"。

所有人都为了谋求更好的生活而奔波，渐渐地没有人再唱戏了，也没有人再闹社火。人们一下子忙碌了起来，也一下子消沉了下去。直到有一天，村人觉得这个曾经带来许多快乐和荣耀的戏楼闲置着也是浪费，不如把丰收的粮食拿来存放。

一堵墙封住了戏楼，也封住了一个时代。

一对瓦当

在绿水池村中闲走，一户人家门头上的一对瓦当引起了我的注意，左右各写着一个字："忍"和"耐"。这对瓦当是这户人家在盖房时着意彰显在大门上的家庭主要价值观。"忍、耐"也是对这片山区百姓身上典型品质的描述。

绿水池村人主要姓王，数百年前分别从两个地方搬来此地，一支在明朝永乐年间（1403—1424年）从邢台县小戈廖村迁来，一支来自沙河市本地，两支家族都姓王，但没有血缘关系。在村里定居后成为东西对门，后人称之为"东门王""西门王"。"东西王"之间互相姻亲，年代久了，也有少数同门之间出了五服的王姓后人婚娶。王姓之后，还有十几户周姓和徐姓。

几百年的流转冲不破这里的偏僻。新绿水池人选择了共同的谋生之路——出去。二三十年间，竟也有不少人家富足殷实，盖起了新房。但都自觉地选择在村外新盖，而不是毁弃祖宗留传下来的石造老宅。

61岁的王庆民家是一座典型的石造四合院，结构完备，保存完整。堂屋是一栋二层石楼，楼上存贮家中贵重物品，主要是粮食和农具，一层住人待客，上下楼之间由一架木质楼梯连接。东西厢房各住家人，南屋圈养牲口。老人岁数大了，去年才把一头驴卖给别人，于是南屋门口的宽大石槽得以整洁如新。

村中像王庆民家一样的石屋还有许多。房屋均设计讲究、规矩。村中建筑布局也科学有致，村巷狭窄，秉承"拐弯抹角"的设计，每在巷道拐弯处，墙角总要磨圆，防人擦伤，防粮食剐蹭。整个村落依山面河，因地制宜，逐级错落，整体向阳，前后不遮挡。村中唯一不协调的地方是抗日战争时期被日军烧掠的一栋石屋，现在还是一片瓦砾。房中梁木灰烬仍可辨认，院中杂木已齐墙高。

王进英打算："将来申请'中国历史文化名村'成功了，就有钱修复村里的部分古建筑了，戏楼的封墙也要拆除恢复原样。"在人们都往前看的时候，忽然回回头向后看看，或许能得到一些意想不到的收获。

绿水池村的故事还在继续，老人老去，年轻人成长，离人恋念，家人期盼。人活着，多少是要有点精神的，这就是为什么王振民们对艰苦岁月如此惦念。

正午时分，绿水池村中升起冉冉炊烟，这是多少人的家。村子背靠的山，以及山外的山所连起的山脉，诉说着久远，我似乎对这里很熟悉，又似乎对这里很陌生。

归去来兮，邢台人的老家——太行。

（原载于2014年12月7日《邢周报》）

王山铺：天河梁下无人问

从凤凰崖向北，直线距离要走很远才能到达王山铺。

沿着太行山分水岭北行，翻过浪里沟，继续沿山脊前进。起起伏伏、高高低低接连绕过几座山头，路过早已只剩地名的粉土坡、白崖套，接下来东向不远处叫作双里洼，那里是邢汾高速穿山而过的地方。跨过高速建设工地（2015年12月，邢汾高速正式通车），有大大小小七八道山梁，途经母猪洼，就到了王山铺村。这条穿越路，即使是有经验的徒步爱好者也要走8个小时左右。

王山铺是一座历史不算特别悠久的村落，成村大致在清朝中后期，至今不过200年光景。当我进村时，忽然感觉到一种被抛弃的怨念，事实上，我对这里还一无所知。

被景区包围的小村

王山铺村可以说是白岸乡最偏远的行政村之一。如果不从分水岭岭上翻山越入，现仅有一条2007年修通的水泥铺就的村村通公路能一直通到村头。在白岸乡白岸村中寻一条北向的岔路，道路不是很平坦，经柿树园、朱温坪、南洺水后，沿盘山公路走大概6公里。

走进王山铺时是一个晴朗的早晨，无风，无云。冬季是邢台西部山村最静谧的时节，地里没有活计，树上没有果子，忙了一年的农人终于可以混乱了时间，外出打工的家人放了假，巴不得睡够本儿。总之，上午7点多，王山铺里静悄悄。一缕红日散发的光芒隔着大山洒进村里，一半明媚一半荫翳。

这么隐蔽的地方，看来从来也不甚富足。王山铺村的石造建筑很难引起外

王山铺：天河梁下无人问

鳞次栉比的王山铺民居

人的兴趣，虽说千篇一律，倒也鳞次栉比，整整齐齐，只能说这里是普通的太行山村。更负盛名的英谈村离这里不算太远，那里的建筑营造更值得人们注意。村中错落着几幢白灰抹墙的砖瓦房，斑驳了王山铺的古老色调。这个季节的王山铺，几乎浑然一色，曝露着肃杀的气氛。

王山铺的地理位置很有意思。村西南是著名的天河山风景区，从凤凰崖穿越至此就要途经天河山，粉土坡和白崖套已在景区范围内。村正东是邢台大峡谷地质公园，隔一个山头就是公园景点盘顶。村正北翻过太行山分水岭是山西境内的南天池村，"牛郎织女"的传说正让那里成为一个新的旅游开发区域。

王山铺夹在三个"品"字形分布景区的核心，只是它不属于任何景区，也没有一个景区接收这里。也就是说，旅游开发的红利，"三不管"的王山铺吃不到。

自从妻子数年前因病去世，44岁的村主任王秀平如今并不住在王山铺村中，而是独自搬到早已无人问津的村北。村北叫后地沟，也叫毫地沟，存有几栋相对完整的石造院落。

王秀平常年一个人生活在村外，利用空闲房屋搞起了野猪繁育。现在大大小小有 200 头左右，颇具规模。用他的话说，反正"一个人闲着也没事儿，不如寻点儿啥干干"。野猪生长周期往往两三年，他也不在乎，日子就这么一天天过了。

王山铺全村老少 200 多口人，七成以上姓王。制约这个村子发展的除了地理位置，还有婚娶。"婚娶难"成为影响邢台西部深山区许多山沟尽头的古村落存续的重要因素。此前报道中，邢台县龙泉寺乡后熬峪村面临着同样的问题。这两个村子面对着相似的地理和社会困境。

村中王氏来自邢台县路罗镇贺家坪。最开始，村中几户没有血亲的乡邻互相通婚，繁衍生息。几代人之后，很难找到相互之间没有血缘的同村人，当迫近"不得近亲结婚"的红线时，问题凸显出来了。这么偏僻的村落，哪家外村姑娘愿意嫁进来呢？

王秀平描述了一个现象：许多人家想办法东拼西凑，在市里买一套房子，方便结婚。结婚后，市里的房子卖掉还了借款，再搬回村里继续生活。

"嫁鸡随鸡，嫁狗随狗"的传统思想成为偏僻山村部分适婚男子侥幸娶亲的护身符。人们不知道这份侥幸还能维系多久。

分水岭上看西东

天河梁是太行山脉分水岭在这一段的最高峰。太行山分水岭王山铺段行政上所划分的是河北省邢台县和山西省和顺县。

在邢西太行古村落采访中，我特别着意太行山分水岭脚下的山村。这一溜沿分水岭排列的古老村落，由于地处偏远，当保留更多、更纯粹的太行山区传统农耕文明样本。

一路走来已经不知不觉从山西省左权县交界北行至和顺县，以至于我在翻越分水岭来到南天池村时，还把当地误以为是左权县境，问当地老乡才知道犯了错。话说回来，县界、市界，乃至省界，对在分水岭上生活的百姓，并不那么重要。

南天池村是越过天河梁后山西境内毗邻山村。从王山铺到南天池徒步并不算容易。据说，从凤凰崖沿太行山分水岭穿越到天河梁的路程是邢台西部山区所有户外穿越线路中难度最大也最具挑战的。我在富有经验的向导带领下，仍用了5个小时才走通天河梁段小环线，可知道路险阻。

从王山铺出来，径直走进天河梁和大峡谷地质公园之间的山坳，翻过山坳就是南天池村。在天河梁背阴处，未融化的积雪铺洒在干枯的草甸上，从海拔900米的王山铺上升至海拔1600米，植被类型已经发生变化。路几乎没有，如同火星表面一样贫瘠的砾石散落在坡度很大的山坡上，每走一步都有滑倒的危险。

站在分水岭上，寒冷的过山风一阵一阵从山西压向河北，如同溢出水盆的冰水一样。在这里可以清楚感觉到河北与山西的海拔落差与地势格局，这要比地理课本上的任何描述都更直观。

回望河北，群山起伏，断崖悬厂，山势陡峭严峻，落差很大。而面向山西，几乎如同邢台浅山区，起伏柔和，平地成片，只有山垴没有山峰。顿时感觉山西的地势比河北要高出数百米。这就是第二阶梯与第三阶梯的边界。

在太行山分水岭上遥望王山铺

在南天池村遇到了正要开拖拉机运石料给祖宗修坟茔的村民王启顺。54岁的王启顺回忆，南天池村人是三四百年前从邢台路罗贺家坪迁过来的，和隔山的王山铺村同根同源，以前王山铺与南天池人经常来往。

自从交通改善，从王山铺走水泥路可以更容易到达实际上距离更远的邢台白岸，而翻山到紧邻的山西南天池并不容易，以致近些年两村沟通不如曾经频繁。又是因为交通的因素，疏远了两座相依山村的命运，各自朝着相反的方向靠近。

南天池村竟是比王山铺更加地老龄化，给人的感觉也更加闭塞。坐在门槛上的老人带着陌生和疑虑的眼神打量着从山下上来的外来者，唐突的访客冲击着他们如一潭死水的平静与蒙昧。

山西境内有更多雪没有融化，在阳光照耀下，南天池村更加寒冷孤独。我抬头看向无力的日头，一刹那甚至怀疑它和清晨启亮王山铺的不是同一个。

村口放牛的王来喜50岁了，裹着一身棉袄棉裤，抄着手坐在铺满棒子秸的土地上，看着他放养的26头肉牛。日复一日地等着牛慢慢地咀嚼，慢慢地长大。养大了，这些牛就要运往山东。

天河梁孕育了"牛郎织女"的传说。南天池即将旅游开发的资本据说也来自邢台。一道天河梁，划分了行政，却划分不了血缘和文化。山村百姓的迁徙从来没有把省界考虑进去。这些家族迁徙的轨迹让人们更加深刻地理解两个词汇：一个叫作"生存"，另一个叫作"传承"。

高速公路的阴影下

绕行天河梁小环线，在海拔1600米的高度转山，接触的景色与山谷中截然不同。山中沙棘熟透，既甜且软，落叶铺地，走上去吱吱作响。将行至山西走马槽村时，远处的高速公路清晰可见，低头看，王山铺也进入视线。

邢汾高速是邢台西部山区第一条高速公路。在沟壑纵横的邢西太行山里建设一条高速公路，施工难度之大可想而知。尽管目前路罗至山西段还未竣工通车，可是通过通车的邢台市区至路罗段可以窥见工程浩大。

公开资料显示，全程83.5公里的邢汾高速，计划总造价近百亿。换句话说，邢汾高速一米造价十万多元。这条路在交通与经济上的重要意义毋庸赘言，对邢台西部山区的社会重组作用也显而易见，只是这些和王山铺没有什么关系。

这座被三个景区包夹的古村落再度面临着"灯下黑"的讽刺。邢汾高速的走向几乎是绕着王山铺来了个 90° 转向。在小南坪调头南下，跨过大峡谷风景区的贺坪峡特大桥，继续隧道，在南洺水再调头西向。对于王山铺来说，它没有得到好处，也没有得到坏处，不论山外多么热闹，王山铺还是王山铺。它永远是班级里学习不出色也不掉队的那名学生，沿着自己的路一步步走向遗忘。

因为高速公路的建设，许多邢西山村命运改变，有的提前消失，有的获得新生。又因为高速公路的封闭性，许多原本通畅的山路便道被截断，不得不绕行很远才能沟通。从宏观角度观察，一条促进经济大发展、大跨越的康庄大道，对于微观世界的某些古村落生存利弊很难说。这也是时代发展的必然结果。

与现有的邢左、邢和、邢昔三条省道相比，邢汾高速对邢台西部山区社会格局的重塑意义将更加深远。路罗镇与龙泉寺乡，这两个有高速出口的乡镇聚合力将进一步集中，而王山铺所在的白岸乡恐将成为一块现代经济中的"边区"。

旅游开发的红利、交通运输的红利、社会发展的红利几乎都泽被不及王山铺。在天河梁上远远地望着山下的寂寞村落，再看看更远处一座邢汾高速高架桥飞架两山之间，将天堑变通途。现代化、工业化和城镇化的巨大力量就在几公里外，得由高速公路的建设而演绎着。被放弃的王山铺，迟早也会被自己放弃。

这里原本没有村落，住的人多了也便成了村落，当人们逐渐离去后，这里还剩什么？在王山铺感受不到希望，发展的希望、生活的希望、希望的希望，这些美好的念头和这里都没关系。

（原载于 2014 年 12 月 21 日《邢周报》）

黄土岭：浆水匆匆

离开王山铺，从路罗川走到了浆水川。从王山铺背靠的天河梁开始，太行山分水岭逐渐偏向东北方向。山脉蜿蜒，依次越过弧山和烽火台山，就到了风门岭。风门岭的最高峰叫作阎王边，海拔 1489.7 米。黄土岭就在阎王边山下。

我曾写过一篇《青崖嶂：烟雨深处有禅声》。那篇文章最后提到因为我的疏忽而混淆了青崖嶂的地名。再次来到浆水川，使我明了那篇文章描写的地方实际叫大石岩，一个已经荒废的村子。大石岩就在黄土岭和青崖嶂中间，前后距离都不过几百米，它们都坐落在一条通往山西的古道上。

分水岭下话源头

离开路罗川，来到浆水川。

浆水川终点在庞会桥，可以说是邢台西部四条大川中相对长度最短，同时也是流域面积最小的。狭义的浆水川是从浆水镇往里。浆水川只有一条干流。从浆水镇进去，沿着乡道一直走到尽头就是之前提到的水门村。

水门是行政村，这里是浆水源头之门。水门里面山谷夹峙，水门外面在南北两道山梁的包围下形成了一片适合苹果种植的冲积平原。

水门把守着山门，其里沿着浆水源流分别排列着河北、下村、菜树垴、香炉沟、黄土岭、下门、大石岩、青崖嶂等若干个自然村。如今从下门村往里已经没有人居住了。黄土岭是浆水川最深处的"活村落"。

为了弥补遗憾，青崖嶂成为此次分水岭之行的第一个目的地。沿着刚竣工的水泥路，盘山来到邢和隧道西口，一拐弯就到了青崖嶂。真正的青崖嶂在风门岭下，位于浆水川尽头。

从前浆水川里人家要去山西都是走黄土岭—大石岩—青崖嶂，沿着河沟翻山越岭到山西。然而，自从在将军墓川凿山贯通的邢和公路经过青崖嶂后，这条从浆水川里翻越太行山连接河北与山西的古道便失去了经济价值。

古道理所当然地被废弃了。

如此一来，浆水川极尽头的青崖嶂反倒成了离省道最近的自然村。纵使如此，也没有改变青崖嶂村消失的命运。现在青崖嶂只有一家牧羊人留守。牧羊人叫郎庆辉，黄土岭人。青崖嶂仅剩一套破败的院落权当羊圈，一间颓废的水泥板房曾经作为饭店为邢和公路上来往的大车司机提供服务，如今也被放弃了。

这里背靠风门岭，听名字也知道地处风口。冬季里风大且冽，干燥冰冷，扇到脸上像被揭了层皮，生活条件艰苦极了。若不是因为没有看守而接连丢了20多头羊，郎庆辉和父亲也不会在这里吃这份苦。"来往的人知道这里有羊，看没人看着，就来偷了。"郎庆辉说。对山村百姓来说，"为了生活，受受罪不算什么"。

郎庆辉的父亲不大吭声，坐在地上撩着生火的树枝烤着手说："以前没有路，打下来的粮食不够吃，就背着小麦从沟里爬上来去山西换玉米。"破窗户外面一条依稀可见的山路承载了不知多少奔

几近废弃的黄土岭民居

命的村民。风门岭分割了山西与河北，但分割不了生活。风门岭不仅是浆水的源头，某种意义上说，也是岭下百姓生存的源头。

风门岭作为分水岭分割的是哪两条河流呢？风门岭以东是浆水川，浆水川在庞会桥北汇入宋家庄川，南下朱庄水库，便是大沙河，也即南澧河。风门岭以西是山西和顺县漳河水系一部。漳河分为清漳河与浊漳河，清漳河又分为清漳东源与清漳西源两个源头。风门岭西是清漳东源的一条支流。南澧河—清漳东源，太行山分水岭邢台县段基本是这样分的。

王山铺到黄土岭中间沿太行山分水岭一路走来几乎没有村落，只是间隔着两个自然风景区，大峡谷地质公园和九龙峡景区。这两座景区肩并肩，中间的弧山恰是分割路罗川与浆水川的分水岭。

平凡角落的危机

折返黄土岭，寒风依旧凛冽，周围山谷寂静。

一辆拖拉机顶着风沿着新修的水泥路向山上驶去。车上拉着七八个当地百姓，一个个拢着袖口，吃着风，看样子年龄都不算小。他们趁着冬天农闲，来这条新修乡道的工地上揽几个收尾的零活。以他们的身体条件，山外的工地和工厂大多不会招收，只有附近这种简单劳作，旁人不愿意吃这份苦，才能轮得到他们。

黄土岭面临着生存的危机。这份危机一方面来自社会发展的边缘化，另一方面来自大自然的压力。黄土岭背靠风门岭，盘踞浆水川，其所在的地区为嶂石岩地貌。风门岭的整体色调泛白，主要是由石灰岩构成。风门岭下浆水川两岸的山体整体色调泛红，主要是由石英岩构成。

石灰岩和石英岩是太行山脉两种主要的构成元素。这些岩石易于风化，在漫长的地质年代被水流切割，形成峡谷沟壑。黄土岭村就处于一块开裂的巨大红色石英岩山体的威慑下。一旦山体倒塌，黄土岭万劫不复。

82岁的黄土岭村民冯连仕说，他年轻的时候，家后开裂的山缝里还卡着一块大石头，后来不知什么时候，石头掉下来了。老百姓明白这是因为裂缝越来越大。

黄土岭：浆水匆匆

太行山分水岭下的黄土岭

今年7月，在家里生活的黄土岭人突然听到开裂的山体发出两声巨响，全村人吓得不敢在家住，赶紧报告政府。技术人员测量后在开裂处装置了一组监测器。据说，尽管山体顶部开裂有1米多，但只要在可控范围内，黄土岭就暂时安全。

接下来就是动员村民搬迁。黄土岭总共40来户，七八十口人，涉事人家共有19户。有能力搬走的差不多都搬走了，即使有一定政府补贴，依然搬不起的人家不得已还留守着。搬家的难度不小，浆水川里地少人多，一人才合三分多地。离开黄土岭搬到外面新建家园，就有可能占用可耕地，这对靠苹果种植寸土寸树的浆水川来说代价太高。一亩苹果林，一年收入在一万五上下。于是，"拖着"成了各方心照不宣的共识。

黄土岭正在经历着演变中的地质现象，这是又一堂很好的地理课，只是这现象关系到生死存亡。生活在危险中的老百姓似乎并不把这片山体放在心上，生活如往常一样继续着。

冯连仕一辈子生活在这里，也不愿意走了。他生养了6个儿子、2个女儿，孙辈 11 人，整个家族 36 口人。偌大一个家族，有留在山村的，有在市里"吃皇粮"的，还有在山东跑海运的。冯连仕的兄长是解放战争时期的老兵，27 岁时战死在抗美援朝战场上，埋在了朝鲜。他起居的堂屋墙上挂着两块玻璃框，里面排满了老照片。这样一个家族血脉的流传和分布，多少能够反映出当代中国的社会变迁。

地质演变的危机尽管必然走向一个悲剧的结局，却表现得很简单。而黄土岭这类山村在社会发展中的边缘化趋势复杂得多，也更难熬。更要紧的是，人们并不知道这条路的终点是"危"还是"机"。

至少人们心里还存着希望。

谁来为山村剧变埋单

邢台西部山村经济发展参差不齐，不论是现有条件较好的还是较差的，都同样面临着老龄化的社会发展困境。

名列"中国历史文化名村"的王硇和英谈，走进村去，也多是老人和妇女。公路沿线的村子如小西庄和峰门，同样如此。即便靠苹果种植颇有成绩的浆水镇，年轻人也多数出山工作，由留在家里的老人照料土地，壮劳力只是在农忙时节回来帮衬帮衬。

水门村南边的山谷是浆水川的另一条支流，现在是九龙峡景区，景区门口是营房台村。营房台村 200 多人，并没有因为景区开发获得多少红利。曾经以为景区发展会为临近村落带来新机遇的想法，现在看来，在现实中并不如人意。营房台村只有紧挨着景区售票口的部分村民能靠农家乐和便利店获得额外收入，大多数村民依然靠外出打工和种植果木生活。

营房台村南边的栗树坪村与营房台隔着一座师傅寨山。吃过午饭的老人在村口庙前蹲了一排，看到外来的陌生人，充满了好奇。事实上，不论是黄土岭、营房台，还是栗树坪，浆水川里大大小小的村落并不能说是贫困的。

菜树硇 82 岁的褚玉争老人说："这个川里的人家，年收入十几万的多得是，比市里不差。"这些村落的发展变化也验证了这一点，新盖的砖瓦房比老旧的石头房子多得多，到处是新农村景象。尽管如此场景，也阻止不了年轻人一心向外的趋势。

年轻人想出去，寻找更多的生活选择合情合理，只是山村有什么资格和条件，让那些出去的人还能回来？事业在山外，家在山里，这对于一座山村来说或许是最好的结局。还有一个问题，物质文明进步了，精神文明是否跟得上？

褚玉争说，他年轻的时候，浆水川里一共才200多口人，一个村就是一户人家，菜树垴姓褚，香炉沟姓程，黄土岭姓冯。川外面战乱，再加上人地矛盾，生活不易，许多家族纷纷迁进来。生活在浆水川里的多数人家，至今不过三代人。轮回往复，现在人们又要往山外走，或许不消一代人的时间，浆水川里又只有200人矣。

每一个姓氏，每一座山村都是一条文化的传承。当山乡凋敝，人们也便失去了对一段古老山区的农耕文明的集体记忆。旧的文明即将消逝，新的文明在经济利益的冲击下难以形成。

我们面对山村剧变，多少有些漫不经心。山区百姓的生存并不像外人想象的那样，他们的收入是靠非常辛苦的劳作而获取的。愿意付出这份辛苦的人越来越少。黄土岭一带的老龄化相当严重，这些老人是不怕苦的，年轻人就不好说了。

离开黄土岭时，一位村民叫我去她家里。她儿子22岁了，身患白血病。年轻人免疫力低下，一直戴着口罩，和人说话时懵懵懂懂，是个善良的人。她家屋里杂乱，几个人站在屋里勉强落脚。小伙子病情基本稳定，药物维持有医保，但是生活却彻底凝固了。他无法参与更多的丰富的生活，和困在山村的老人一样安顿着自己的作息。22岁，这是我数十次进山，采访过的数百人里最年轻的一个。

邢西太行山脉，美丽而平凡的世界。如今它面对时代和命运的发展暴露出的踟蹰与纠结令人遗憾。实际上，它原本不至于如此，也不至于落寞。山里山外的人们只是想从它身上图点儿什么，只是图点儿什么。当索取的过多而得到的过少时，太行山就变了颜色。它似乎成了人们随时可以抛弃的地方。只有遗落的人还在遗落的地方生活。

临走时，老乡给了几个浆水苹果，苹果很甜，可是心很酸。

（原载于2015年1月11日《邢周报》）

朱温坪：千年古战场

朱温坪村原本没有列入这一阶段的采访计划中。这里是之前去王山铺村时路过的一座建筑整齐的小村子。在邢台西部山区的无数古村落中，朱温坪可以说是很独特的。

与别的村落房屋因地制宜，街巷曲折错落的布局不同，朱温坪村有鲜明的时代感、设计感和规划感。整座村子四平八稳，如营寨一般，大体方正。正是如此规矩的村落结构吸引我特意前往。

这里官方称呼为"朱文坪村"，村支部与村委会的牌子采用此写法。在旧《邢台县志》中的名称是"朱温坪村"。当地村民口中，还是以"温"字为确指。听闻朱温二字，不由得让人联想到唐朝末年的黄巢叛将朱温。正是这个朱温结束了大唐王朝289年国祚，废唐自立，是为后梁太祖。

朱温坪和历史上的朱温一定有关系。

朱温坪村整齐的石造建筑和街巷

朱温坪：千年古战场

小村庄的大历史

朱温坪的由来在当地村民中流传得最普遍的传说是，黄巢起义将领朱温曾在此安营扎寨，驻过军队，故名。当地祖辈传闻如此，但在历史的夹缝中搜寻佐证并不容易。根据唐史记载，王仙芝、黄巢领导的唐末农民大起义的主要活动范围在江南及部分黄河流域。从具体范围来看，无论是王仙芝、黄巢还是朱温的主要作战轨迹，并没有渡过黄河来到河北，遑论邢台西部山区。

朱温虽未必来过邢台，但其势力范围达于邢西山区。唐末，握有中原的梁王朱温与割据山西的晋王李克用曾就昭义军节度使辖地（邢台）的控制权，在邢西山区进行了长达30年的拉锯战。有理由相信，朱温坪村这个地名曾在唐末那段混战的年代中出现过，或许还不止一次。

在朱温坪村附近，密集分布着许多村落，都流传着与黄巢起义军相关的传说。依附于这些传说的村落在邢台西部山区形成了一个"黄巢起义文化片"。

朱温坪东北翻过雕崖就是"中国历史文化名村"英谈古寨。相传黄巢起义军将领常于此地商谈进军大计，故名英谈。英谈北向现有血流峪、天明关、贺家坪（又称贺将坪）等村。这些村子分别得名于农民起义军与进剿官军发生战斗，血流成河；黄巢军队行军至此恰好天明；起义军曾在当地庆祝胜利。除却村名，当地村民间流传的一些英勇神奇的故事也多与黄巢起义有关。值得一提的是，黄巢是山东菏泽人，他首义的地方在河南范县，而朱温是安徽砀山人。

那些赫赫有名的历史人物与邢台西部的小山村朱温坪联系起来也并非杜撰，朱温坪村的地理位置是最大的证明。朱温坪位于邢台县白岸乡，从白岸村顺着被当地人称为大北沟的山沟北行3公里即是。这条沟是古代连通晋冀的古道，朱温坪背后过南洺水村，翻过母猪洼就是山西和顺县走马槽村。

河水在朱温坪村边流过，在白岸村东汇入路罗川。村子高出河道十米左右，临河有寨墙，正是行军扎营的最佳选择。朱温坪依山傍水，正处在扼守这条古道要冲的一片台地上，真有"一夫当关万夫莫开"的气势。

山水环绕的朱温坪

村子南北现有翻新的门楼。楼上有牌匾,名曰"宏文楼",当地人称为"皋门",相传为当年朱温部安营扎寨的营门。大军盘踞于地,地势极佳,料想是一处不可避免的战火胶着地。

朱温坪村人还流传着不少关于朱温的传说。68岁的退休教师冯召彦讲述了这样一个故事。传说朱温小时候曾在此山中放牛,他将九个拾粪筐摞起来说:"谁能爬上去谁就称帝。"结果只有朱温爬到了顶,七八个孩子依次爬上下面的拾粪筐。朱温大喊:"我称帝了,你们都是大臣。"于是给下面的孩子封了官爵。最后有一个孩子没有上去,哭着回家告诉爹妈:"朱温称帝了,封了其他人当大官,没有我。"家人为了安抚就领着孩子去找朱温。朱温说:"我那是闹着玩的,就封你做宰相吧。"不想,若干年后,朱温起兵反唐,南征北战,建立后梁,真的兑现了对当年跟他放牛的一群孩子的封赏。

还有一个朱温放牛的故事,说的是一年饥馑,朱温把地主家的牛偷偷杀了与其他放牛娃分食。煮肉要用锅,他们便趁夜色从北边的南洺水村窃了一口大锅。用毕还锅时,天已五更,眼看快亮了,朱温怕被村人发觉,说:"天黑会儿吧。"果然初升的太阳又暗淡下去，顺利还了锅。等地主来找牛时，朱温指着石缝外的牛尾巴说："牛钻到地里了。"于是不了了之。

当地这两则关于朱温的传说与明太祖朱元璋儿时传说内容相似，情节相仿。尤其后者确是有明以来附会在朱元璋身上的。冯召彦也说，这些传说最开始多说是"朱洪武"。后来人们觉得不可信，朱元璋是安徽凤阳人，怎么可能在邢台放牛？联想到村名叫作朱温坪，故而想当然地认为种种传奇也许最早本是应在朱温身上的故事。

历史上，朱温叛唐，荒淫残暴，史家不屑，称其创建的王朝为"伪梁"，而"淮右布衣"朱元璋"驱除鞑虏，恢复中华"，得国最正。一贬一褒，百姓逐渐偷换了野闻传说的主人公也属正常心理。

一卷地契一条村脉

朱温坪村现有 120 余户，400 余口人，常住人口只有一半，200 多人。其中 70% 姓冯。关于冯氏的家族流转，当地人说，大概 600 年前，"燕王扫北"时，几经战乱，邢台地方人烟寥落，冯氏随山西大槐树移民潮迁来邢台。最先落户在浆水镇的冯家沟村。

冯家沟村是邢西太行山区许多冯氏的祖源地。随着人口繁衍，地少人多矛盾突出，需要从原村中析出几股迁往别处。朱温坪村的冯氏先祖于是挪到路罗镇天明关村落脚。数代后，又从天明关析出两股来到白岸乡朱温坪村。

从朱温坪村冯氏后人冯松林家保存的地契可知，迁至朱温坪的冯氏一族与朱温坪原有的王氏一族发生的最早的土地买卖契约，订立时间为清"同治三年二月十三日"，即公元1864年。王氏一户名为王丕某的土地所有者因土地无人使用，将名下朱温坪东沟一处坡地转给冯氏。此后，在同治五年、七年、九年、十三年又陆续有一些土地从王氏手中转移到冯氏一族。在同治十三年（1874年）的土地买卖契约中显示，冯氏对土地的占有已经从村东扩展到村北。这份地契涉及的买卖金额达"十千文"，并称如果交易一方毁约，另一方可凭此契据到官府告状。

同治年间（1861—1875年）是冯氏第一次大规模购置土地时期，参与订立契约的冯氏"玘"字辈是迁至朱温坪村的冯氏第二代。村中老人回忆，当年冯氏一族迁至朱温坪时,"圮"字辈尚年幼,等他们长成,可以订立契约也要十几年之后。如此推算,冯氏迁至朱温坪村一事大致发生在 170 年前。

同治之后,光绪、民国年间又有许多土地买卖契约。每一张契约都包含着一户普通山区家庭的兴衰消长。有的勤勤恳恳,兴家置地,有的荒废家业,变卖家产。这山中小家庭的变化,只和勤懒相关,和世外大环境的变迁并没有多少关系。哪怕皇帝没了,朝代改了,军阀来了,日军走了,朱温坪还是朱温坪,朱温坪的土地还是朱温坪人的。

一直到新中国成立,建立农业合作社,朱温坪村才开启了新的篇章。中华人民共和国成立后,几十年不存在土地买卖契约。有千年历史的朱温坪村有史以来第一次在集体经济的道路上系统性地接受着改造。

坡地梯田化,河滩地也修葺齐整,通水通电通路,农业基础设施基本建成。可是朱温坪村人还是吃不饱饭,只好顺着古道去山西换玉米面。最艰难时朱温坪村人吃的是麸糠、柿篓、橡子。

冯松林家关于土地的契据再次出现的时间是改革开放后的 20 世纪 80 年代。那是家庭联产承包后涉及土地分配与使用的凭证。

在朱温坪老人们的印象里,农村生产力的解放对山区农业发展的提振作用还不是第一位的。排在第一位的是科技进步。籽种品质的提高和肥料效用的加强对山区农业产量有巨大推动作用。直到 1985 年,朱温坪的生活条件才得到有效改善,标志是开始"不吃玉米面了"。

最旧的"新农村"

来到朱温坪村,最吸引人的是全村的建筑。整齐划一的石造建筑群在以"因地制宜,错落布局"为主流的邢西太行山古村落中实属罕见。朱温坪人冯兵绪介绍说,朱温坪是邢台县最早的"新农村改造"样板村,是当年全县的"四面红旗"之一。今天的朱温坪村是当年"新农村改造"的结果。当然,那时不叫"新农村改造",而叫"空心村改造"。

1985 年,也就是朱温坪人不用被迫吃玉米面的年份,朱温坪村迎来了属于自己的翻天覆地的变化。由邢台县城建局规划,于 1986 年动工,1989 年基本建成的新朱温坪村出现在世人面前。改造之前的朱温坪，街巷曲折逼仄，村民行路不便，建筑格局不一，部分损毁严重。改造之后，在原址重建的朱温坪村既保留了古代军营山寨的用地格局，同时对内部进行了规划。

气派的宏文楼取代了当年几乎倾圮的营寨皋门。以宏文楼为南门，一条南低北高的山街贯村而过。村中主干道可并排行车。道路两侧排水通畅。全村整体建筑格局统一，为标准太行山区四合院结构。主干道将朱温坪一分为二，东西两片又分成三排两纵。村西坡地有数排坐西朝东民居，同样石造规格。

这样巨大的重建工程，男女老少齐上阵，朱温坪人是拼了命的。改造工程计划每年重建三分之一，拆建的家庭只好投靠亲友。大队公房、戏台都成了临时住处。夏天还好，冬天寒冷，没有门窗只好用布片遮挡。当地人也承认，"这样的工程，放在今天任何一座山村都很难实现"。

纵观整个朱温坪，既有历史的沧桑感，又有现代的规划感。对比如今同样作为新农村改造的其他山区古村，从视觉上，朱温坪的新建石造建筑群，比其他古村落新建的诸如联排砖瓦房或单元楼房更有历史文化价值和代表性。在经济发展，走向城镇化的今天，后者多数只是毁弃太行山古民居的一种过渡建筑而已。过渡的事物，总是不长久的。可以说，朱温坪村不仅是当年，更是今下新农村改造的样板村。

从建筑上说，朱温坪的历史不过30年；从历史上说，朱温坪已有千年。在这里能让人自然感受到"历久弥新"四个字。有着优越的历史背景和建筑条件的朱温坪同样面临着自己的危机。在村中的学前班，上课的16个孩子中，10男6女。村人说，山里都是男多女少。男女比例失调对将来社会发展的危害不需赘言。自从禁止起石板后，朱温坪村里人更少了。村中集体文化与集体记忆的传承也面临着后继无人的尴尬。

朱温坪村口的墙上有一对新贴的喜字。山里规矩，谁家过喜事，都要摆席，蒸豆包、吃大锅菜。过去，按照惯例，在宴请完亲朋后，要额外给全村每一户乡亲家里送一碗大锅菜、两个豆包，尤其对孤寡老人，要更加礼遇。现在几乎不用了，因为来贺喜的乡亲差不多就是全部了。

（原载于2015年1月18日《邢周报》）

驮道：邢台人的茶马古道

在现代化公路条件下，很难想象生活在邢台地方的先民是如何翻越太行山脉的。

古往今来，闻名于世的"太行八陉"没有一条通过邢台地界。南边离邢台最近的滏口陉在邯郸市的武安、磁县之间，北边离邢台最近的井陉在石家庄市的井陉县。前者是沟通豫北冀南与晋的孔道。古人云："由此陉东出磁、邢，可以援赵、魏。"后者是连通晋冀鲁的要冲，乃韩信进军路线，频见史籍记载，其军事地位十分重要。

如果不选择北上井陉或者南下滏口陉翻越太行山脉的话，就要走"邢西故道"。

"邢西故道"的概念很难成立，因为八百里太行唯有邢襄一段山体有如天下脊梁一般横亘在世人面前，无豁无口。纵使如此，不惧艰险的老邢台人仍然走出来了一条条"利通东西"的羊肠小道。

如今这些道路即将湮没在历史的尘埃中。

车辚辚马萧萧风飒飒

邢台境内再没有一个地名叫起来像驮道这样直截了当的。驮道是个村名，也是一条道路的名字。作为村名，驮道村位于邢台县路罗镇桃树坪村西1.5公里。作为道路名，顾名思义，驮道就是一条牲畜驮送货物的道路。这里所说的牲畜或许是驴、骡子，也可能是马，甚至是骆驼。

驮道村依凭地势建在山口一块高地上。坐北朝南，居高临下，面对着古道。

古道在村南岗下，自东向西，通往山中，隐没在峰回路转处。驮道村是一个小村，全村不过20余户，七八十口人，村民姓氏不一。这是一个移民式村落，而非传统意义上的宗族式村落。村民祖上来自不同地方，有远有近，聚居于此。

路氏在村中户数不少。大名鼎鼎的邢西山区路罗镇英谈村以路氏为主体。驮道村与南边的英谈村只隔着一座猫头寨山，相去5公里有余。

午后村中清静，农户家门或者上锁，或者紧闭，或者虚掩，或者洞开，却无人来往。忽然某家院内有孩童吵闹，也倏忽而过，叫人以为是幻觉。柴鸡在路边杂草间叨食，并不理睬来客，只是缓慢地避开过道。黄狗闻见动静，猛地立起，并不立刻吠扬，但盯着来人动向。

绕村三匝，能够遇到几位上了岁数的老妪，还有三两个学龄前幼童。大家说话的声音在村中震荡，更显阖村清冷。全村整体石造建筑，构造普通，为一般太行山村老房样式，远谈不上特色。砖瓦房也有几户，显得这村子有些新意，仍在延续。

这就是如今的驮道村，在现代交通体系中被边缘化的一座普通山村。尽管新建的邢汾高速公路就在这个村子头顶上通过，高架桥的巨大桥墩正冷漠地矗立在村边的坡地上。

历史上的驮道村是另一番模样。在中华人民共和国成立后新修建的数条省道、乡道，以及高速公路出现前，驮道村在古代邢西交通体系中是一座行人来往热闹的驿站。这里是整个邢西山区中唯一以路命名的村子。

当然，这条线路上风头最盛的是它东边的桃树坪村。桃树坪村为邢台西部山区人口最多的村落，它并不在今天的交通要道上。如此偏僻的位置藏纳着如此巨大的村子，仅凭附近的耕地是吸附不了那么许多人的。桃树坪村是往来山西必经之路上的必停之地。服务运输，以及转运贸易让这里成为深山区里的繁华集市。顺德府或周边地区的商队行到桃树坪就该弃车换马了。村中给驮马喂食的石槽比比皆是。

驮道村依傍着桃树坪，村民先祖或许也是因为这里通衢繁华，才选择迁来此地，种地之余做点擦边的营生，作为桃树坪的前哨或是补充。驮道村的路氏是否就是当年英谈路家析出的一支呢？年代久远，连村中老人也说不清楚。史料记载，英谈路家作为邢西行商大户，曾买断了由山西太谷到英谈的一条长300公里的道路，并沿途开设了许多食宿铺子。这一点有些类似在今天的高速公路服务区里取得了"独家经营权"。

冀晋商道的苦旅

"冀商"是个新名词。从历史的角度说，河北不是个出商帮的地方。

历史上，能够做到汇通四海的非徽即晋。徽州和三晋商帮兴隆，多少有被逼无奈的况味。在重农抑商的封建农耕社会里，农为国本，商为末流。徽州和三晋地方多山地、少平原，人地矛盾比较突出。无地可种，为了生活，只好跑商旅。

河北平原辽阔，阡陌纵横。能够安心务农的庄稼汉犯不着吃奔命的苦。然则邢台处四方交通要地，千百年来一直是冀南商业重镇。清人谷鸣球《土寨纪略》里描述顺德府南关"为九省冠盖通行之路，百产菁华聚会之区，烟火万家，客商辐辏，畿南重镇，天府婉雄"。史上如此，一条条沟通晋冀的商道自然多有邢台人的踪迹。

有良好的商业氛围，加之邢西山区百姓也面临着人地矛盾，在古道边生活的村民跑商贸是情理之中。不过，驮道转运并非易事。

出驮道村西行三四公里，便来到太行山分水岭脚下。石灰岩构造的山脊在阳光的照耀下折射出银白色的光辉。一道如压在头顶、直通天地的巨大山脉，似坚墙一般挡在行人面前。脚下的路不知有多少代人踏过，凌厉的石板不知磨破了多少双脚，石面也早已磨得圆滑。青苔嵌在石缝里，野草挤在石板间。

方向山西，抬头向上，一方方石块铺就的商旅古道，见证着奔走在邢西太行山脉中的老邢台人。驮马背上的是顺德的皮毛，关外的药材，舶来的洋货，甚至是瓷器、茶叶、织锦等。回绕在山道上的声响，来自驮马的喘息，马帮的吆喝，以及叮咚的铃铛。

驮道设计与人道不同。盘山路线因地势铺就，折弯的区间较远，折返处略宽，且弯道宽大。这是考虑到驮马不好调头，故需要大弯远折。驮道山路陡峭，马蹄登踩力量大，石板铺路每隔一段要有一排竖板，防止路面移位打滑。

险要陡峭的驮道

从驮道村走驮道登上太行山脊，若是轻装行人，脚程快的不用两个小时。当年商队用时或许半天，也可到山顶。驮道顶叫灰峡岭，上到山顶，西北向复行 1.5 公里，就是山西和顺县的杏树湾村。那里又是一处可以落脚的地方。太行山脉从驮道顶向北依次有四座关隘，分别是灰峡岭关、支锅岭关、冀道岭关和风门岭关。关关相去不过三四公里。

《邢台县志》记载："灰峡岭，城西南一百六十里。有自桃树坪赴山西之路。"县志所载的"赴山西之路"即是以驮道村为起点的驮道。

从风门岭到灰峡岭一脉是浆水川西尽头的"山墙"。灰峡岭处在邢台境内的浆水川和路罗川的分水岭上，又是河北、山西的界山。此地形胜至极。明嘉靖四十四年（1565 年），赐同进士出身的顾绶写有《支锅石口诗》：

崇冈历尽是边关，此去纵横更有山。
九塞控弦今纳款，三军超距且投闲。
岚光远映旌旗外，涧道平分营垒间。
形势漫夸堪保障，还如蓬岛在尘寰。

通过此诗可以窥看当年灰峡岭至风门岭一带形势，有驻军，有营盘，凭据天险，扼守山巅。想必往来的商人、交通的乡民会在关城歇歇脚，吃点干粮。他们仰望头顶的日头，正午时分，不容停留太长时间，因为去目的地还有很远，又或许他们到山西某个村落换好粮食，还要赶在天黑前返回。

史料显示，纵然太行天堑，老邢台人依然开辟出若干条供来往商旅行走的道路。行走是间，举目皆险要，不由得感佩邢台先民顽强的开拓精神。

商旅行人来往，难免路遇危险。不知哪朝哪代，竟也修建了一座山神庙保佑过客。山神庙面阔丈许，孤零零坐在山垴上。庙中清咸丰元年（1851—1861年）刻立的《重修山神庙碑记》写有这样一席话："杏树湾附近黑虎岭尚设山神古庙，历年永久，风雨飘摇，鸟鼠穿凿，榱栋崩折，垣墉倾颓。亦且东至齐鲁，西通秦晋，行人往来睹斯庙者，莫不嗟叹而靡已于是，触目伤心。"

老去的终归老去，重建的山神庙又一次飘摇，因为人间换了。高速公路就在山下，穿过现代化的隧道就是三晋。如若贯通，从邢台不消一个小时即可到达山西。

"两天一夜"休闲游新概念

仔细翻看邢台市的地图就会发现，从北向南，密集排列着一系列风景区。驮道夹在南边的邢台大峡谷地质公园和北边的九龙峡风景区之间，原本是个寂寞的存在，如今也被纳入了旅游开发序列。

被命名为周公山的风景区建设指挥部正在山下驮道口，挖掘机等重型机械正在如火如荼地进行施工会战。工作人员描述，大概这个夏天就可以试营业了。

原本破败的驮道因为旅游开发的关系也整

太行山上古驮道

治一新，山脚下的寻常车马道翻然变成了水泥路。驮道在沉寂之后迎来了第二次生命，这一次它被人精心包装了起来。景区规划图显示，资本方意识到这是一条有充足历史资源的"茶马古道"，在将来的推广中这也是一个卖点。

因为开发的缘故，驮道或许再也不会"风雨飘摇"了。它卸去了生活的重担，开始享受生活。资本对邢西山区尤其是古村落的影响，在开始阶段总是令人欣喜的。那些没有被旅游开发纳入的村子见到外人的到来，总绕不开的一个话题就是："啥时候俺们这里也能变成旅游区？"

"变成旅游区"，起码附近部分村民可以不用跑远路而打个零工。只是工作的机会多数并不能够如山村原住民所愿，毕竟资本介入的初衷是为了通过旅游开发获益，而不仅仅是来山区扶贫。

旅游开发的价值，远比当地人看到的深远。于是，驮道村或其他依傍旅游景区的村落，并没有发生多大的变化，生活一如从前很正常。反倒是邢西太行山区因为旅游景区开发，对周边地区户外爱好者而言，进山不那么方便了。为了规避景区，一条登山穿越线路往往会像穿越犬牙交错的敌占区封锁线一样。

邢台拥有庞大的户外休闲游市场，整个登山群体的基数远超市场想象，仅市区不完全统计也有数万人。现有的多数景区在游乐内容的设置上，并不值得大多数游客停留下来，在山中居住一天。交通的便利，让商家更乐于游客实现当天往返的"促销式一日游"。如此一来，莫说外地游客，即使是牛城本地人也会对邢西太行山风光产生审美疲劳。

归根结底，这是因为广大游客没有深入感受到邢台西部太行山的乐趣和魅力。"两天一夜"当是短途休闲度假游的新概念。如果邢西太行山中林立的众多景区能够更加深度地挖掘旅游资源，招徕游客，留住游客，得以"住一夜"，也许邢西太行山旅游市场的活力才真正开始绽放。

当然，景区们面临的最大问题是，邢西山区已瓜分殆尽，现有圈围的体量只够一日游的。

（原载于 2015 年 1 月 25 日《邢周报》）

营里：寂寞黄榆岭

黄榆岭是八百里太行山脊在邢西的一个显著凸起。

当我第一眼看到黄榆岭时，山峦如同一堵连绵横亘的高墙正接受着初升太阳的照射，原本灰白色的岩石映出青色的光芒。黄榆岭的切面如此陡峭而且光滑，仿佛是被上天插在晋冀之间。这里诠释着太行山分水岭的含义。

明正统十四年（1449年），明英宗朱祁镇在宦官王振的教唆下北征瓦剌惨败。撤军途中，英宗被瓦剌军队追上并俘虏。同时，户部、兵部、刑部、工部四位尚书与都察院右都御史遇难。史称"土木堡之变"。

英宗"夺门"后，为防御北方民族侵扰，顺德府在黄榆岭等处设边塞关隘，其战略地位益显重要。《顺德府志》记载：黄榆岭"石径盘旋形险道冲，山西人畜往来，(有)边墙一道，楼二座，官厅营房五十间"。

营里村人的黄榆岭

黄榆岭下有村名营里。营里村正是在当年镇守黄榆岭的驻军营房的基础上形成的村落。

村口《营里村碑记》中记载："营里村西与山西省相邻。明万历四十六年（笔者注：1618年）此地建有长城、黄榆岭关、炮台、兵营，居兵防守之地。岳姓从山西省和顺县百备村迁来定居，将村建在旧有兵营居地之内，故名营里。"已经过世的村会计张志义曾对村民回忆过：20世纪30年代，村中尚有兵营营房，围墙齐整，为四合院式建筑。

行政上，今天营里村属于邢台县冀家村乡，是一座行政村。全村有居民六七十户，现在常住人口大概 180 多人。走进营里村时，正是早晨 7 点多。冬季山村百姓往往不会早起，营里村里空荡荡的。晨风凛冽，刮得干枯的树枝呼啦啦作响，村中干净，并没有吹起浮尘。尽管天已光明，营里村人还在梦中，连石砖石瓦也还在梦中。

间或有二三老人从自家院中穿过又跨进另外一间屋。有人远远看到有外人来到，站定不动，仔细打量，满眼狐疑而且陌生。村人封闭在自我营造的一个社会群体中，羞赧与无知的神情令人更加感受到山区与外界的隔阂。

59 岁的前村主任靳耕雷正在家中准备早饭，炒着过夜的冷饭。他居住的房间不大，兼具卧室和厨房，一张床、一排衣柜、一条沙发还有一台炉灶，占据了大部分空间，剩下的地方只容五六个人落脚。寒风顺着门窗钻进来，室内清冷得很。冬季里山村百姓更愿意集中到一间屋子生活，这样可以节省取暖费用。

营里村也是一座移民式村落，姓氏不一，最多时住有 11 个姓氏。靳耕雷的靳家祖上来自邢台县南石门镇，已经 5 代人了。村中人口最多的申家与靳氏大概在同一时间从河南林县迁到营里。迁来此地的原因除了当地有一部分可以利用的山坡地外，更重要的是，古代黄榆岭是另一条连接河北、山西的官道，常有行人、商旅、官驿途经此地。靳耕雷说："申家先人有眼光，以前他们住在外面的龙池沟，看准了这里，在营里开店房。"店房相当于招待所，黄榆岭曾经有过繁忙景象不容置疑。

正因为处于交通要冲，才会有诸多姓氏纷纷迁来此地。交通是古代成村的一条重要原因。黄榆岭在村民口中称作黄鱼岭，营里村外的古营寨城墙遗址上书写的也是黄鱼岭。

当地传说黄鱼岭上卧有一只黄鱼精，因此得名。这一带至今还有许多关于黄鱼精的遗迹。又说因山中泉水中产黄鱼，故名。总之，黄鱼岭才是正名，而黄榆岭只是被官方认定的讹误。至于官方在何时认定现名，并不清楚，至少清代光绪三十一年（1905 年）的《邢台县志》就统一为"黄榆岭"了。

对于这样一座抬头望望就进入眼帘的雄伟山峦，营里人早已卸去了外来者才会挂在脸上的惊叹。可是从某种意义上说，营里人是离黄榆岭最近的邢台人，却又是离黄榆岭最远的一群人。他们生活在这里几百年，当交通价值与军事价值都丧失的时候,黄榆岭自然而然退出了他们的生活舞台,沦为背景。至于这里曾经的面貌,似乎并不值得当地人铭记过多。

文人墨客的黄榆岭

即便站在全国的角度,邢台也称得上是一个文人诗话荟萃的地方。在流传下来的涉及邢台风物的诗篇中,黄榆岭题材是其中的重头戏。其中元好问、李攀龙、王世贞等名士的诗作,展现出了对以黄榆岭为代表的邢西太行山脉形胜的精彩勾勒。

金末元初北方文坛盟主、大诗人元好问侍奉母亲灵柩迁葬时,曾取道黄榆岭,写下了一首七言古风《下黄榆岭》,这是黄榆岭诗中最著名的一首:

北崖玄武暮,黝黑如积铁。
东崖劫火馀,绚烂开锦缬。
就中岭头一峰凸朴奇,剩费寒云几千叠。

黄榆岭下的营里村一角

摩围可望不可到，青壁无梯猿叫绝。
林烟日射彩翠新，跬步疑有黄金阙。
画工胸次墨汁满，那得冰壶贮秋月。
直须潮阳老笔回万牛，露顶张颠挥醉帖。
石门细路无涧泉，行人饥渴挽不前。
辛苦黄榆三十里，岂知却有看山缘。

明代著名文学家、"后七子"之一、文坛领袖李攀龙任顺德知府时，钟情太行山水，多次游历其间，写下了一批山水诗。其中黄榆岭诗很多，有五律四首：

其一
黄榆高不极，临眺亦奇哉。
河势中原坼，山形上党来。
白云横塞断，寒峡倚天开。
摇落清秋色，多惭作赋才。

其二
不尽寒云外，青峰落照多。
秋阴生大卤，木叶下滹沱。
巨壑藏风雨，飞梁挂薜萝。
重关三辅地，跃马意如何。

其三
振衣岩木下，依仗白云层。
落日悬孤塞，清风度马陵。
千峰寒自出，大泽莽相仍。
左瞰邢襄郡，分符忆股肱。

其四
秋色自冥冥，风烟接井陉。
关门开落日，山路出寒星。

太守方乘障，清时敢勒铭。
杉松回朔气，哀壑未堪听。

另有七律四首：
其一
太行山色倚巑岏，绝顶清秋万里看。
地坼黄河趋碣石，天回紫塞抱长安。
悲风大壑飞流折，白日千崖落木寒。
向夕振衣来朔雨，关门萧瑟罢凭栏。
其二
西岭秋高大陆前，马陵寒影踏遥天。
群峰不断浮云色，绝嶂长流落日悬。
地险关门衔急峡，山奇削壁挂飞泉。
何人更遇青泥饭，有客空歌白石篇。
其三
西来山色照邢襄，北走并州拥大荒。
巨麓秋阴沙渺渺，石门寒气雨苍苍。
天边睥睨悬句注，树杪飞流挂浊漳。
摇落故人堪极目，朔风千里白云翔。
其四
千峰郡阁望嵯峨，此日褰帷按塞过。
落木悲风鸿雁下，白云秋色太行多。
山连大陆蟠三晋，水划中原散九河。
回首蓟门高杀气，羽林诸将正横戈。

受李攀龙之邀，同为"后七子"的文学大家王世贞，也专程跋涉太行山水，写下了著名的《历黄榆马岭记》，文曰："……予之既抵关，肩峻壁而胁大壑，不知几百千仞。关口一横涧，桥而度。已度，折右上里许，得山顶，以为山尽是矣。既登而西北望，高倍莅者十者百者不可穷，至目境尽而止，信乎称，太行天下脊。"

并赋七律一首：

太行无际碧天愁，榆塞寨帷万古收。
紫气东盘沧海出，黄河西抱汉关流。
櫜鞬忽动双鸿暝，刁斗频敲万马秋。
薄伐到今仍列戍，教人无赖说并州。

与古人钟情不同，今天，黄榆岭在邢台百姓中的认知度并不高。如果没有这么多名士诗篇，人们又焉能想象这座邢台人身边的雄关大山也曾有过闻名天下的光辉岁月？

除了当年文坛大家的诗作，明代尚书李京曾在黄榆岭题诗：

百丈悬崖万岭围，半天瀑布雨霏霏。
日光水影碧空落，疑是春山上下飞。

明嘉靖时期文人陈万年亦曾游历黄榆岭，留诗一首：

赵北引旌旗，黄榆挂铁衣。
笳声秋寂历，烽火夜熹微。
百二关重险，三千客待围。
年来同宛马，不杀是天威。

文人墨客眼中的黄榆岭足为天下形胜，大才子王世贞更称赞邢台境内的太行山为"太行天下脊"。这确是一句准确的描述。邢台境内的太行山脉如青龙之背，光洁如镜，蜿蜒逶迤，挺拔壁立，如天下脊梁。

大凡名山大川总要有人欣赏才好，懂得欣赏黄榆岭的人已经成为过去。如今这座山有些寂寞，毕竟李攀龙、王世贞已经去世近500年了。

天地之间的黄榆岭

前人之述备矣，今人又当作何打算呢？这是矗立天地之间的黄榆岭最渴望得到回答的问题。

黄榆岭自古以来便是冀晋省界。史载："黄榆岭，城西北一百七十里，山极高，其东半腰为邢之西界，北有姑子岩，岩东下为邢西界。"离开营里村，寻西南方向一条石道，脚程快的大概两三个小时可以攀登到黄榆岭山顶。

这条石道便是当年的官道，原生态，除了数百年来行人过往、风吹雨打，几乎没有遭到破坏。当然，也没有人会想到对这条不起眼的乡间小路下手。新建的黄榆岭景区把山门开在村北，不收门票，有基本的登山道路可以拾级而上，直达山顶姑子岩庙。这条历史之路便逐渐荒芜出世人视线，除个别户外登山爱好者行走外，再无人问津。

黄榆岭故道是沟通山下驻军营房至山顶关隘要塞的简易行军道，也是当年唯一的翻越黄榆岭的官道。我猜想，500年前，李攀龙携好友王世贞应该就是沿着这条几乎被干枯的荆棘枝条掩盖的道路一步步走上黄榆岭关的。

山路曲折，树林荫翳，落叶铺满，人踩过沙沙作响。峰回路转处阳光明媚，万山沟壑尽入眼底。山下的营里村炊烟袅袅，村人终于睡醒开始生火做饭。

冬日里，黄榆岭多风，风既大且烈，刮在人脸上如凌迟，好似脸皮都要掀掉。半山腰以下，树林茂密，多少能够挡风。山路过半，行人曝露在天地之间，无遮无挡，任凭寒风发落。将至黄榆岭垭口，也即黄榆岭关口时，风尤其凶猛，几乎要把人"放风筝"。

上得黄榆岭关，西北风愈演愈烈，行人非得顶风半倒锅腰前行不可，倘若直立，势必吹翻，而风向不远处便是万丈深渊。大概黄榆岭常年如此，山顶风口莫说高树，连野草也是草甸簇簇。不由得想起一句话：飓风过岗，伏草唯存。

黄榆岭关是明代遗迹，惨白的石块堆垒成一条残破的城墙，城墙高才过人。唯一的关门门洞不算高大，如风洞一般，寒风凛冽。过关门向右有一座炮台，高丈余，四方四正，如烽火台一般，依断崖而建。古人在此置关架炮，不仅是为了防备边患，也有防范匪盗的作用。历史上，晋冀交界处也是匪患颇多的地方。

在黄榆岭山脊上绕行到姑子岩，风景又是一番。姑子岩一带属于黄榆岭景区范围，在山西境内叫作龙口景区。行政上从明清至今一脉相承，属于山西省和顺县，尽管这里在太行山东坡。姑子岩最有名的是始建于清初顺治年间（1643—1661年）的姑子岩庙。庙外峭壁崖柏上，几只翎羽缎黑发亮的乌鸦，雄飞雌从绕林间。它们是这里的主人。

黄榆岭上残破的城墙

黄榆岭是太行崖柏分布比较密集的地方。邢台古玩市场近来疯狂刮起一阵崖柏风，不愿外出打工的村民不知深浅，不畏生死，靠山吃山，盗挖崖柏。许多生长在太行山巅几百上千年的崖柏面临灭顶之灾。太行山植被脆弱，崖柏是植被中最牢固难得的。行走山道中，不时看到锯断的柏木因"没有把玩价值"而被废弃。

对太行崖柏的破坏触目惊心。在半山腰，有几个盗挖崖柏的人，没有任何防护措施，悬在半空中，正在费力锯一棵硕大的崖柏。他们指着已经得手的崖柏树块说："看看这树瘤，很难得的，几个月都不一定碰上一个。再看看这个树油，这是真的，市里很多都是假的，便宜卖给你啊？"

在冬季凋敝的太行山中，只有崖柏的青绿色能让人感到生命的倔强。

（本文刊发后不久，邢台市有关部门集中整治太行崖柏市场乱象，打击盗挖，保护生态。如今，邢西太行崖柏已经得到一定程度的有效保护。）

（原载于2015年2月1日《邢周报》）

香炉寨：岁月挥之不去

初春的太阳晒得人心里暖洋洋的，许久未见的澄明蓝天叫人喜欢。

几位老人坐在村中路边的石台上，一声不吭，静静地看着走过路过的人。当你也看一眼他们时，会发现老人家立刻露出羞赧安泰的笑容。明媚阳光是寒冷了一个冬天的人们最期待的，更是困居了很长时间的空巢老人们最期待的。

老人们的祖辈就曾在某个遥远的初春坐在这石台上，慵懒地晒着太阳。老人们的父辈也曾在某个不算遥远的初春坐在这石台上，晒着继承下来的同一个太阳。现在轮到这些老人们。

还在寒假中，村中来回跑着不少孩童，等到他们老去，会否像这些老人一样在这石台上晒初春的暖阳呢？

两寨夹峙下的村庄

沿邢左公路到庞会桥头北上，遇到一座两河交汇处的公路桥后取道西向，依浆水川而上复行14公里，看到川中有一棵三人合抱粗的大柳树，旁边就是香炉寨村了。

两河交汇处自北而南的河流是南野河，也即在邢台县野沟门水库汇流的将军墓川和宋家庄川的合流。

香炉寨名字听来颇有美感，这也确实是一处风景不错的地方。香炉寨村得名于背靠香炉寨山。香炉寨山因为山峰形似香炉故名。香炉寨村的西面隔着浆水川是高耸的白云山，那是邢台最早的旅游开发景区。白云山原本叫作王莽寨，附近流传着西汉末年王莽战刘秀的故事。

这一带山寨颇多，除了香炉寨、王莽寨，还有马头寨、盘龙寨、河腰寨等，想必历史上这里是个征战是非之地。相应地，香炉寨村里流传着更多对乱世的传说。

川中柳树边公路一侧山岩上至今有一块石刻，年久风雨侵蚀已字迹不辨。或说是赵匡胤行军路过于此题字，或说是李闯（李自成）带兵停驻于此题字。村人刘玉敏说他年轻时看过题字，有一句大意是说：吃上几年苦，换上万年福。如此粗鄙的措辞，若是原话，倒不大像是宋太祖的水平。

有题字的地方叫卧龙站，至于如何附会出这样一个名字，村人不太说得清楚。冬季里，卧龙站下有一片丈高冰柱，村人说，从前有一条龙卧于浆水川边山岩上，遭受曝晒。附近村人端盆提桶不断往龙身上泼水，拯救了龙的生命。龙飞上天后，它卧的地方从此流水不断。

传说的年代久远，香炉寨村的历史是从明朝嘉靖三十一年（1552年）开始的，那一年吴姓、董姓从邢台县西黄村镇黄店村迁来，占产建庄，日后其他诸姓大多因原居住地人地矛盾凸显，而迁来定居于此。460余年村名未变。至今，香炉寨村有吴、董、李、梁、杨、刘、马等多个姓氏，210余户，640余口。

从人户上算，香炉寨村在邢台西部山区是个大村。平日里年轻人出门打工，孩子上学，留守在村中的不过是100余位老人。偌大一座村落，略显安静。村中核心区域——老村址建筑群依旧保持着沧桑古风。全村建筑依山傍水，夹沟而上，上下勾连，如一条鲤鱼跳落浆水川中。老村址就是鱼腹。

香炉寨村的古民居整体采用青石构建，部分石窗上拱用红石点缀。房顶以青石板搭建。整体以四合院结构为主，二层建筑颇多。依地势而建，每一套院落都有自己的特色。庭院大小不一，高下不一，建筑精粗不一。富裕人家石墙立面青石大小规格大体统一，用料精细，做工扎实，石缝之间用砂灰黏合，坚固美观。普通人家建筑较为粗糙，青石大小不一，如垒积木一般，石缝之间简单黏合，用料省俭。

整体来说，往往百年前建筑的石院比后世建筑的民居更加考究。令人怀疑，建筑之精美或许不在财力，而在心迹。

远眺香炉寨民居

时光不曾流动

不论是佝偻着身体如雕像一般站或坐在路口的老人们,还是好歹寻些活计的中年人,在他们身上都看不到岁月流动的痕迹。这里的人普遍显得年轻,在外人看来,他们的相貌要比实际年龄年轻10来岁。

中午时分,梁焕金老大娘一个人蹲在家门口刷烧水壶,壶体被灶火燎得通体乌黑,老人用钢丝刷不紧不慢地擦拭,逐渐露出了光亮。梁大娘已有91岁高龄,是全村最年长的老人,不过于我眼中却只猜得七八十岁上下。她为没有主动和我打招呼而不好意思地解释说,因为视力不好,本村人走近了她还能认得出,外人就认不出了。

梁大娘21岁时曾到浆水开办的纺织学习班里学习纺织,是香炉寨村第一个纺织能手。说起纺线来,至今各种纺织词汇脱口而出。那时日军封锁,只能学织布做衣服,自力更生。梁大娘嘴里说起这些70年前的往事,就像昨天发生一样。

不曾流动的何止是相貌,看似连时光也不曾流动。年轻人的离开让依旧生活在这座古村落里的老人有更多的空间和时间停留在过去。59岁的刘玉敏看起来只有40来岁,他和老伴两口子生活在祖屋里。我轻轻叩下虚掩的院门问:"谁在家呢?"主人很意外会有外人来到。这是一座老式石造四合院,院中凌乱地摆放着一些农具和生活用具,刘玉敏坐在下房门口,吸着卷烟。这位当年的生产队长言谈中流露出,他依旧生活在当年。

老人们在路口晒着太阳,一如他们的前辈

刘玉敏的父亲1946年土改后参军当炮兵,参加过解放太原战役,后又参加志愿军入朝和美军作战。从战士做到排长,在朝鲜被炮声震坏了耳朵,带着三等伤残回到香炉寨。他现在生活的石院是父辈建筑的。院落不大,当年住着他父亲兄弟三家22口人,可以想见是何等的热闹。刘玉敏有些抵触今天社会的发展进步,他怀念过去人性的纯粹,而忽视了过去生活的恓惶。在他背后,挂着一幅大大的毛主席像。这在邢西山村很普遍。

70岁的梁玉宝从政府部门退休后,不愿意在市区生活,回到生养自己的香炉寨村安度晚年。他为我讲述了香炉寨村的历史。这座山村从来不甚富裕,通电是1980年的事,通自来水在1992年前后,在通电之前,村民一年到头八成时候吃红薯干,其余时候吃杂面,即使过年吃顿白面也得羼杂些别的。

土改之前,村中按不同姓氏聚居生活,形成若干个家族大院。土改后,"一口人两间房"。以家庭或家族为单位的生活、生产组织形式瓦解,打乱了香炉寨村的传统生活布局,不同姓氏杂居一处,更打乱了村人墨守成规的传统生活礼节。每到通知上级重要指示时，各个院子派一个人站到房顶，从村头到村尾一句句喊着传话："毛主席重要指示……"

多年的基础设施建设将香炉寨村纳入现代经济发展体系中，全村主要经济收入除了外出打工就业外，就靠河滩的玉米地和山上的板栗、苹果种植，这也是浆水镇的特色产业。纵使如此，也少有年轻人愿意留在山中继承农业饭，板栗如何种，苹果如何养，这不是年轻人关心的话题。

我和村民做了一个假设："30年后，后继无人了，香炉寨什么样？"

老乡告诉我："香炉寨村就没了呗。"

近30年开展的水、电、路等基础设施建设还有多少剩余价值呢？30年，对于一个有四五百年的山村来说，是很短暂的。也许再过30年，香炉寨村又将回归原点。这里仿佛是个漩涡。

82岁的老妇女主任徐桂景也坐在自家石屋门口，多数时间她不说一句话，就这样度过一天。她虽然80多岁了，身体还算硬朗，和86岁的老伴李世田种着一片板栗。在她和别人合住的院里，有一间屋门口贴着黄纸写就的春联。梁玉宝解释说："黄纸春联，是这家人年前有人老了。"

古村落承载传统生活

还在正月里，村口的本村土地庙有人供奉香火，石盆中的灰烬还是热的，清晨的贡献刚刚结束。土地庙前的古柏笔直高耸，一人抱不下，有四五百岁，或是建村时由香炉寨村人先祖栽种。香炉寨村人对祖先和神明怀有最真诚的崇敬。

每到大年三十儿晚上，全村各家各户不分男女老幼，在收看央视春节联欢晚会中静静地等待零点时刻到来。当零点钟声敲响时，村中激烈的鞭炮声此起彼伏，人们从一座座院落陆陆续续走出来，手中持着香火，不约而同地走到村口的本村土地庙前，为土地公献上新年第一炷香，祈求家人平安。在为土地公奉上香火之后，村人鱼贯而行依次奉祀关帝庙、龙王庙，最后来到山神土地庙。不同的庙，有不同的祈求，当村人把自己对新年的祈求遍告神灵后，才会回家休息。

四五个小时后，天尚未明，全村人又纷纷起床开始大年初一最重要的仪式——拜年。女人们在家中准备饺子，孩子跟着父辈在隆隆炮声中走出家门，摸着黑走进同姓本家的院子,向坐在堂屋里早已准备好的长辈磕头拜年。三两句吉祥祝福之后继续下一家。同姓本家亲族拜了一遍后,继续去有长辈的别姓乡亲家中拜年,同样的磕头和祝福。凌晨5点起床出门,往往7点多才能回到家中。

这是梁玉宝小时候就跟大人学会的香炉寨村过年的规矩,延续至今。只是现在规矩减省了许多,磕头作为封建陋习,曾经数次遭到有关部门禁止,拜年也并不周遍到全村,凡此种种,令村中老人心里很不是滋味。

现在的生活条件远比几十年前为好,但某些体现乡土气息的生活氛围却流失了。在62岁的村支书梁玉生看来,这些烦琐的仪式是和谐山村淳朴民风的保障,礼节是化解乡民生活矛盾的重要载体。大年初一,过去一年里产生过矛盾的双方晚辈到对方长辈家磕头拜年,年前不论多大的矛盾,在亲亲睦邻、长幼有序的传统价值观的作用下都会消弭于无形。

香炉寨村的村风自古以来就是在对传统价值体系的捍卫中逐渐形成的,如今村风还在,只是捍卫它的人们都已老去。年轻人为了新的生活逐渐离开这里,快节奏的社会发展让后来人有了多元选择,价值观的继承者们超越了父辈的轨迹,却让传统价值体系无法再发挥应有的作用。

曾经的乡土文明处在瓦解的边缘,眼前的石造建筑在承载了数代人的悲欢离合后,同样来到了命运的拐点。在对古村落的调查走访中,最令人遗憾的是生活在古村落里的民众往往并没有意识到他们居住的石头房子有什么价值。看到我的到来,许多人会问:"这些个破石头值个啥钱?"

这个问题暗含着三个在当地人的认知中普遍存在的社会潜意识。

第一,他们没有意识到这些青石建构的房子有什么历史文化价值,在他们眼中,这些建筑和水泥砖瓦房没有什么不同,甚至还不如砖瓦房更容易建筑;第二,在当前经济大发展的时代中,他们衡量一切事物价值的最初判断标准只有一个,就是"是否值钱";第三,这些行将消亡的石造建筑对他们来说不存在特殊的惋惜,如果能建筑新的房屋,他们不吝惜其无声无息地退出历史舞台。

只是有些东西没了,就真的没了。

(原载于2015年3月8日《邢周报》)

桃树坪：邢西最大的山村

桃树坪，村名由来简单，村人说源于附近山上每逢春日开满山坡的野桃花。

这里植被繁茂，阳坡上主要以酸枣和荆柴等灌木为主，阴坡上有鹅耳枥、麻栎、辽东栎、槲栎、刺槐、毛榛等乔木，沟谷中有核桃、柿子、苹果、杏等果树以及山杨、山榆、洋槐等树木。

村西越过驮道村是太行山分水岭灰峡岭段，村北为八里丈崖，村南为猫头寨山。这座山村几乎坐落在沟谷的尽头。村前一条河流自西向东汇入山口的路罗川中。河流经过的地方叫南河滩。桃树坪地势不算开阔，却是邢台西部山区人口第一大村。

远眺桃树坪

店房的奇迹

以今天的交通格局来忖度桃树坪村的规模,一定会令人诧异。这样一个可以说是偏僻的地方,居然是一座人口逾3000人的单一村落。要知道,桃树坪的可耕地并不足以养活这样多的人口。

那么问题来了,第一眼看到这座村庄的人会费解桃树坪村如此规模的由来。

我曾到过桃树坪村西的驮道村,两村相去不过2公里。驮道村在星罗棋布的邢台西部山区是无足轻重的小村落,但是它得名的驮道却是一条在邢台西部山区历史上有着举足轻重地位的交通要道。正是这条沟通晋冀的孔道使桃树坪的发展跳脱了耕地的限制,成为独特的存在。

桃树坪村党支部书记赵东林介绍说,全桃树坪村有3200余口人,30多个姓氏,来源不一。最大的姓氏有四家,分别是乔、赵、游、王。

因为占据着交通要冲,凭借地缘优势,桃树坪自然而然地经营起传统物流服务业——开店房。店房是招待驮队,留宿供给,负责转运的商业实体。店房是家族产业,全村最大的四个店房分别是文氏的东店房、郭氏的南店房、赵氏的西店房、乔氏的北店房。桃树坪村中至今仍有不少佐证当年驮马物流贸易兴旺的遗存。

店房作为古代物流业的代表为桃树坪人的生存开辟了新的道路。有了新的经济增长点,人口的繁衍与集聚便不再受可耕地的制约,开始膨胀,渐渐地形成了今天的规模。在现代交通建成之前,桃树坪号称"米粮川"。日用百货、粮食布匹,成群结队地被运来转去。桃树坪村一直扮演着晋冀交通要道上重要"服务区"的角色,并从中获益,直到20世纪50年代达到鼎盛。

现代交通改变了桃树坪村的地缘格局。汽车、火车全面承载晋冀大宗物流贸易的同时,旧式的驮马物流逐渐式微。业已繁衍出的那么多张嘴,只靠种地是要饿死的。

靠山吃山,太行山有天然的石英岩资源,"起石板"成为桃树坪村新的经济增长点。可是还不够,于是大量剩余劳动力开始纷纷走出家门下煤窑,从武安、沙河到晋中,再到神木、包头,有矿坑的地方就有桃树坪人。桃树坪因此又发展了很多年。

随着山外世道变化,产业经济转型升级,破坏环境的起石板行业被勒令禁止,煤矿、铁矿等资源消耗行业也在"压缩产能"中沉寂,离开村子的桃树坪人不少又回到家中观望。烧烤的、炸串儿的、卖货的，小孩跑来跑去，大人走街串巷，村中又像集市一样热闹了起来。

街边有两个老人在下一种叫作"搁六"的棋。在水泥地上拿砖头画下棋阵，石子当作棋子。老人周围聚拢了一群同样岁数的人观战。他们背后就是被荒废已久的郭氏店房。当年的马棚破败不堪，喂马的石槽里空空如也，地上的秽物和垃圾告诉人们这里不仅废弃，而且很久没有人来过，尽管它就位于人来人往的街边，行人走偏一步就能站到马棚前。

村西边的"官坡"驮道，顶着"周公山"的名头搞起了旅游开发。无污染的适度休闲游成为产业升级的重要发力点，新的行业降临到桃树坪村，这里的人们已经开始算起了旅游账。当年马帮驮队走过的寻常山路摇身一变成为今天人们大兴乡村旅游的收入来源。

生活只是停顿了一下，但并没有停止。

拾阶深处柏森森

在冬季里，植被茂盛的桃树坪村万物凋敝，唯一的一片绿色是村后山坡上的柏树林。

脚下石板层叠，拾级而上，穿过石墙高耸、狭窄逼仄的村巷，来到桃树坪中段最高处，森森柏木叫来人顿感幽静。柏树林栽种于20世纪三四十年代，栽种它们的是桃树坪村最大的土财主赵天明。

赵天明的老宅保存完好，为标准太行山四合院式构造，北屋、西屋两层，门开东南。至于赵氏当年有多少院落、多少耕地、多

桃树坪狭窄逼仄的村巷

少家产，今人已说不清楚。在赵天明的一处宅院，游燕兵坐在北屋木桌旁摆弄着一个像是收音机样子的电子设备，对我说："这套院子住着三户人家，是'土改'时分的，那两户人不在了，就剩我们家。"

赵天明是民国时期桃树坪村红枪会会首。红枪会是当时在华北地区很有势力的民间会党组织。1938年3月，八路军129师6名侦察员翻越太行山从山西下来，途经桃树坪。赵天明造谣诬说八路军侦察员是溃兵，遂率会徒将这6名战士杀死。驻桃树坪八路军工作团干部冯润德从死者身上找到日记本，证明死者确是八路军干部。当地红枪会众会首倚仗国民党"河北民军"张锡九的势力，态度傲慢，盛气凌人。冯润德数次与之交涉无效。

一个月后，4月28日，陈赓率386旅进驻路罗镇。当夜，逮捕当地红枪会部分会首并枪决，同时解除红枪会地方武装，取缔红枪会组织。当时处于国共合作时期，八路军执行抗日民族统一战线政策，并没有继续追究闻讯逃跑的张锡九、赵天明等人的责任。

抗战时期，与浆水川不同，国民党势力在路罗川影响较大。国民党河北省党部一度驻在与桃树坪一山之隔的血流峪村，因而当地部分社会通达人士多与国民党当局合作，赵天明就是其中之一。在他故居北屋二层石墙上依稀可以辨别出当年国民党宣教部门惯常使用的"精诚团结"四字标语。标语四个大黑字被木窗分开，木窗窗棂上分别雕着"仁、义、礼、智"四字。赵天明于中华人民共和国成立后被地方审判处决。在村中一些老人的描述中，此人不过是一个通过种地而逐渐发达的土财主，常年混迹于红枪会中。

最终，赵天明个人的局限遭到了历史的辗压。

柏树林是桃树坪村的最高处，树林后新建的邢汾高速触手可及。桃树坪村东西600米，南北200米，格局之庞大令人咋舌，核心区域清一色石英岩石造建筑，外围被新建水泥建筑包围。

在这样一个古旧与新式建筑结合的村落中，生活的气息浓郁于历史的厚重。村民很热衷介绍说谁家出过一位革命干部，经历多么传奇，谁家出过一位北大的学生，现在在哪里如何如何。说完这些，他们便拎着采买在漫长的村巷里往家的方向走去，不一会儿，某栋石院中炊烟飘出，一切回归平常。

黄河一转600年

桃树坪村最标志性的文化名片是传承了600年的元宵节"转黄河"民俗。

这一民俗原称"转九曲黄河阵",源于秦晋黄河沿岸一些地方,尤以山西吕梁地区为盛,日后东渐祁县、太谷等地。明永乐年间(1403—1424年),随着山西洪洞县大槐树移民潮,传过太行山来到太行东麓。最先在桃树坪村定居的赵氏先祖就是大槐树移民中的一支。"转黄河"民俗在桃树坪村的历史和村史一样长。

每年元宵节前后,正月十四至正月十六三天,是"转黄河"的日子。前后三天,每天晚上7点多钟都有一场"转黄河"仪式,正月十六上午另有一场,共四场。其中正月十六,除了早晚两场"转黄河"外,另有扎街、舞狮、社戏等民俗活动贯穿全天,是元宵节庆祝的高潮。

"转黄河"民俗早已融入桃树坪人的生活中。元宵当下,日暮黄昏,炊烟袅袅,时间临近,原本平静淡漠的村中忽然躁动起来。晚上7点多,村人陆陆续续从家门口出来,人流汇合至村南摆好的黄河阵处。随着掌事人一声号令,为首的几名年轻人敲锣击钹进入黄河阵,村民随后鱼贯而入,跟着锣钹鸣响"转黄河"。

桃树坪的黄河阵纵横摆开大概三四十米见方,每行每列19根木桩杵在地上,共361根,如围棋盘一般。阵口另有4根木桩分做出入门口,一共365根,合一年周始之数。阵型路径玄妙,由9组"万"字形小阵组成,由入至出,走遍围合内所有道路而不重复。村史传说:"此阵内藏先天之秘密,生死机关,外按九宫八卦,连环进退,井井有条。"

黄河阵正中间高树一杆天灯竿,高约三丈,上悬明灯一盏,影影绰绰。阵外围木桩张灯结彩,有灯线点缀彩灯通向天灯竿,如伞状。村人冯东林说:"没有用电灯之前,入阵时每人手持一个小瓷碟,碟中放入核桃油等植物油,用棉花做捻子,依次放置到木桩上,村人走完一圈,正好把所有的木桩都点明。"现在有了电灯,明火就省去了。

当地流传着一首歌谣:"串串黄河腿不疼,看看天灯双眼明;转转黄河圈,能活一百年;转转天灯杆,全家保平安;摸摸天灯杆,能去考状元。""转黄河"包含着桃树坪人对来年生活祈福,保佑四季每一天健康平安的美好寓意。

黄河阵传说来自古代兵家行军打仗时排兵布阵，可以说是一个"军转民"项目。相传黄河阵是武王伐纣时遇到的奇阵。当时周武王的兵马被纣王的恶阵吞噬了成千上万，无奈之时，姜子牙上昆仑山请出了元始天尊才将此阵的死门堵死，活门打开，破了大阵。

关于黄河阵，《封神演义》有这样的描述："阵排天地，势摆黄河。阴风飒飒气侵入，黑雾弥漫迷日月。悠悠荡荡，杳杳冥冥。惨气冲霄，阴霾彻地。消魂灭魄，任你千载修持成画饼；损神丧气，虽逃万劫艰辛俱失脚。"

古人记载多虚张声势，但黄河阵确有独到之处。虽是一条路走到头，但行人初次进入阵中，三转两转之后不由得怀疑自己是否走了重复路。桃树坪黄河阵因为村南修公路占地的缘故，比往年小了一些，远近还能辨别，倘若是百米见方的大阵，行人疲劳之余真有可能迷糊了方向。想象这阵中木桩换成披甲持兵的军士，在冷兵器时代的战争中定是一招撒手锏。

今天，黄河阵已经不是战阵厮杀、降妖伏魔的工具，而是此间百姓祈福欢乐的场所。桃树坪"转黄河"传承600年，承载了桃树坪人的年欢记忆，更可视作一种地方乡土民俗流传演变的参考标本。

桃树坪在发展中逐渐有了今天的规模，偌大一座桃树坪，又将在发展中走向何方？这里的山水，这里的建筑，这里的人们在春节时候享受的热闹，难以冲淡其他时候平复下来后的彷徨。

这座庞大山村的每一天都是桃树坪人的，过客如我只看到那精彩的一瞬间。作为未来景区的桥头堡，桃树坪村雄心勃勃，在纷繁的道路中，它又多了一个选择。我看到黄河阵旁边站着两位老者，黄河阵正是他们摆下的，于是回头问赵东林："有年轻人会摆吗？"

赵东林说："还没有，年轻人需要学。"

（原载于 2015 年 3 月 15 日《邢周报》）

杜彬：在困守中迷失

杜彬村距离邢台市区60公里，在邢台西部深山区，位于邢台县路罗镇东部。虽然地处偏远，交通却异常便捷。从邢汾高速路罗收费站下高速后，沿邢左公路向东折返500米，路南隔着路罗川的山谷里就是杜彬村。开车的话，从市区过去差不多40分钟便到了。

这是一个行政村。村主任安志刚介绍，全村大概100户，都姓安。安氏来源单一，有一个共同的祖先。安氏先祖原本不居住于此，世事变迁，安氏分为四股迁徙到邢台沙河不同山区落脚。再经世变，四股安氏又重归一处，在杜彬村定居下来，直至今天。

既普通又不乏亮点的杜彬民居

杜彬：在困守中迷失

普通山村的生命

据村口石碑记载，安氏迁徙至此是在明代中后期的万历年间（1573—1620年）。村子离路罗川河道不远，百年前是一座渡口所在。久而久之，由"渡滨"讹化为"杜彬"。如今路罗川水量较古时少了许多，流水汩汩，渡口不在，只有一个窥不出缘由的"杜彬"名号，隐约提醒人们这里曾经的面貌和功能。

生活在此地的安氏虽然来自四个不同的地方，但村人都知道有一个共同的祖先，因此村里人讲究"安氏不通婚"。至今村里媳妇都是嫁进来的。相比其他深山村，长期以来，古时位于渡口，今日傍着高速公路的杜彬村的交通条件可说是非常便利。不过这里的村民在思想观念上却慢了一个节拍，停留在上一个时代里。

村中人生活在比山外，乃至比周边一些村子更加传统的氛围中。村民长幼有序，辈分字号排了20代，结交规矩，人与人之间一团和气。也多亏了这浓厚的传统家族氛围，让早已空巢的杜彬村在年节时挽回一些热闹。

若把杜彬村比作人，此时的杜彬村无疑是老态龙钟。交通的便利没有成为村落重获新生的纽带，反而成了村中青壮快速离开故园的桥梁。"引进来"与"走出去"之间，当地人不约而同地选择了后者。外面的世界为世世代代耕种小麦、谷子、玉米的淳朴杜彬后人提供了新的工作机遇，这是他们的祖辈所不曾面对的。

村人的祖辈所面对的除了稼穑，就是动荡。杜彬村是路罗镇的门户，这片地方在近现代史上和两个人物有着千丝万缕的联系，一个叫鹿钟麟，另一个叫曹九锡。

鹿钟麟，这位把中国末代皇帝溥仪驱逐出故宫、废为平民的国民党二级上将，在全面抗战开始后的第二年出任国民政府河北省主席。当时河北大部沦陷，河北省政府不得已退驻路罗镇。鹿钟麟来到路罗山区后大肆发展国民党党员。

兵祸加灾荒，山区百姓生活极度困难。一些地主乡绅、国民党活动分子趁机把国民党说成"好人团"，公开讲明条件，只要报名好人团，按家庭人口每人可领几升粮食。不少不明真相的群众苦于没米下锅，没种子下地，把好人团当成了救济会，一时邢西山区各地好人团成风。杜彬村几乎全体群众都报名加入了好人团。

曹九锡是邢台西部山区红枪会的发起人。清末的义和拳运动虽然失败了，但在河北、山东、河南等地边远地区还有很深的社会影响力。辛亥革命后，义和拳在各地分化演变为很多流派，红枪会即是其中之一。1925年秋，曹九锡路过路罗、白岸时开坛授徒，日后发展出的民间自卫组织，就属于红枪会系统。

在邢西红枪会肇始阶段，杜彬乡绅安老立对其有过一定的帮助。杜彬村后来成为邢西山区红枪会运动的主力村。红枪会活跃于20世纪二三十年代，毁誉参半。而今在邢台西部山区近现代史上烜赫一时的红枪会运动尘埃落定不过80年光景，却成了秘闻，鲜有人知。

外人无从寻觅，村人讳莫如深。在杜彬人的眼中，世道变化太快，和这两段有争议的历史牵连上，福祸未可知。上了年纪的村人似乎想从暗淡的记忆中挣脱出来，却又无能为力，只好孤独地坐在一起享受阳光沐浴，或下棋，或闲话，可最终不管弄出多大的动静，都只是显得这里更加安静。

这倒是没有辜负这座山村的姓氏。

被忽视的太行山名片

杜彬村在旧时代是个富裕村。

村民安学信介绍说："村中保存下来的老房子几乎都是清朝同治、光绪年间盖的。"清末洋务运动，同光中兴，路罗川是沟通晋冀土洋商贸的要道。杜彬村有头脑的人跑到山外搭上了时代的顺风车。这一时期，有不少杜彬村人摆脱了贫困，富有余力的家庭开始了住房改造。

贯穿村中的两条溪流呈"人"字形交汇。同光之前的主体建筑在村东河北，同光时期新建的石造院落在村西河南。民居建筑风格大同小异，但做工精粗程度不可同日而语。早期民居石缝紧疏不一，石材规格不一，构造格局错落，或扁或长。同光民居石缝紧致，石材一致，构造方正。通过不同时期的建筑可以感知杜彬人不同时期的财力。

杜彬村古民居建筑具有邢西太行山区古村落代表性建筑风格。在普通之中

杜彬：在困守中迷失

冬日里更显寂寞的杜彬

不乏亮点，其中最独特的是一座由四个相对独立院落拼在一起组合而成的超规格四合院。在我行走邢西太行古村落的经历中，这是第一次见到如此独特的组合套院。

这座安氏大宅建筑坐南朝北，依山势而建，高低错落。最南边高处的上院主屋横开五间，左右配耳房，庭院下沉，院墙东南、西南角各有一条下山楼梯，通往东院、西院。东院略高，建筑残破，院墙颓败，庭院荒芜，不过旧貌依稀可辨。西院较低，建筑完备，尘封古旧，保存良好。上院、东院、西院皆有院内楼梯通往下院。下院三层，体势高大，其他民居与之相形见绌。西院西墙外更有一处低矮院落叫作下住，即长工、用人居处。主家居东，雇工居西，倒是绝妙地体现出"东家"的含义。

这座在华北地区或许绝无仅有的经典石造院落正是同光时期的产物。围绕这座院子的东家还有一段有趣传说。当时院子的主人财力颇丰，过着四体不勤的乡绅生活。有人说东家是"四两不拿"，意即凡东西超过四两重，就不亲自动手拿。一天，为东家盖房子的长工站在树上，故意把小锤子扔到地上，让东家帮忙拾取。小锤子重约半斤，东家若捡起来，便破了"四两不拿"的说法。东家知道这是长工使坏，便打发柜上将这长工辞了。

村民说这套院落位置极佳。院前两溪交汇，对岸两条小山梁如双臂将庭院怀抱，小山梁之外更有两条大山梁怀抱之，如此"双山双水"。古人更是讲究风水，明白其中机巧。早在清顺治年间（1643—1661年），官家就主动在此地修建了一座观音堂，名为佑福一方平安，实际上"是怕老百姓在这个地方修坟，这么好的风水，谁家修了坟，后代是要出大人物的。"有村民这样解释。

安氏大宅就在观音堂的背后。这座组合套院早已无人居住，如果不善加保护，料想将会像套院的东院一样渐次荒芜，这不得不说是令人遗憾的。村中精致的院落还有好几处，但最先进入外人眼界的是分布全村，排列在"人"字形溪流之上的十五座石桥。石桥制式古朴简约，多在百年以上，通车马。借由这些石桥，竟把杜彬村装点得像是江南古村，别有一番小桥流水人家的闲情。

古桥、古宅、古村，恰是被世人忽视的太行山的名片。人们眼中的太行山不应当只有风景，不应当只有春夏秋冬。这条让人沉醉的山脉蕴含着不知多少如杜彬村一样的看似普通，却充满喜怒哀乐的村子。它们在焦急而寂寞地等待，等待在消亡前能够获得新生。

拷问历史文化名村

在世人一般的印象中，太行山是河北省和山西省的界山。这一常识在小学课本中就被普及教育。然则从旅游经济的角度说，尽管八百里太行山脉大部分在晋冀之间，可最出名的部分却在河南，尤其是河南焦作的云台山。《中国国家地理》杂志曾在其"河南专辑"中称赞"最美的太行山在河南"。这番言辞实在让河北人不忿，却又无言以对，无力还击。

如此尴尬，不是河南做得太好，而是河北做得太差。古人云："太行天下脊。"殊不知，太行山最能体现天下脊的地方就在邢台段。当云台山举焦作全市之力打造城市名片的时候，邢台的各个景点还在奋力自我救赎。无怪乎"云台山现象"羞煞河北人，羞煞邢台人。可是景区再奋力救赎也只是保住了太行山的脸，保不住太行山的魂。

太行山的魂就是邢西太行古村落。有人的地方才有文明，邢西太行古村落是太行山文明的载体。尽管今天已经有了许多进步，邢台有多座特色古村落被评为"中国历史文化名村"，从而得到有效的重视和保护，可是这些鹤立鸡群的古村落如沧海一粟。

若只有为数不多的古村落被定义为"历史文化名村"，得到政府重视与保护，而使得其他在外表与内核上不如所谓"历史文化名村"的普通村落，因为得不到有效重视和保护，自生自灭，那硕果仅存的橱窗一样的"历史文化名村"就变成了博物馆里的文物。只是博物馆里放得下文物，却放不下文明。

邢西太行古村落需要集群效应。以"历史文化名村"为重点，同时大规模地保护那些为老百姓漠视价值的经典太行山特色建筑，形成"邢西太行古村落文化带"，让人口日渐稀落的山村百姓认识到石造建筑的可贵，而自觉保护。起码要做到先保下来，保下来再说。

民间文化学者冯骥才先生曾说，经历了30年大拆大建，"我们已经把600多个城市，变成了千城一面，中国古城已经完蛋了，别再祸害古村。""祸害"一词说得直白了些，在祸害的过程中不乏"善意"。正如冯先生所说，当山村百姓住在寒冷简陋的祖屋里，没有暖气，交通闭塞，只有一台老旧的电视机发着荧光，这时候他们看到电视节目里播放的大城市的画面，市民脸上的笑容，丰富的物质和精神文化生活，外人怎么可以责备他们为了改善一些自己的生活而采取的"破坏行为"呢？

保护古村落的同时要给生活在那里的人提供出路。邢西太行古村落正面临城镇化时代的考验，但城镇化不能大拆大建，城镇化要"看得见山，看得见水，要记得住乡愁"。有一组数据是这样的，2000年的时候，中国有371万个自然村，到了2010年，变成了263万个，10年时间，消失了100万个自然村。

这100万个自然村里的人们永远地失去了专属于他们的乡愁。我不知道这里面有多少座邢西太行古村落，但我知道邢西太行古村落承载着邢台人的乡愁。

（原载于2015年3月29日《邢周报》）

崔路：邢州商帮的缩影

清明时节，邢台市区弥漫着下雨前的沉闷空气。翻开日历，春天都快过去，天空也迟迟没有一滴雨落地。一场透彻的降雨是人们共同期待的，仿佛可以冲刷掉许多我们不需要的烦躁。

邢台县崔路村街巷里，一阵旋风扬起沙尘，除了三五成堆儿的老人蹲在角落，很难看到旁人。经过了春节的喧哗，这里复归平静。这座村子离邢台市区很近，近到通公交车。从新兴西路出市区，顺着邢左公路西行不过10公里就到了。

崔路村人口数千，知道这里的人也不少，但如今它终于还是沉沦为一座普通的村庄，而无复往日辉煌。须知，不到100年前，崔路人经商的轨迹，可以说是邢州商帮的缩影。

作为邢台人的奋斗

这是一段传说。

晚清，天津开埠之后，天津港便一直是华北地区的物流枢纽。清末民初时，中国民营实业迎来了短暂的春天。天津码头上，一船船洋货运入，一船船华货运出，贸易繁忙之下涌动着许多商机。

崔路村的王柏倾就在这个时候只身闯荡到天津码头谋生计。这个身无分文的乡下青年为了生存干起了最卑微的粗活——收废品。码头上货物转运、人流密集，倒也不缺废品可收。这样发展下去，以王柏倾的勤劳或许能成为天津港的"废品大王"也说不定。然而，这个孔武有力的年轻人在收废品的过程中发现了商机。

随着中国民营实业大发展，国内对煤油的需求量上升。煤油是停靠天津港的远洋货轮的重要货物。当时，天津港的煤油贸易把控在以美国人为代表的西方人手里。外国商人通过中国买办实现大宗煤油分包。但分包有一个过程：把煤油从货轮油罐上卸下来需要油桶分储。可想而知，当时对油桶的需求量非常大。

王柏倾在收废品的时候，经常能够收到当作废品处理的油桶。每次收到油桶，他并不急于把这种利润高的废品转卖，而是放到自己的废品站。久而久之，王柏倾集聚了大量闲置油桶。就在这时，洋人商行的煤油到岸了，要分包转运，却发生油桶短缺的紧急情况。中国买办找到收废品的王柏倾愿意出高价租用他的油桶。王柏倾摆手拒绝，表示可以免费提供油桶，但每次要兑换一定数量的煤油给他。外国人答应了。

煤油的价值是收破烂不能比的。王柏倾在租赁油桶给洋人的过程中进一步垄断了京津两地的油桶供应。一方有油，一方有桶，于是王柏倾挤掉其他中国买办，直接和洋人谈判。双方一拍即合，王柏倾逐步渗透进天津港的煤油贸易。

通过控制下游物流资源，蚕食上游煤油利润，从控制煤油桶到控制煤油，王柏倾的创业经历对今人很有启发性。从物流入手或许不是偶然，因为数百年来早已名扬在外的崔路诸多商号，多是从物流开始。王柏倾的生长环境有助于他的成功。

当然，眼光很重要。

清朝末年，比王柏倾稍早些的崔路人姚立武证明了这一点。当年，姚立武带领30多名同村人去北京揽活，找到内务府的官差，得到了去紫禁城"打工"的机会。实际上，就是运送木炭、蔬菜、瓜果等生活物资进宫。时间长了，姚立武和宫内太监处得关系融洽，获得了部分商品特供的地位。由此，众人积累了第一桶金，开始了各自的创业，创业的方向大多是传统物流业——马帮。

眼光、胆识、人情还有勤劳，成就崔路村一家家商号的无外乎这些优秀的品质和能力。数百年间，这些品质和能力是崔路人的普遍特征。

众所周知，邢台在百年前是全国首屈一指的皮毛集散地。崔路刘家在当时全国皮毛市场上如雷贯耳。刘家商业始于刘可升，迄今数百年。一开始刘家经营杂货，逐渐积累，先在顺德府南关开设永盛魁商号，后转入经营生皮，走西口从西北贩入皮毛。至清代后期，南关规模较大的皮毛经营商号共有30多家，其中，名列顺德府"南关十大皮店"的永茂昌和永茂盛，均为崔路刘家所开。

站在今天崔路村头，面对连片耕地，很难想象面前这座古村曾经几乎家家经商。事实上，生活在崔路村的五家四姓，每一个家族背后都有一段值得铭记的商业史。

太行险阻乃机遇

世人多以为邢台地方平原广袤，耕种农业发达。殊不知，在现代交通物流业兴起之前，这里是南北通衢，东西勾连，有着得天独厚的地缘交通优势。历史上无数籍籍无名的邢台人投身商业，留下了许多不为人所知的商贾传奇。也正是因为他们的存在，在后人的口耳相传中为我们勾勒出一幅邢州商帮的背影。

尽管崔路村位于邢台市区以西，也是一座历史悠久的古村，但和太行山里的古村落建筑群有许多不同。这里几乎可以归为平原地带，至多只是浅丘陵区。然而，崔路村与太行山的关系，不在地理位置的远近，而是更加深刻的社会经济纽带。崔路人太熟悉太行山了。

邢台东部平原出产的粮食和棉花，以及从天津港舶来的洋货经由邢台运往山西。同时，太行山山货和中草药等物产，还有来自西北的生皮运抵邢台加工后，运至京津及山东地区，再行销国内外。在一条条古道上，一队队马帮和驮队承载着邢州商帮的希望。

崔路人最开始正是以马帮起家。

崔路村主要有刘家、赵家、姚家、东门王家、西门王家。其中刘家现存的家院规模最大，号称"七世同居""五世同堂"。这两块牌匾都是清朝地方政府荣典。在刘家大院鼎盛时，同时居住着不同支脉的七代刘氏近亲族人，其中有一支直系五世同堂。整个大院生活着200余口人，每到吃饭时间，灶房敲钟，全家人在同一口锅灶上吃饭，传统家族的浓情意味很深。

刘家大院结构严谨，设计规矩，全族聚居，各户独立，院院相通，在华北太行山地区很难找到第二座。刘家的兴旺是从翻越太行山开始的。

太行山的驮道，崎岖陡峭，何其艰辛。作为西出顺德府的第一座大村，彼时，崔路以及周围的西先贤村、石头庄、周公村等村庄的青壮年，大都经历过翻越太行山去宁夏和河西走廊一带收皮子。驮队的马匹是同族人凑起来的，一人赶四头牲口，叫作"一把鞭"，一个驮队有十几把鞭，一个来回要几个月。财富的积累源于辛劳。

太行山不仅有农耕史，更有商贸史，而后者似乎更增加了邢西太行山的光辉。现代文明浪潮改变了邢西太行山许多，但传统的山区农耕文明依然存在，变化的不过是籽种改良，设施优化。时过境迁，现代商业文明却不费吹灰之力瓦解了邢州商帮历史上的贸易模式。马帮留下的石槽子、拴马石、下马石成为人们抚摸的遗迹。一声声"起驾"湮没在老人的记忆里。

老人的宝贵记忆

崔路村建村较早。据《邢台县地名志》记载："崔路建于隋唐，兴盛于明清。"而通过对崔路目前保留的数座石碑记载了解，村中老街基本形成于明代初年。崔路村面积很大，其貌不扬。从邢左公路边经过，在外人看来与邢台其他平原地带的村落毫无二致。

渐失往日容颜的经典砖石建筑群

崔路村隐藏在外围普遍而庸俗的现代水泥农村住房中的是堪比山西乔家大院的经典砖石建筑群。老建筑风格统一，规划感清晰，下部是石灰石砌墙，上部是青砖砌墙，下阴上阳，顺应自然。老人们回忆说，在他们年轻时，村中老建筑更壮观，有一大片上百年的二层楼房。

遗憾的是后人一度不重视老建筑的价值。近三四十年，或主动拆毁，或年久失修而倾圮，崔路村各个家族式建筑群逐渐失去了往日容颜。今天还能记住崔路历史面貌的都是些上了年纪的老人，他们希望崔路能够变回原来的模样，只是"时不我与"，当老人们离去，见证了辉煌的石墙古道是说不出一个字来的。

好在当村民意识到这一栋栋无奇的老宅的重要性时，崔路村历史建筑的大体格局还在。透过现存老建筑群，可以想象崔路村当年的财力。村中老人说，建筑之所以如此讲究，是因为"崔路人从前经商，走得远，见多识广。"崔路村老建筑受山西民居建筑风格影响最大。想来也是，山西乔家、王家都是崔路人生意上的合作伙伴，交往频繁。

在崔路老村中行走，宽敞高大、雕刻精美的院门比比皆是，村中人早已对之不以为然。经常有摄影爱好者三三两两造访崔路，拍摄完照片旋即离去。院门形象是崔路保存最为完整的建筑式样，但院落格局，更能说明崔路的辉煌背后。

刻有匾额的崔路村砖券式拱门

具有代表性的格局是套院式的。主客进出的四合院门楼并不像其他村落那样临街,而是嵌套在独立院落里,牲口棚就盖在院子里。临街的大门不是过梁式平门,而是砖券式拱门。这样设计便于驮运货物的骡马和马车通过。在崔路村,拱门很多,街巷也较别村宽阔,这寻常的细节,恰体现了当年车马辚辚、往来物流的盛景。

如今,院中石槽寂寞,骡马无踪,空留一扇大门,被风吹动发出吱吱声响。

遥想当年,抬手起鞭,吆喝一声。太原、长治要走5天,济南也得5天,徐州昼夜兼程要行8天,北京只要4天即达,更远的西安、包头、兰州、西宁不好说,一路上艰难险阻,影响行程的因素太多。走得再远,崔路是家。马帮生涯对开阔崔路人的思维和眼界不无裨益,也直接影响了这里人们的生活。

在刘氏宗祠里有这样两句话:"祖宗虽远祭祀不可不诚,子孙虽愚诗书不可不读。"祖训熏陶使得崔路历代能人辈出。崔路人继承祖宗家风、家业,在旧时代将商业触手伸向全国,而后,又把积累的大量财富投入对后代的教育里。"万般皆下品,唯有读书高"的古训对崔路的影响是深远的,也是积极的。

崔路村在外定居的人口不比本村人口少,全国各地,甚至海外都有崔路人的踪迹。最多的聚居地在山西太原。崔路人和山西的关系没有因为太行险阻而减少,反而踏破险阻而紧密,如遇灾荒,奔山西投亲朋是崔路人的主要方向。这一现象是商贸历史的写照。

对教育的重视造就了崔路人思想开明,过去往往在邢台地区引领风气。对新鲜事物迅速接纳自不必说,崔路人在革命年代思想进步,很早就加入革命进程中。今天村中还有不少人家大门悬挂着匾额:"建国功勋""建设功勋"……

"临时导游"崔路人王金泰老先生送我出村时,对我说:"我知道你来这里是干吗的,邢台经济建设要节能减排、转型升级,城市边缘的旅游资源开发是一个重点,你想写报道,宣扬这个事儿。"近一年来,我探访了数十座山村,采访了上百人,还是第一次有人一语道破我的初衷,竟然还是一位年逾古稀的老人。

崔路村不简单,崔路人不简单。

(原载于2015年4月5日《邢周报》)

老道旮旯：乍暖还寒时候

阳历年刚过就计划着要去邢台县冀家村乡老道旮旯村，不想各种意外接二连三，让我不得已一拖再拖。挨过了冬天，又耽搁了春天，终于在谷雨时节，踩着春天的尾巴，实现了期待许久的老道旮旯之行。

遗憾的是，老道旮旯在网络上最负盛名的冰瀑奇观已无缘得见。冬季里，当万山凋敝无人问津时，老道旮旯却是人头攒动。转山的户外爱好者一拨接一拨地来到这个犄角旮旯，欣赏邢台西部山区规模最大的冰瀑景观群。更有攀冰爱好者专门从外地驱车赶来，一试身手。太行山分水岭上的老道旮旯村俨然成为华北地区的攀冰圣地。

老道旮旯村民居

老道旮旯：乍暖还寒时候

犄角旮旯可传家

老道旮旯除了冬日冰瀑奇观，更有秋日红叶，夏日清凉，春日野桃花。许多邢台本地摄影爱好者钟情老道旮旯不是没有道理的。老道旮旯差不多集齐了太行山的所有色彩。这样一处原本无人问津的所在倒真像是隐藏在邢西太行山里的"香格里拉"。

今人眼中的美景佳地在前人眼中只是一方栖息地。狭窄的沟谷里依次排列着五座自然村：小南台、前庄、北庄、南坡、水堤。这五座自然村合起来叫作老道旮旯村。老道旮旯，只是一个概称。村名如此饶舌，据说是因为这里曾生活过一位年长的道士。道士来此修行的年代已不可考，村民说是"很久很久以前"。这条山谷原名西沟，得名于山谷东口的西庄村。既然来过修行的老道，加之这一带沟谷密集，犄角旮旯甚多，久而久之，就有了这么一个俗称。

因此先有老道旮旯这个地名，之后才有的老道旮旯村。老道旮旯村的历史并不算久远，一百来年而已。这里村民张姓居多，占六成，另有甄姓、王姓等。居民大部分来自邢台县南石门镇，尤以贾乡、岗西两地为多。百年前，各户先祖来太行深山垦荒，种些糊口的粮食，为了生计。

此地在黄榆岭北，马岭南，在《邢台县志》上，二岭之间有个关隘叫作陈宋口，在黄榆岭北，薛居正《五代史》记载，"梁乾化三年，晋将周德威自邢州陈宋口踰漳水而东，岭下多陈宋二姓，故以为名。"往事越千年，世事变迁，在史籍记载的陈宋口下老道旮旯村，我没有找到陈宋二姓。

五座村庄中前庄和北庄较大，这两座自然村北依翠羊山与桃花岭，二山之间有往来山西的孔道。史载："翠羊山，峰峦突起，高出群山之上，日未出而影先见，山下有河名角峪沟，自沟西北有路，高且险，为邢西界尽处。"

我站在翠羊山下，看着刀劈斧削的太行峭壁横亘在眼前，想象着老道旮旯村人的先祖当年拖家带口，肩扛担挑向西迁徙，走川口，过野河，循将军墓川，一路走到太行山某条峡谷尽头。是什么原因促使他们停下脚步呢？这里有山有水，沟谷中可开垦几亩水田，山坡上可开垦几亩坡地。既然能活下去，那就到这里吧。

100多年之后，老道旮旯村人对自己的身世很清楚，仿佛这里终究只是一个停息的地方。这100多年，恰是中国社会风起云涌、变化最为深刻的100多年。清末西学东渐，北洋军阀混战，民国内战，抗战，直到解放战争，三大改造，十年动乱，改革开放。青山遮不住，毕竟东流去。选择在此定居的老道旮旯人隐居深山，一定程度上避开了世道的波诡云谲。

"地缘游离"正是太行山区民风纯粹的一个条件。

村党支部书记王树智今年58岁，对种植果木很在行。他说："老道旮旯村的山场面积有13000多亩，种植面积有6000多亩，在邢台县排第四。"村里通水、通电、通路，果木经济收成还不错。

果木经济也许是邢西太行山区最后的传统农耕文明形态，粮食作物如今不值得耕种。"年轻人都出去了，他们不会种地，也不可能回来。"王树智摇着头说。

从旮旯到仙界

终于，老道旮旯要迎来意料之中的旅游开发了。

随着老道旮旯村定居人口日渐减少，旅游资本逐步覆盖到这片"穷乡僻壤"。2007年开始进行的旅游基础设施建设如今初具规模，村民说过了五一就要收门票的。改造升级之后的老道旮旯换了一个高大上的名字叫作仙界山。

邢西太行山分水岭下的景区差不多已经填满了，起码邢台县是这样。从北边邢台县与内丘县的界山十字各梁，到南边邢台市与邯郸市的界山摩天岭，依次排列着不老青山景区、云梦山景区、仙界山景区、黄榆岭景区、九龙峡景区、周公山景区、峡谷群地质公园、天河山景区、紫金山景区。在建的和建成的，投资大的和停滞的，如火如荼的和门可罗雀的，太行山分水岭邢台县段几乎都被承包了。

仙界山的名字不知典出何处，至多不过是附会而已。许多开发者总想取一个响亮的名字，在之后的竞争中占据有利的舆论高地。殊不知老道旮旯早已在邢台户外圈里叫响了，驴友说起仙界山，往往抿嘴一笑。或许旅游开发的逻辑非寻常思维可以揣度吧。

老道旮旯有三条主要沟谷。在正谷南北两侧分别是偏文旮旯、石崖旮旯。

老道旮旯：乍暖还寒时候

登山者往往顺北庄山路北上石崖旮旯，绕行到南边的偏文旮旯下山。这是老道旮旯转山小环线。富有余力的话，可以从石崖旮旯更进一步翻越分水岭，从外围绕行老道旮旯。这是老道旮旯转山大环线。

绕行三个旮旯，我选择了一条很有挑战的羊道下山。是时天降小雨，山路湿滑艰险，峭壁攀岩，虽春寒未已也不禁头冒大汗，惶恐不已。偶尔瞥一眼沿途风光，青葱绝美，不负春日，身在绝境，更感太行奇妙。

人间四月芳菲尽，旮旯桃花始盛开。老道旮旯沟谷中有许多野桃花，太行山似乎很适宜种植桃树，自然生长的野桃树在邢西太行山脉广泛生存，且因为海拔高低有别，往往山脚桃花已凋，山间桃树正红。对此，我有一个天真的设想，如果整座邢西太行山脉，在原始野生桃树的基础上，大量人工种植观赏型桃树会是什么样？会不会成为继西藏林芝之后国内第二个地区性的桃花景观代表区？倘若梦成，这一定是一张极美的名片。

旮旯桃花又盛开

起码老道旮旯村人，现在可以打仙界山这张名片了。在新修的山门外，老乡家的院墙上几乎都写着"农家院"字样，能提供的无外乎大锅菜、打卤面、发糕、馒头之类，10元每人，管饱实在。更有村人守在停车场招呼来人。山门内，施工工地上，干粗活的大多也是老道旮旯村人。据说景区营业后，也会优先聘用老道旮旯人到适宜的岗位上工作。

在老道旮旯活了一辈子的很多村民，并没有意识到他们人生中除了种地之外的最后一份工作，恰是来自在今天飞速发展的时代中最具活力的旅游服务业。看来，对老道旮旯来说，农耕文明之后是旅游文明。当新的社会文明冲击着本就不堪一击的传统文明时，会产生什么奇妙的"化学反应"呢？

还有，旅游，会文明吗？

我们在太行山上

太行山，古来多少兵家必争之地，今天成了旅游开发的热土。当战区变为景区，当老乡成为老板，我相信，在邢西太行山传续千年，至今仍有强烈存在感的山区农耕文明将从根本上颠覆。新时代终将降临邢西山川，且会不以人们意志为转移。

老道旮旯确实曾是交战区。20世纪40年代，129师一座兵工厂设在水堤村，生产土炮、手榴弹、地雷。正因如此，日军扫荡时，水堤村百姓的房子遭到焚毁。一地百姓的繁衍生息总也无法完全脱离时代，或松或紧。老道旮旯村村民对搭乘仙界山开发的顺风车怀揣希望，也早已做好了准备。只是在思想上，诸多利益攸关方是否能够理性磨合呢？

自家门外的山沟沟，成为电视里每到假期就人山人海的旅游景区，我猜想，一开始老乡们是讶异的。老道旮旯的乡亲说，除了可耕地外的山场，村集体以"每年5000块，租了60年"。租金确实不贵，但开发成本不低，村里不再年轻的劳力，不愿外出打工，乐得在家门口挣散钱。唯有良性的旅游开发才会为这座行将消失的邢西太行古村落带来新的持久的生机。这有赖于当地人高尚服务意识的养成，而不是把开发者当作提款机。

邢台人可以骄傲地称呼自己为太行山人。太行山属于每一个邢台人，不是一人、一村、一乡镇、一地方，而是全体邢台人。当村人意识到某一座景区不是为开发者开发而是为自己开发，当开发者认识到不是为了挣钱开发而是为建构邢西旅游大市场开发时,邢西太行山会一鸣惊人。

我在老道旮旯山谷里看到灰白的巨大崖壁上布满了倔强的崖柏,数量之大令人咋舌。村委会墙上新贴着有关部门禁止盗伐崖柏(侧柏)的通告,两相对比,令人揪心。崖柏是太行山里的精灵,倘若这崖壁上的崖柏在整治之前已被盗伐殆尽的话,往来人看到后会是一副什么样的表情呢?古村损毁后勉强可以修复,崖柏没了,太行山就会像重症监护室里的病人。

我们的太行山在社会发展的道路上会面对许多分岔。有些分岔是致命的,这取决于我们的选择。老道旮旯村的民房建筑乏善可陈,在众多邢西太行古村落中它是年轻的。这里有的是绝美的自然风光,我所在意的是它 5 年、10 年、50 年之后是什么样子。

山门未开,停车场上摆满了游客自驾的车辆,三三两两,很是热闹。现代经济正在注入老道旮旯,村民的生活思路能否适应超越他们理解范畴的现代化的冲击?这是个问题。

或许对于这座深山里的村庄来说,它的命运才真的处在乍暖还寒时候。

(原载于 2015 年 5 月 3 日《邢周报》)

明水掌：㴪水正源

明水掌村平淡无奇，即便紧邻繁忙的邢昔省道，它依然只是一座无人问津的微小存在。

在这里定居的人原本就不多，说白了，只有两家，一家姓岳，一家姓姚。而如今，留守山村的人就更少了，加起来才十几个人。大伙儿靠着种植核桃、板栗、苹果过活，多少种点玉米，也很少自己吃，用来换白面。

就是这样一座普通的村落，眼看就要消失了。

然则，近些年明水掌声名鹊起，不因村落本身，而是它所处的位置提携了它。明水掌背靠太行马岭，依傍明水泉，这两处景点是本地户外群体中的热词。马岭自战国时期赵国在此修筑长城至今有2200多年历史，自古是兵家必争之地。明水泉据说是㴪（yú）水的源头。㴪水下游是野沟门水库、朱庄水库，过了朱庄，它的名字叫大沙河。

变革时代的山村遗留

早晨8点多，姚万章和老伴默默地坐在村口废弃的石碾盘上晒太阳。他今年75岁，老伴霍平文比他小5岁。老两口基本不再干农活儿了，只是偶尔打理打理玉米地，当作消遣。

姚大爷扛着锄头从地里刚回来，霍大娘挎着荆条筐出去摘野菜，野菜叫灰灰菜，采回来焯熟了用来喂鸡。不到9点，一天的劳动就算结束了，如果再晚些，天气就要热了。

姚万章弟兄四个，现在就剩他一人在世。大嫂在村口石板房里一个人生活，有大侄子接济。他自己有 2 子 1 女，大儿子在家，生活上能照应老两口，起码衣食无忧。夏日里，姚万章和老伴每天天蒙蒙亮就起来，天一黑便休息。这种日出而作日落而息的规律生活在现代社会中显得不那么"进步"。然而，这就是他们，以及全村老人，习以为常的晚年生活。

这也是明水掌村的晚年生活。

岳氏、姚氏迁来此地不过 100 多年，姚家和分布在邢西山区的许多姚家一样来自邢台县宋家庄镇路家庄。从清代嘉道至同光时期，邢西山村在发展中裂变，随着人口繁衍而不断生成新的村落。在传统农耕条件下，民国时期，邢西山村从数量上达到峰值。新中国成立后，随着农业科技进步，在既有土地资源条件下，尽管人口进一步增长，也依然能够保证生息。

现在，邢西山村遭遇着数千年未有之大变局。山村普遍呈现出衰落的迹象，当然，这更多是因为时代社会经济进步产生的副作用，而非历史上曾反复出现的战乱、天灾。

我总认为山野文化某种程度上讲，是一种约定俗成的习惯，这里面包含着普通劳动人民的智慧。像姚万章老人这样 70 多年几乎没有出过这一亩三分地的人，他太习惯于这一方山村的生活了。他的生活习惯又来自他的祖辈父辈的生活经验，那种适应当地山区农耕文明的生活经验和传统礼节。他身上恰恰承载着为外人所无法准确描述的山野文化。这种山野文化体现在生活上和石头，和树，和水，和庄稼有关，体现在性格上慈祥而害羞，淳朴而矍铄，凡此种种和金钱社会、物质社会对人格的塑造是有冲突的。

这里是变革时代的尾巴，是现代文明尚未来得及改造的对象。姚大爷讲，他们一辈子生活在明水掌，习惯了。霍大娘说："从外面回来，要么在这儿坐坐，要么在那儿坐坐，啥也不想。"对于现代人来说，很难想象"啥也不想"是种什么状态。啥也不想却每天都知道做什么，顺应时节有规律地生活，这曾是邢西山区数十万人普遍的生存状态。

而今，他们老了。

令依然生活在太行山里的老人不可思议的是，这种原始的山居生活，正在一些都市群体中流行开来。富裕的人们抛弃繁华自觉隐居深山，过上遁世的闲逸生活。普通人也未尝不想偶尔体验一下这种抛却世间烦琐事"啥也不想"的放空状态。时常有山外游人取道明水掌穿越马岭关。游人们来来往往，从来也不在明水掌停留。这里除了地名一无所有。

历史上也是这样，来来往往的人很多，明水掌藏在了故纸堆中。

马岭关前

1937年初，红军先头部队沿太行山东进，首先抢占了明水掌上面的马岭关，以一个连的兵力，一举歼灭了国民党田福义部驻扎在关下明水村装备精良的一个营，建立了邢台县宋家庄镇以西抗日政权。

马岭关部分遗址

1942年，盘踞在邢台的日军向山区扫荡，因慑于马岭之险要，未敢到宋家庄以西。而自山西东犯之敌千余人，进到马岭关西北方向不远处的昔阳县铺上村时，因怕遭我军伏击，也是迟迟未敢闯关。正因为马岭关易守难攻比较安全，当时驻扎在邢西山区的刘伯承、邓小平等八路军高级将领频频取道马岭关往来山西河北。

姚万章小时候见过邓小平骑马经过。

通往马岭关的山道是一条古驿道，保存着古风而没有丝毫破坏。长年过往的马蹄，在通向马岭关的石板路上踢踏下一个个凹槽，诉说着历史上的交通繁忙。

登临马岭，逼仄的石券门洞里透着微凉的风，呼呼吹拂，舒

明水掌：湡水正源

服极了。石门高度，人步入尚可，料想骑马穿过是一定要低头的。

正是这样，任何人在历史面前都要低头。

明水掌平淡无奇，马岭关大有来头。马岭关所辖山区是邢西海拔最高的山区，北侧的十字各梁海拔1822米，为邢西最高峰。马岭关堪称沟通晋冀的"邢西太行山第一雄关"。《邢台县志》记载了马岭关所辖山峰的部分概况。"韩信寨，城西北一百六十里马岭山脊大峰也，悬崖陡壁高出云表，为西北诸山之祖。上有台，名曰放箭台。"

又记载："马岭，城西北一百六十里，为赴山西往来孔道，有石门，门外有石桥，为邢邑西界。有边墙二道，旧设东西二门、敌楼、吊桥、官厅、营房，久废。但此口较他口颇要，乃山西往来之路，今（清代）又建营房十间派拨步兵五名，以严防守。"

现存的东西两道纵贯在山顶垭口的石砌城墙，各砌有券门。东墙券门完好，西墙券门倾圮。城墙及垛口大部较好，西城墙长于东城墙，合围形成一个独立的长方形关城。古驿道从关城中通过，东门和西门是把守关城仅有的两个出入口。此地形胜，防线严密，一夫当关，万夫莫开。

马岭关上的东墙券门

马岭关因特殊的地理位置，是一个理想的军事要塞。据县志及相关资料记载，汉高帝三年（公元前204年），韩信屯兵上党，上书刘邦伐燕赵。刘邦准后，韩信沿太行山北进，用奇兵一举攻破井陉，消灭了十余万赵代联军。据说韩信的统帅部就设在马岭关。唐末天祐三年（906年），河东节度使李克用遣大将李嗣昭领兵数万攻邢州，进兵路线和韩信一样，沿山西和顺、昔阳东进，企图首先抢占马岭关一带制高点，只是他败给了邢州守将朱温麾下骁将张筠。

碎落在东券门内的石碑被户外游人权当野餐餐桌。其上字迹依稀可辨，表明今存马岭关修筑于明朝嘉靖年间，为防备蒙古游牧和山西流寇。其中言语"沙漠之窟，千里强半"，"虽边关险塞，兵帅忠勇"，可见马岭关的重要性。碑文中另有驻守马岭关管理办法以及勉励驻军的言语已几乎不辨。

马岭南下有马岭口。史载："马岭口，山势险峻，中平坦处可容四五百人，有沟阔深二十余丈，名鬼谷沟，世传王诩修行处。"马岭口所在即邢台云梦山风景区。云梦山托名王诩在此修行。王诩是战国时期著名历史人物，世称鬼谷子。相传孙膑、庞涓、张仪、苏秦、毛遂等人都师其门下。

有趣的是，国内至少有5座名山取名云梦。现代经济领域中的"名人争夺战"如火如荼，而生活在马岭关附近的村民，并不关心鬼谷子是谁。他们所关心的是除了种地还能干什么。而我相信，邢西历史的主人正是这些似乎对什么都"漠不关心"的农民。

人们对历史，是要敬畏的。所谓敬畏历史，便是敬畏这些创造历史的人民。

水脉即文脉

史载马岭关北侧"白虎脑（不老青山），峭峰突兀，山半有明水泉出于石穴，悬流奔注，为湡水正源。"明水掌以及山下的北明水村均得名于此。或可佐证邢台西部山区最大流域——湡水流域，在此发源。邢西太行山分水岭所分的正是山西境内的漳水（清漳）和河北境内的湡水（沙河）。

湡水源泉在明水掌附近，一年四季无论旱涝，泉水汩汩，水量很大，福泽下游。山泉洞涵，清澈甘洌。某家矿泉水厂将之作为水源地，灌装桶装水，供销邢台市区。多余的水作为附近百姓吃水来源和邢昔公路过往大车的冲车水源。

溹水由溪变河,下游宋家庄川,与将军墓川在野沟门水库汇合后继续南下,在龙泉寺乡庞会村附近先后合流浆水川和路罗川,最终流进朱庄水库。

前人迁徙必择水而居,农耕文明孳息更是仰赖水源。邢西山村的无数村落绝大多数遵循着这个规律,连乡镇行政也是遵循着流域而划分,溹水水脉即是邢西太行山区农耕文明的文脉。作为大流域的发源地,马岭群山又担当了一层"文明之源"的意义。

马岭要冲文化气息浓厚,自古吸引了许多文人留墨。金代诗人元好问行至马岭时留《马岭诗》:

仙人台高鹤飞度,锦绣堂倾去无路。
人言马岭差可行,此似黄榆犹坦步。
石门木落风飕飕,仆夫衣单望南州。
皋落东南三百里,鬓毛衰飒两年秋。

又有《马岭关》:

西岭秋高大陆前,马岭寒影踏遍天。
群峰不断浮云色,绝排长流落日悬。
地险关门衔急峡,山奇削壁挂龙泉。
何人更遇青泥饭,有客空歌白石篇。

明代诗人王世贞写有《登马岭关口诗》:

回崖宛转异晴昏,片白浮空列戍尊,
一线地排为北戎,双轮天捧作中原。
蘋端噫气千崖拆,木杪蒸云万古屯。
我欲著书从此逝,毋烦令尹候关门。

透过诗意，我猜想元好问、王世贞行至马岭关时也一定是面色凝重，低头经过的。

客观地说，以山势雄壮险峻论，马岭不如黄榆岭，但两地又是如此不同。攀行在马岭关上，遥望四表群峰与山下明水泉，邢西村民的日常生活由此串联，遥想古今多少兴亡事，也不过是过眼云烟。历史的进步，是老百姓推动的，在农耕时代，他们选择水脉，渐渐形成文脉。现在，随着邢台市经济社会转型发展，他们选择了当今的"文脉"——由城镇化、信息化所串联起来的新的生存模式。

我的"太行山分水岭之行"还有两站就要结束。历时半年，往返十数次，登山十余座，亲眼看见邢西深处山村凋敝，人口迁移，未尝不扼腕叹息。旧的文明加速衰亡，新的文明如丈二和尚，邢西太行山在改头换面的进程中踏入了"生死场"。

邢西太行古村落成百上千，不约而同地走到了同样的命运拐点。

（原载于 2015 年 5 月 24 日《邢周报》）

七里会：野鹤一去不复返

七里会村在内丘县境内，行政上属于邢台市内丘县侯家庄乡，是一个行政村。七里会，原名叫作七里贵，因其在晋冀官道路口，赴山西路人多在此聚会拜庙，渐渐地叫成了七里会。七里，是指从山谷口的庄和村至此大概3.5公里（7里）路程。

内丘县所辖山区远比邢台县为少，只有獐獏乡和侯家庄乡，南赛乡多处丘陵，勉强算上也不过二三个乡域。居西的侯家庄乡依旧属于渑水（朱庄水库）流域，居东的獐獏乡已然属于泜（zhī）水（临城水库）流域。

七里会附近流出的一眼泉水构成了渑水的另一条支脉，而它背后太行山顶的鹤度岭关，则是邢西保存最为完好的关城。

山村土地流转的尴尬

七里会村原有村民270余口，如今在籍人口150余人，不过常住人口只有50来人，当然，几乎都是老人。

这是一个历史流动性很大的村落。村主任窦卫生说，村口的大槐树已有七八百年历史，是最早一批迁徙到七里会的先民栽种的。几百年间，村民换了不知几拨，种树的七里会人和今天的七里会人有血缘关系吗？没人能说得上来。七八百年，历经元、明、清、民国，多少动乱天灾降临这里，血缘的传续很难在不安定中实现。

今天定居于此的七里会人或许不是最早的，但至晚也不会晚于明代永乐年间（1403—1424年）。在永乐移民潮中从山西洪洞大槐树东迁不少姓氏，以至于很多移民定居后会在村中栽种槐树以志纪念。不管怎么样，七里会是一座古

七里会的石造民居

村落，尽管这里的老式石头房子基本是中华人民共和国成立后兴建的。

"这里以前很穷。"79岁的王全德老人在故乡生活、工作了一辈子，是历史变迁的见证者。在他的记忆里，七里会村曾经并不像现在这样集中建庄、房屋连片，而是东一户、西一户，山上一户、沟里一户地分散生活。

李、王、窦、贾、孙、聂……村中姓氏很多，有二三十户，都是从山外逃难进来找生活的。王全德把七里会村的形成，形象地说是"一担挑"——家里没有值钱的物什，一根扁担就把全部家当挑来了。村中老人们回忆，新中国成立前的建筑也不是石板房，而是临时搭建的茅草土坯房。

不过是为了刨口饭吃才奔命，邢西山村百姓艰难的生活状态千百年来少有改变，直到实现巨大进步的今天，这里许多山村依然过着困苦的生活。

不过这一切很快就要结束了，不是因为日子变好了，而是因为没有人愿意在这里住了。青壮年打工、做生意要出去，少年儿童到县城上学要出去，孩子的母亲要陪读照顾生活得出去，身患疾病的老人求医看病要出去。这样算下来，村中还有几个人呢？

王全德退休之后回到村里生活，说起年轻时村中民兵操练的场景来了精神。他说："那时候操场练兵口号喊得震天响，生活虽差但精神高昂。"那些年，地方政府对邢西村民的组织动员能力达到了这片边鄙山区有史以来的最高峰。今天，站在寂静村口很难想象这穷乡僻壤也有熙来攘往的时候。

七里会在土地问题上很有代表性。近些年，人少了，土地多了，原本人均五分地，现在差不多一亩。人均一亩地种玉米，对年轻人来说，收益远远低下，还不够耽误工夫的。

山区可种植土地分耕地和林地，现在七里会搬出的村民把自己名下耕地交给留在村里关系好的乡亲耕种，不管不问。对于果木林地概不转让，每年收获季节回来采摘一番，能得到比种粮食看起来还高些的收益。如此，土地，羁绊着走出去的人，又困顿着留下来的人。

山区的土地流转比平原地带更加麻烦。因为地形条件限制，山区种植业即使流转集中也不便于机械化大生产。

现代种植业在山区只好走提高科技含量的路子，例如改粮食作物为经济作物，但一旦科技水准达到一定阶段后，如何进一步增收的问题，再次摆在村民面前。邢西山区土地零散分布与各区块面积狭小的瓶颈自然而然凸显出来。农民对土地的眷恋是那么传统且根深蒂固，山区农民尤甚。这份眷恋恰是维系传统山区农耕文明的纽带。

而今在邢西山区走在前面的果木种植乡镇，普遍存在了很多年的合作社形式已经释放了足够的生产力。看起来，要想再进一步发展，就需要形成新的生产关系。

那么在人口萎缩的山区大环境下，如何有别于平原条件，探索一条符合山区农耕文明的土地流转模式是邢西太行山区再发展迫切需要的。

明日世界与过眼云烟

北边的小岭底村与七里会共饮一泉水。泉水从小岭底村西发源，两条水渠分别供应着两座山村的日常用水。泉水清洌，一年四季涌水不断不冻，村民传说这泉水来自太行山脉内部的一座巨大的地下湖，这里水源相对充足。

侯家庄乡位于十字各梁—吉造山山脉的北麓，气候比邢台县西部山区大多数地方的气候更加潮湿。这里出产的富岗苹果和浆水苹果相比水分更大。潮湿的气候和一定的海拔落差为野生动植物的多样性提供了地理条件，使内丘境内山区植被覆盖率更高，林木也更原始。

中医药文化在七里会所在的内丘县颇有氛围，传说春秋战国时期神医扁鹊曾在内丘山区生活，行医采药于此。除了种地种果木外，采集野生中草药也是包括七里会人在内的内丘山区留守百姓的收入来源之一。王全德说七里会鹤度岭山区的气候条件好，适宜中草药生长，"这里的野生中草药劲儿大"。经常有外来药贩子收购诸如柴胡、黄芪、苍术、猪苓、白芨、瓜蒌等野生药材，而且价格不菲。

村民大多懂得如何区分和采集中草药，这是山村老辈人一代代传下来的生活经验。到收药季节，村人看到药贩子在村口墙上写好药名，就拿上手镐、镰刀，背起背篓上山了。运气好一天下来能采集 10~15 公斤。

当然了，这是时令季节饭。大规模采集不由得令人担心会出现采集过度的问题，野生中草药会不会竭泽而渔，造成区域性物种灭绝。这个担心不无道理。村民面对这个问题往往先是一愣，然后淡淡地说一句："采不完的，山上多得是。"

太行山是天赐邢台人的宝库，物种资源之丰富蔚为大观。然则一味索取而无所节制，恐怕"采不完的"意识也只是一厢情愿。这种情况已经发生在动物资源上了。王全德老人说，他年轻的时候山里还有狼、狐狸、猞猁、花豹，"现在只有山猪了"。即使是山猪也不是那么容易遇到，偶尔碰巧了捕获一两头小猪，圈在家里养大，一年后出栏一头能卖 2000 多元。

记得最开始孤身进入邢西深山区采访的时候，我还一度担心会遇到蛇蝎猛兽，每次总要随身携带一柄匕首护身，可每一次都是怀揣着惴惴的心终能顺利地走完既定线路。现在攀登太行山脉，对寂静的山路早已习惯，莫说猛兽足迹，除了各种鸟，连草食野生动物也几乎没有见过。

物种衰减和退化是伴随着人类生产活动日益频繁发生的。邢西太行山区动植物物种多样性正遭遇着严峻考验，而人们对于太行山区野生动植物的保护意识并没有随着山区经济的发展明显进步，如果物种灭绝了，又何谈保护，保护什么呢?

邢西太行山区许多古村落都流传着关于猛兽的传说,这些传说要么保留在村庄的名字里,要么停留在村民的记忆中,一代代由老人告诉儿孙。这从另一个角度说明邢西太行山区历史上曾"鸟兽横行"。

脱离了传说时代的生存环境,今天的人们面对这些传说显得如此陌生和难以理解,只能凭空想象一番。那么将来,邢西山村的继承者们也许会怀疑这些传说的真实性吧。

如此,可以说,保护太行山动植物多样性,就是保护太行山的文明传承。

太行山会好吗

我们的太行山会好吗?

这个问题真不敢放肆地回答,尤其是在我穿行了一整条邢西太行山分水岭,经见了这样多的古村落之后,对这个问题更加犹疑。旅游开发商、山地承包商,甚至地方政府和村委会,利益攸关各方偶尔暴露出的短视和分歧令完整的邢西太行山区在无形之中蒙上了一层"分裂"的阴影。

七里会和小岭底村前各修了一组景区式样的蓄水池,料想这里也要被开发吧。旅游开发为困守的山村百姓带来了希望,尽管有时候他们的希望和现实的发展并不完全重合。

事实上,一般意义上的景区模式在邢台西部很多山区并不适用。在经常游走于邢西太行山脉的户外人士看来,政绩导向型景区建设是对山村山区的破坏式开发。前不久由国务院扶贫办和国家旅游局提出的"贫困村旅游扶贫试点"项目为贫困山村的保护性开发提出了一个新的模式。"适度休闲游"正在悄然兴起,人们外出旅行越来越抛弃那种"比在家还累"的方式,而是选择真正的休闲、放松、享受,譬如浙江莫干山民俗项目。

这种针对偏远山村的新的旅游扶贫模式,一是重在道路、停车场、厕所、水电网、休憩空间等基础设施的规划和建设上,二是强调"互联网+旅游扶贫",充分利用新媒体对乡村旅游目的地的精确推送。如果说成本巨大的景区开发是集团阵地战的话,那么这种有选择性地围绕古村落改造的适度休闲游经济就是麻雀战，两者各有优势。

七里会背靠鹤度岭。鹤度岭在邢台骑行界如雷贯耳，许多骑行爱好者以挑战市区—鹤度岭隧道为荣。鹤度岭山顶称为城上，那里有太行山分水岭邢台段范围内保存最为完好的明长城关城遗址。论规模，马岭关长城遗址大于这里，但鹤度岭长城的关城毁坏程度并不大，四围基本完整，雄峙岭上，俯瞰河北。

山上烽火台位置突出，监控着登山官道。官道古朴，鲜有人至。就是这样一处寂寞的地方，竟然也有人生活，一位来自邢台市隆尧县的中年人被人雇来放羊。他独自生活在关城内搭建的陋室里，有三条黄色柴狗陪着他。这里人烟稀少，倒不用担心羊群走失。他只是整日一个人走来走去，不知忙着什么。

通往鹤度岭关的登山官道

一个人为了生活来到这荒芜所在，既然民生多艰，又如何纠结太行山生态圈物种的多样性遭到破坏？人们在追求更高物质生活和保护赖以生存的环境之间确实不易平衡。难道这个问题也要留给后人解决吗？

在小岭底村口，26岁的韩金龙站在家门口乘凉。在我进山采访的经历中，极少见到 20 多岁的年轻人在村中生活。原来他是在北京工作，回家休息两天，不日还要走的。我问他："你愿意回到山里吗？"

"愿意啊，外面的压力太大。"

"将来你就不这么想了。"他母亲笑着说。

"那你回来做什么呢？"

"不知道。"他回答。

我不知道是这个时代留给太行山的选择确实不多，还是我们根本没有认真思考。

（原载于 2015 年 5 月 31 日《邢周报》）

杏峪：穿凿嶂石岩

杏峪，是我在采访邢西太行古村落路上，单独辟出的"太行山分水岭之行"最后一站。

之所以在"正在消失的邢西太行古村落"系列报道中单独开辟太行山分水岭沿线古村落组合成一个子版块，是因为这些存在于行政与地理双边界的深山生活具有某种当然的共性，有别于其他山村。

这种共性是由地理环境、历史环境、时代环境和文化环境共同影响而成的。最明确的一点就是，所有这些分布在邢西太行山分水岭东麓的边鄙山村反而比其他位置靠外的村落更难以安静且独立地生存发展或默默消亡。

它们面对着更多外力的影响。

杏峪村中的街巷和民居

杏峪：穿凿嶂石岩

太行至此出邢台

半年时间，"太行山分水岭专题"由南向北前后十二站，攀山十余次，采访分水岭沿线村民近百人。从邢台、邯郸与山西交界的五条梁到邢台、石家庄与山西交界的杏峪，从海拔1747米的摩天岭到海拔1774米的黄庵垴，每一条古官道，每一座古村落，一条条一座座梳理下来，采集到许多邢西太行山隐藏在最深处的故事。

邢台西部，沙河、邢台、内丘、临城均含山区，不过由于行政规划所限，沙河和临城与邢西太行山分水岭并不接壤。邯郸武安市活水乡和石家庄赞皇县嶂石岩乡各甩了一段"小尾巴"嵌入了邢台和山西之间。因而，邢西太行山分水岭集中在邢台市邢台县和内丘县段，其中主要在邢台县段。

尽管如此，八百里太行山最为雄壮华美的段落恰呈现在邢台—内丘一线。

号称"太行天下脊"的黄榆岭和嶂石岩地貌的"地理课代表"黄庵垴是邢西太行山具有地质学标本性质的两处山体。我曾在对营里村的报道中描述黄榆岭是"峭壁悬厂，刀劈斧削，远看如山墙，光滑如镜，晨光映射，一片金黄灿烂，金元明清历代文人驻足"。黄榆岭风光之外更深蕴文学气质，而邢台市内丘县杏峪村背后的黄庵垴却是真正意义上"嶂石岩地貌"的代表。

嶂石岩地貌是中国三大砂岩地貌之一，另两个为丹霞地貌和张家界地貌。1972年，河北省科学院地理研究所研究员郭康在太行山考察中，发现了一种气势壮阔的红崖长墙砂岩地貌，后经多年考察研究，正式将该地貌命名为嶂石岩地貌。这种地貌类型主要由易于风化的薄层砂岩和页岩形成，多形成绵延数公里的岩墙峭壁、三叠崖壁，除顶层为石灰岩外，多由红色石英岩构成。

如此地貌，邢台人并不陌生，因为邢西太行山许多高耸入云的绝壁，比这一地貌的命名地赞皇县嶂石岩乡更像嶂石岩。事实上，嶂石岩山区的最高峰黄庵垴确在邢台市内丘县境内。嶂石岩只是山间村子的名字，其所在山体是黄庵垴的一部分。

我有一个假想，倘若当年发现者选择从邢台出发进山考察，也许地貌还是这个地貌，称呼却会由邢西某山村命名也说不定。总之，邢西太行山分水岭均是典型的嶂石岩地貌，而行至黄庵垴就算到北端了。

黄庵垴东向不远处与之相对的山叫三县垴，地图上标注叫大地岩，如今流传更广的名字叫九女峰。三县垴地处内丘、临城、赞皇三县交界，主峰突兀，界限分明。赞皇县嶂石岩乡旅游开发的标志性照片所摄的就是三县垴。

三县垴，今称九女峰

这里若干年前还是无人问津的边缘野山，因几个户外驴友拍摄绝美照片后在网络上广为传播，从此一炮走红，附近县市甚至山东、河南的驴友也驱车至此。当地趁着热乎劲把原本粗糙的碎石山路改建为水泥路，汽车可直通山顶，只是山路急弯势陡，很考验车技。

一路走来，有感对邢西太行山开发贡献最大的除了官民资本介入外，就数自由登山的户外爱好者了。对某些地方而言，户外爱好者的贡献甚至先于或者高于正式的政府规划。这个群体像是探路者一样，默默地推广着邢西太行山。客观地说，正是由于这一群体日渐庞大，为邢西太行山注入了源源不断的新活力，也为邢西太行山旅游市场大开发奠定了相当大的群众基础。

杏峪：穿凿嶂石岩

一山两世界

杏峪是个行政村，山地面积广大，分为北沟和西沟，北沟有北沟自然村，西沟有龙江口自然村。其中北沟村和石家庄嶂石岩村一山之隔，虽属不同地市，但两村村民历史上多有联系。

杏峪村很有意思，是为数不多的在邢西太行山分水岭上没有被资本介入从而作为景区开发的古村落，尽管这里的景致堪称一绝。杏峪村南边的行家峪早已开辟为寒山风景区，杏峪村北边的嶂石岩更是先于杏峪发展20多年，已成为国家级风景名胜区。尤其是嶂石岩景区，令一山之隔的杏峪人不胜唏嘘。

走进杏峪北沟，只有平均年龄70岁左右的十几位老人看家。几位老大娘坐在石板房前的台阶上，无所事事地晒着太阳，看见来人在停车，很突兀地说了一句："看车收费。"待表明来意后，又非常热情地指引我找到村里的负责人。我在想，是什么样的环境和原因让她们有了如此与其本质不相符的令人哭笑不得的态度？

也许是生活的落差改变了这一切。杏峪人认为，以自己生活的山沟条件进行旅游开发的话，远比嶂石岩景区和寒山景区更优越，但是30年间，换了人间。村中老人说，以前日子苦，赶上闹饥荒，嶂石岩村的人会端着破碗来杏峪讨吃的。现在，杏峪人主要的工作去向之一就是搭着嶂石岩村旅游开发的顺风车，在隔壁"承包个摊位，在人家景区里摆摊儿干点事儿"。

站在黄庵垴山顶，一眼望去可以尽收杏峪和嶂石岩两座村庄。杏峪北沟和几十年前的格局没什么太大出入。红色的石头房子参差不齐，还有几座残垣断壁。反观嶂石岩，一座座红色彩钢顶现代楼房建筑，宾馆、饭店、农家乐、旅游服务中心、停车场等规划有序，布局完善，为山村旅游开发的典范。要知道，仅仅30年前，嶂石岩村的规模和格局都劣于杏峪。

自20世纪80年代末，嶂石岩村开始探索旅游开发道路以来，经过两代人努力，彻底甩掉了贫困的帽子，也甩了周围山村几条街。可以说黄庵垴两侧的村庄已经不在一个时代了。一个战胜了地缘偏远的空间限制，成功融入现代经济体系中，另一个还在传统的道路上挣扎。

"农业学大寨"时期的石塘梯田是杏峪村最齐整的基础设施。除了外出打工，这里还是以种地为主。只是，就算是种地，这里也不是个好地方。65岁的老村主任王贵林说："全村人均才五分地，耕地分散，一般一块地才一两分，最大的也不过五分，而且一直都是望天收，村里的泉水只够人吃的。"如是，一年一收的玉米勉强只够自家吃，赶上坏年景，不赔钱就算好事。

艰苦和寂寞萦绕在杏峪的上空。

山那头放弃了传统农耕模式走上康庄大道，山这头以王、岳、裴三家为主的杏峪北沟人还过着和100多年前祖先"跑盲流"迁徙至此时差不多的生活状态。如此久而久之，我刚进村时发生的那一幕也就可以理解了。

杏峪漫山绿色，植被浓密，山势奇崛，钟灵毓秀，尤其黄庵垴，景致绝伦，凡此种种，却无人问津，同样令来人唏嘘不已。

还有很长的路要走

杏峪人也不是毫无作为。

从杏峪西沟龙江口村顺着盘山公路向上有一条隧洞沟通晋冀两省，叫作晋冀兴峪隧道，当地人称为"天下农民第一洞"。该隧道开凿于1995年至2000年，由杏峪村联合山西那头的小东峪村相向开凿而成。整个工程以杏峪村为主，目的是为了方便晋冀之间物流，破除杏峪地缘闭塞的限制，增加杏峪人的收入。

隧道全长1250米，举全村之力断断续续完工。且不论工程本身，单以杏峪人的勇气便足以当得"天下农民第一洞"的称号。可惜的是，这件事发生在改革开放20年后，而不是20年前，有点生不逢时的况味。这种集中体现"战天斗地"精神的百姓自发工程，放在之前叫作"红旗渠精神"。

现在隧洞黑暗无光，洞内阴风阵阵，洞中青苔和洞外杂草向人们诉说着另一番故事。游客们到此在惊叹人之伟力的同时也说不出什么，毕竟山外来客多少都知道，发展建设的方式要与时俱进。

可以说，晋冀兴峪隧道是杏峪人在改革开放时代用人民公社时期的传统价值观对生活环境的一次改造。隧道虽然在倔强的杏峪人努力下凿通了，但并没有带来他们想要的。杏峪和山外的发展从意识到节奏完全不在一段频率上，新

杏峪：穿凿嶂石岩

时代要有新思维新方式，这让那些成长在过去的村民很为难。这些付出仅能昭示着他们不想坐以待毙。

能力有限，精神可嘉。我没有想到在"太行山分水岭之行"的最后一站会遇到这样一番故事。除了开凿隧洞，杏峪人还修筑了一条通往黄庵垴的石板路，和嶂石岩景区对接，在半山腰建庙修洞，开发了一处叫"水帘洞"的景观，并利用杏峪一侧的地貌大做文章。不过，嶂石岩景区方面看起来对此并没有多少兴趣。

杏峪人没有被动地接受命运安排，而是主动出击，只是他们的方向似乎缺乏论证。

我询问村民："如果把村中搬走人家的房子组织起来搞集体农家乐怎么样？"村民回答说："要是这些房子闲着，你堆放点儿东西用用没事儿，要是你能用这房子挣到钱，那搬出去的人会找回来的。"

简单的问答包含着深邃的问题，涉及农村土地流转与宅基地管理。这两点都不是三言两语可以说明白的。也许有一天，有了合适的方式可以解决这些问题时，杏峪村的老人们已经退出了历史舞台。那些早已出走的年轻人恐怕不会愿意为这一片穷乡僻壤牵扯精力，甚而开拓事业，尽管他们也会隐约感觉到这里有潜力。

那么杏峪的未来在哪里？在这个极富戏剧性对比的山村里，人们找不到太多希望，只好将希望寄托在外人身上，可是当邢西太行山分水岭沿线山村普遍进入景区建设的时候，杏峪又受到冷落，慢人一步。这让人们不得不再反问杏峪，到底怎么了？

我并不知道答案。但有一个道理很明白："无欲速，无见小利，欲速则不达，见小利则大事不成。"做到这一点并不容易，尤其是在有嶂石岩做榜样的杏峪村。

（原载于 2015 年 6 月 7 日《邢周报》）

白岸口：煤山冷眼

公元 1644 年，大明崇祯十七年，三月十九日，拂晓，晨光熹微。这时候的北京城多少还有些寒意，尤其是将明时分。

崇祯皇帝跌跌撞撞爬到故宫后面的煤山（景山）上，最后看了一眼烽火连天的北京城。两天前李自成的大顺军攻破外城，兵燹京师。276 年国祚的大明王朝看来是走到了终点。崇祯想不明白，论勤奋，在有明 16 位皇帝中他绝对排得上前三名，可是论运气，他当之无愧是倒数第一。

关于崇祯最后的选择，前人论述颇多，但改不了"君王死社稷"的结局。总之，大明王朝落幕了，崇祯皇帝在煤山自缢。这一切，都被一个人看在眼里，他就是司礼监秉笔太监王承恩，崇祯帝的心腹，邢台市邢台县白岸口村人。

煤山遗事

关于崇祯帝朱由检，历来史家的主流观点是：非亡国之君，当亡国之运。赶上小冰期，连年大灾害，爷爷时抗倭援朝大伤国本，父亲沉溺酒色，哥哥是个出色的木匠，还宠信魏忠贤。从小爷爷不疼，父亲不爱，志忐继位后像劳模一样拼了 17 年，最后留下一句："诸臣误朕，朕死，无面目见祖宗，自去冠冕以发覆面，任贼分尸，勿伤百姓一人。"崇祯咬破手指写这句话时，王承恩正为他在歪脖树上系白绫。

就算是小小山村历史上出过这么一个在大历史变革的漩涡中站在风暴眼的人物，也未改其平凡样貌。白岸口村人听外人提讲"你们村有一个历史名人"时，都知道说的是王承恩。村中至今仍有两户王姓人家，按老人记忆，说是王承恩家族的后人。

56岁的王乃祥世居白岸口村，他的父亲王聚福前些年过世了。王聚福在世时时常提起有关王承恩的零星家族记忆。清军入关后不久，曾有清军官兵多次入村查询王承恩。世变之际，王家人不明就里怕受牵连，不敢承认王承恩是本村人氏。300年后，王承恩留存在白岸口村的痕迹除了两户王姓人家的有限记忆外，只有村外路罗川边埋葬着王承恩父兄的王氏祖坟。

王氏家族自明初迁到白岸口村至今有650多年。至于这方水土之前是否有人定居，不可考。想必白岸口村历史上的生活不算太好，否则不会有人家把自己生养的儿子送进宫去当太监。当太监，只图有口饭吃。从白岸口到皇城根，幼年的王承恩遽逢变故，尔虞我诈，察言观色，走错一步都会万劫不复。所幸他机灵得很，从跟班小太监一步步做到司礼监秉笔太监提督京师兵马，他正好用了一生。

在明朝宦官形象普遍负面的情况下，在这个王朝结束时，王承恩用实际行动为他代表的群体挂上了最后一块遮羞布。王承恩是看着崇祯帝朱由检长大的，在崇祯帝继位的关口给了宝贵支持，可谓有定策之功。崇祯即位后，他又坚定拥护皇帝决策。

当然，作为太监群体的首领，王承恩像他的前辈一样心狠手辣，做过一些坏事，以至于当朝内阁首辅周延儒曾向崇祯帝进言，王承恩势力过大，是另一个魏忠贤。王承恩不是一个简单的好人，他是一个做着坏事的好人，只是最后他把他的一切奉献给了他的皇帝和国家。

如李自成在西安誓师进兵北京时，发出檄文中的八个字一样："嗟尔明朝，气数已尽。"青山遮不住，毕竟东流去。王承恩向他从小带到大的崇祯皇帝遗体三跪九叩之后自杀殉节。清军入关后，为表彰他的忠贞，清顺治帝在为崇祯帝发丧时，也为王承恩修墓立碑。王承恩的墓碑至今完好保存在明十三陵崇祯思陵门外，守护着故主。他的陵墓碑文为顺治帝亲自撰写，文中有"贞臣为主，捐躯以从"八个字。

值得一提的是，王承恩当年的老同事，投降清朝后为清朝统一中国立下不世功勋的明朝蓟辽总督洪承畴，在乾隆年间（1736—1796年）官修《明史》

时，被列入《贰臣传》，为贰臣甲等。

煤窑兴废

崇祯皇帝自缢煤山，王承恩陪伴最后。煤山没有煤，王承恩的故乡后世却和煤分不开。邢台产煤，多煤矿，这在宋元时期的史籍上就有明确记载。历史上藩镇军阀为争夺邢州煤矿资源的开采权，甚至发生过战争。邢台就坐落在一座煤山上，不仅邢台一地，邢台西边的山西省更是煤炭第一大省。

古时尽管交通不便，沟通晋冀的孔道依然有很多。官道也好，野径也罢，物流还算顺畅，只是流量大受限制。中华人民共和国成立后几十年间，数条国道、省道贯通，两省民众交流更加方便且热络，其中煤炭成了最重要的物流物资之一。山西产煤，山东不产，长期以来从山西驶向山东的运煤重卡成为必经河北道路上的一道景观。

在煤道上，最常见的车牌是晋K和鲁P。我询问在某煤场附近生活的老乡，为何有些过境邢台的山西运煤车辆一定要拐到邢西山区将军墓镇卸货，再由来自山东的装载车转运。那人只是一笑，并不作答，令人费解。外人不明就里，

白岸口村一户民居院落

这个圈子里却人尽皆知,大抵是因为某种行当的潜规则作祟,大家默契不言,却如律令般遵守。或许甚至宁可乖违律法,也不愿捅破"规则"。

看着日复一日,来来往往的运煤大车,不由得想到,每一位司机背后便是一个家庭,每一个家庭背后便是一出人生大戏。不只听一位司机解释,为了生存,不得已超重;为了多挣些钱,不得已超重;为了家里的上学孩儿、患病老人不得已超重;甚至因为前一天晚上打麻将输大了,不得已多拉了10吨。破坏规矩,另行"规则",有时候确有令人同情的理由。不容否认,在这个过程中会钻营出一些人来。不论如何,邢西山区主干道维护起来因而成本高涨。

守规矩是很难的,很多人没有迎难而上的勇气。王承恩殉节的大明王朝某种程度上亡于崇祯朝堂上的潜规则:大臣不敢负责,皇帝死要面子,明明有出路,偏偏谁也不出头。同样,面对邢西太行古村落的发展前景,明明许多人都知道正确的选择,而系统性作为却难以落子。我承认,这不是一个简单的命题。

靠煤吃煤,顺理成章。白岸口村位于邢左公路沿线,现有村民600余口,显然,实际生活在此的村民远没有这么多。年轻力壮的村民都出去打工。下煤窑是白岸口村劳动力的普遍选择。不过,这是前些年的事情。村人说:"那时候村里下煤窑的壮劳力多得很,去邢台、山西的都有,这两年不景气,干的人少了。"村民们注意到每日从村前经过跑煤炭运输的车辆,也比之前少了许多。

岂止白岸口村一处,邢西山村中许多以下煤窑出苦力为生的劳动力因为煤窑收益下降而放弃工作。有些人至今还盘桓在家里,种些果木、养些牲畜,保证基本生活。靠资源开采来拉动经济增长在当前经济发展序列中早已失宠,附庸在落后产能上的人们被迫流出到社会上。同时自上而下地转变经济发展模式的进程又一时无法重组这些闲散的劳动力。随着年龄增长,长期赋闲在家或打零工的劳动力即使有了再次"上车"的机会也没心劲儿了。

这或许就是时代的创痛之一。

煤道尘埃

煤车经过,煤尘遍布山川,白岸口村靠近公路的房舍,墙缝里、门楣上长期荡着一层黑灰,连路边树叶都落了厚厚一层尘埃。道路被超载大车碾压得坑洼不平，遇到半毁路面往往压车严重。

邢西三条主要省道无一例外都在煤炭过载运输的阴影下，反复地修整。就在此时此刻，邢左公路已经半封闭了，而邢左公路白岸段的路况，走过的人无不鄙夷。这是白岸口村人要出山的必经之路。

即便如此，对于寂静的山村来说，大车经过带来的嘈杂可能是白岸口村一天之中最大的动静。从早晨到晚上，留守村中的人们在一座比较缓慢的时钟里消磨着一分一秒。坐在巷子里的老人们如雕塑一般收集着时光，看着门前一辆辆运煤的汽车经过，卷起一阵尘埃。放假在家的孩子就在路边臆想着游戏的快乐，大人视线不离坐在一边，尘土飞扬时捂住口鼻。看到潜在的危险，大车司机难免连续鸣笛，扰动沉睡的山村和"沉睡"的人们。

下午3点，56岁的路双菊看看表，准备去村对面的南海观音庙里干活。观音庙对于邢西山村来说是标配建筑。白岸口村的观音庙自同治四年（1865年）以来年久失修。年初，由村民发愿募集，村人出力，打算修葺一新。工程精细，村人陆陆续续干了半年了。

白岸口村老剧场

这几年经济不景气，许多白岸口村人闲在家里无所事事。最令人难受的是缺少精神寄托，尤其对中年以上群体。于是，曾几何时被当地人忽略的邢西太行山区传统乡土文化符号在一点点恢复，重新承担起固有的意义。在邢西山区传统乡土文明因人口流失、农耕衰落而渐渐隐退的当下，这种逆流回归的趋势，是民众潜意识里的自发选择。

白岸口村还是一个有故事的地方。这里北靠雾斯垴，南对石马崖，两山夹峙，扼守峡口，因当要冲叫作白岸口。村中69岁的老人齐朝武说，石马崖又叫南崖，古时候山上还存有一座石马寺。山上石头奇形怪状，有的像酒篓，有的像瓶胆，最神奇的是一块巨石上面有天然的石马印记。

"张果老传说"在邢台县山区流传颇广，石马印记是这一地方文化的次生符号。传说石马崖顶上有一座张果老生活的院子，院子里石锅、石锣、石镰、石磨一应俱全，那匹石马就是张果老的。在张果老的院子附近生长着大片野韭菜。由于爬到山顶不易，附近村民只有个别时候才去收割一些野韭菜，带回来包饺子包包子，割不完的野韭菜就留在那里任其生长。时常有户外爱好者慕名前往，收割一些野韭菜带回家吃，美其名曰"张果老韭菜"。

白岸口村的故事在村民的记忆里留存，有些有趣，有些离奇，但总归是一处地方的人们缠绕在故土的文化因子。这些朴素的乡土传奇自古至今口耳相传，王承恩儿时也是带着这些故事去的北京吧，他又是否把这些村野传说讲给了他陪伴了一生的崇祯皇帝呢？

（原载于2015年7月26日《邢周报》）

道沟：发现城计头

邢台县城计头乡在邢西诸多乡镇中的曝光率并不高，因而甚至有许多邢台人并不知道这里。何况这个名字也确实叫得怪。人们听到"城计头"会下意识地反复念叨几遍，料也想不到是这三个字。论面积，城计头乡在邢台县诸乡镇中也算小的，加之它并不位于交通要道上，知名度低也自然。

这个位于邢左公路分岔上的山区乡，也许是因为交通不算通达，也许是因为所处位置逼仄难以延展，从发展的观感上来审视城计头，多少还残留有20世纪六七十年代"公社时代"的影子。就是这样一个被许多人遗忘的地方，隐藏着许多纷纷扰扰。

道沟村就是其中一座。

道沟村民居

道沟：发现城计头

山水间的难言之"隐"

如今去一趟道沟村并不容易。邢左公路全线拓宽工程把这条昔日的跨省主干道切割成好几段。从邢台市区去道沟村要么沿邢左公路从庞会村南下在李峪拐进去，要么取道城计头乡绕进去。偏偏庞会段正在施工完全封闭，不得已走高速到路罗镇再折返，显得原本就偏僻的道沟村更难触及。

邢台县城计头乡是一个容易被外人忽略的地方。它位于龙泉寺乡和路罗镇之间，乡政府驻地并没有在主干公路沿线，使过往司机误以为能从龙泉寺直接到路罗一样。在邢左公路坡底村跨过路罗川向南，上一条大坡，再拐个弯，有一片规模不算小的建筑群，就是城计头村了，也是乡政府驻地。

关于城计头名字由来，有传说是春秋时期郑国将军蔡仲率军进攻邢国战败身亡，当地人把他的头颅埋在路罗川边，久之，这里的村子叫作承继头，后讹为城计头。

经过城计头村，沿乡间水泥路开车大概十几分钟，就到道沟村。村主任牛栓成说，全村现有480多口人，150来户人家，村民九成五都姓牛。

道沟村原本不姓牛，而姓石。石氏于明朝永乐年间（1403—1424年）随山西洪洞大槐树移民潮迁来此地。村址地处路罗川支流九条山沟交汇处，村前不远处即有一座村庄叫大道口村，于是新移民给这片落脚处取名小道口，有村至今600余年了。

明清易代之际，同样来自山西洪洞的牛氏到此居住。传说，初期牛氏人丁繁衍不旺，有人指出是牛在"刀口"（道口谐音），姓氏与地名相冲，犯了地名讳，于是改"小道口"为"小道沟"。20世纪40年代，原本人丁兴旺的大道口村不知何故渐次衰败，终于全村迁走。大道口村留存建筑在20世纪70年代"改河造田"时被夷为平地，小道沟由此直接称为道沟。

石氏也好，牛氏也罢，选择在道沟生活，是相中了这里的交通区位优势。在1971年营建朱庄水库之前，道沟村所在的山谷是冀南地区来往晋冀的主要通道之一。邢台、沙河、永年一带的商贸物流很多选择今天朱庄水库库区所在的山谷前往山西。道沟村民讲："曾经这是一条大道，相当于后来的邢左公路。"

道沟村就是这条山路的必经之地。

库区蓄水淹没了传统道路，也把交通"桥头堡"道沟村封锁在山水之间。过去出门就是大道的道沟村，现在出去一趟麻烦多了。更重要的是，道沟村区位条件的改变，从根本上影响了这个村落的生存模式。牛栓成说，道沟村在20世纪上半叶几乎家家户户都做生意，主要是布庄生意。北京、山西、河南、山东……生意覆盖几乎整个华北。如今村中精致的石造建筑，能够证明往昔的富庶与辉煌。

道沟村三面环山，村南一条无名溪流淌过，若是保持历史上的交通便利条件，道沟村的面貌不可同日而语。遗憾的是，道沟村终究还是被浩浩汤汤的社会变革所忽视，成了牺牲品。

布庄生意已成往事，年轻人也各自奔前程去了。除了未成年的儿童，村中留守人群中50岁的中年人都算岁数小的。留在家里的人守着6780亩山场，其中有大概2000亩左右种植板栗。这是这个村现如今最主要的经济来源。不过，连续三年的大旱，让这群留守劳动者心里有些憋屈。

抗日师部在道沟

既是商贸物流的要道，必然就是战时兵家必争之地。

抗日战争时期，道沟村不仅是进退山西的要冲，更是平汉铁路（今京广线）沿线地区的重要节点。八路军129师师部一度驻扎在这里。129师师长刘伯承、政委邓小平曾在这里生活、工作过一段时间。

道沟村村民说："这就是个打仗的地方。"村南是天井寨，村北是老虎头，村东是黑岩寨，这一片山上多有留下来的古代营寨遗迹。村中老人讲，天井寨上还有石头垒起来的垛墙，上面有射箭的孔。可见，不单在抗日战争时期，几百年来，道沟村人看历朝历代的军队从门前经过或许都已习惯。

最近一次走过门前的军队是八路军。1938年3月，八路军129师来到道沟村。到5月份，遵照中共中央关于创建以太行山为依托的晋冀豫抗日根据地的指示，129师师长刘伯承和政委邓小平从山西辽县（今左权县）下庄徒步60公里，于5月5日傍晚来到道沟村。

129师师部设在道沟村中央一座大门朝南开的四合院内,五级青石台阶连着三明两暗的上房,刘伯承也住在这里。邓小平住在村西临河边一座普通小楼上。

6日,时任邢台县县长胡震来到道沟村,与刘邓首长会面。在道沟村,八路军129师首长们分析了这一带形势,多次召开军事会议,分析敌情动态,制定作战方案,指挥129师与胡震领导的地方部队对盘踞在平汉路以西、邢台县境内的溃兵和土匪进行打击,并击退了进犯邢台县皇寺、羊范等地的多路日军。

紧接着,在5月13日对平汉路发动攻击,拆毁铁路2000多米、桥梁2座,瘫痪了平汉线内丘至沙河段铁路,同时袭击邢台城内日军。后来在道沟村又指挥发动了规模更大的"邢沙永战役"。通过这些行动,打退了日军对太行山根据地的进攻,保卫了新生的抗日政权,巩固并完善了抗日根据地,打通了与冀南根据地的联系,鼓舞了抗日军民的斗争勇气。

129师在道沟期间,还举办抗日积极分子培训班,刘邓首长亲自主讲游击战争知识,有200多名地方人员接受了正规培训,为扩大根据地抗日力量打下坚实基础。公开资料显示,当年6月23日,为开辟新的抗日战线,129师师部向邯郸涉县一带挺进。至此,129师师部在道沟村前后驻留了49天。

这段红色记忆在道沟村人心中深深根植,即使是没有经历过战争的年轻村民一样耳熟能详。还有村人说:"刘邓首长在道沟村实际上住了70多天,不是49天。"面对邢台县许多山村搭乘红色旅游开发的快车,慢人一步的道沟村人多少有些愤愤不平。在他们眼中,货真价实、根正苗红的道沟村被某些有商业头脑的"历史文化名村"摘了桃子。

刘邓当年居住的房舍尚在,尘封许久的院落杂草丛生,无复往日容颜。在村中大树下纳凉的老人说:"经常有人来村里拍照,转转。"村里也有意修复包括刘邓旧居在内的传统经典老建筑。这个念头好几年前就提了出来,可直到今天,除了个别村民新盖了几栋砖瓦房,村中再没有别的新动向。问及村人缘由,回答离不开两个字:

"缺钱。"

眼看它一点点苍老

道沟村的二层石楼

道沟村建筑比较讲究。

除了新修水泥路，村中所有街道都由石板铺就。巷道台阶是用二三米长的条石铺就，拾级而上。院落以四合院和二层石楼为主，大部分坐北朝南，或坐西朝东。墙体以略显红色的白石和青石居多，每一行石头都打磨平直且方正，中间缝隙很小。当年村中富裕人家还建有照壁和门墙为青砖结构的房子。

即使普通人家，门楼亦多是青砖和石头混用。外部砖雕工艺十分讲究，有兽头、飞鸟、狮子、松竹梅、万字不到头等。从大门进去，通常还有木门屏，或称二门，也叫迎宾门。旧时代，二门只在有重要客人和婚丧嫁娶时才打开，平常只走两侧。门楼和二门的木雕更加精致，每道挑梁和椽头上采用高浮雕和透雕的手法，有龙头、龙凤呈祥、菊花、狮子滚绣球、如意、大福字、居之安等。

各个房屋的窗棂也有很多学问。窗口顶部为石门拱券，框架为木质结构，木窗方格中嵌进方锦、万字锦、石榴锦、凌花锦等，虽经多年风雨，社会动荡，一部分仍保存完好。

当年朱庄水库建设，尘封了道沟村的容颜。虽说村中古建筑均在百年以上，且基本保存完好，但是道沟村可以说等不起了。这座典型太行山风格的石造建筑群，正在一点点老去。在人们犹疑的时候，风雨令它腐朽。村人对"重振道沟村，发展新农村"的愿景麻木地希望着。老奶奶抱着怀里的孩子问来人："不是说开过会，要保护古村儿了吗，啥时候给钱呀？"

好在道沟村人现在不用为吃喝发愁，虽然这里从来也没有为吃喝发过愁。门前的溪流汇合了城计头赵峪川十几个村的出水，改种板栗之前是满山的橡子树，这是老百姓口中的"救命树"。即便粮食歉收，也有橡子面配野菜可以充饥。道沟村人有更高的生活追求，他们只是在通往未来的道路上迷了路。

这片山区无疑在被边缘化。它没有优势跻身如火如荼的邢西景区开发浪潮，也没有条件搭乘近郊乡镇城镇化的东风，甚而邢台西部山区普遍通达的交通对于城计头乡来说都不算便利。但生活在城计头这一方山域的人们依然乐观，多少是因为他们已经习惯了这样的困居，于是也就不太纠结困顿了。

城计头乡的村名普遍很好听，除了道沟，还有梨水、七林、押石、报台、花木、白崖、麦地湾……这些村子大多如道沟村一样，生活在苍老中。农业还是那个农业，方式还是那种方式，可是时代早已不是那个时代。缺乏活力，必然衰老。

道沟村，以及它所在的城计头乡，在半封闭的区位条件下客观上保存了较好的生态体系。那么，采用先进科技来改造传统农业为生态农业，引进更具活力的种植模式来重组农村资源，激活剩余劳动力，虽然这并不容易，但值得尝试。毕竟"生态农业体系"是这个时代最时髦的农业发展方向。

（原载于 2015 年 8 月 9 日《邢周报》）

茶旧沟：邢西"边城"

秋水时至，百川灌河，站在茶旧沟村口的广场上，俯瞰路罗川湍流不息的河水，两岸青山是苍翠的，整个邢西太行山区都是苍翠的，尤其是在这立秋时节。

想起一句"子在川上曰：'逝者如斯夫，不舍昼夜。'"山川间清风徐来，拂动枝丫窸窸窣窣，秋阳高照，树荫里影影绰绰。

茶旧沟很安静，安静得令人觉得一旦走进村口的石桥门洞就仿佛走向了另外一个世界，有点武陵源的意思。只是站在村外，来人丝毫感受不到这座古老的山村是怎样一种存在。然而，在这座差不多有400年历史的生息地，传承下来的除了血脉，还有一丝"边城"的苍白。

山城的两重世界

说起茶旧沟名号由来，村口石碑说是："当时沟中有石，形如茶臼，得名茶臼沟，后写成茶旧沟。"也有说因过去村中生产石头打磨的茶臼而得名，后来写成茶旧。时间过去太久，人们逐渐忘却了自己姓名的由来，就如同外人进入茶旧沟，会忘记自己的由来一样。

穿过进出村子的桥洞，折一个弯，在原本烈日暴晒下平淡无奇的土石外墙内呈现的大规模青色石造建筑群叫人眼前一亮，温度也随着惊讶降了下来。桥洞如门洞，隔离出另外一个世界，人们是穿越时光而来，忽然看到眼前高低冥迷、错落有致的太行山风貌建筑群，一层又一层地依着山势向上延伸，如同一座山城，心动自己是不是闯进了一处平静的童话世界。

茶旧沟：邢西"边城"

整座茶旧沟村前后500米纵深，循自然格局，依山势而建，布局考究，设计精巧，古建筑质量上乘，基本保存完好。村中石造建筑，多则三四百年，少则四五十年，虽跨越久远，却规格呼应，整体和谐。宅基石墙大致沿等高线走势，于是建筑群形成层次。街衢里巷大致顺雨水流向折拐，设计有精妙的排水系统。

茶旧沟村的排水系统颇彰先人智慧。村中主干道地下预设涵洞，雨季时，山上冲下来的较大水流，汇入地下涵洞，穿村而过，排入山下路罗川。寻常小雨，顺着地面弧度，归并街边墙脚，或渗入地下。除主干道外，伸向村民家的岔路亦有流水沟槽自上而下通向涵洞。因此，茶旧沟村无论雨量大小，村中路面不存积水。遗憾的是，村民为了生活方便，将青石板铺就的主干道改造成了便于行车的水泥路，涵洞的排水与渗水功能一定程度上打了折扣。所幸整体格局还在。

茶旧沟的青色石造民居

村中建筑以太行山区常见四合院为主，但有一种独特的建筑格局，或者说是生活格局引人注意。

茶旧沟的小聚居建筑格局

走在村里,很容易看到一些临街院门,进门后并不是独户院落,而是拾级而上的通道,通道上有三四层平台,每一层平台两侧各有一栋石造建筑。一栋建筑就是一户人家。一座院门里上上下下住着四五户人家,大家公摊一条石板路,合用一个大院门。这种宗族式村落中的小聚居建筑格局,很有现代城市里高层建筑"单元楼式"空间理念,一座公共院门就是一个单元。

可惜,原本熙熙攘攘的"大单元",现在往往只住着一户人家。可以想象,当茶旧沟人还不曾远行的时候,夜幕降临,炊烟袅袅。吃饭时,人们坐在院子里,蝉鸣鸟叫,寻常菜肴散发的香气跨过一道道院墙。住在"跃层单元"里的人们把餐桌搬到布着青苔的石板平台上,两三层的人家边吃边聊,路罗川的流水哗哗作响,闪着星光。

就是这样一个石头打造的世界,曾经是许多人赖以生存的归宿。村外石桥其实是一座"立交桥"。桥洞通向古老,桥面通向现代。

许多人家碍于村中老宅居住不便,搬到村外另辟新家。于是在茶旧沟村的外围出现了几户画风完全不同的砖瓦水泥建筑。巧的是,站在新村中看不到老村,站在老村中也看不到新村,尽管上下之间只相去十几米,却像是生活在不同的世界。

桥上桥下两条不同方向的道路给了茶旧沟两种不同方向的选择。

茶旧沟：邢西"边城"

石城的光影轮回

村中一处开满指甲桃的老宅，是宋延英的家，老人生于1940年，10岁失恃，17岁失怙，作为长子，未及成年开始养家。宋延英的父亲是解放初期的村干部，父亲不在后，组织上给他安排了流动电影放映员的岗位。在精神娱乐生活匮乏的年代，这个职业显得很时髦。没有想到，在这样一座古旧的山村里，竟有人从事过这样现代化的职业。

那个年代，电影放映员是份很讨好的工作。在我走访的邢西太行古村落里，许多中年以上村民对当年的露天电影印象深刻。宋延英讲述，当时邢台县有将军墓和路罗两个区队，他所在的路罗区电影放映队负责路罗、白岸、城计头一带80多个村子，有三位工作人员，负责人是一位二等残退老兵。设备和胶片都是地区统一发放，设备开始是16毫米的放映机，荧幕是方屏，后来升级为35毫米，变成了宽屏。

宋延英的电影放映之路从20世纪50年代参加工作一直到70年代末，十几年间就在这片山区里从春到夏，从秋到冬，每天不断。一个村一个村地巡回放映，一轮下来至少3个月。每个月更换一部到两部电影。"放映最多的是'三战'（《地道战》《地雷战》《南征北战》）。"宋延英回忆说，"外国的电影特别受欢迎，苏联的《列宁在十月》《列宁在1918》、罗马尼亚的《多瑙河之波》、朝鲜的《卖花姑娘》……"说完一堆尘封的影片名，宋延英补了一句："看《卖花姑娘》得带手绢，太感人了。"

围绕流动电影放映，有很多趣闻，毫不夸张地说，邢西山区每条沟里都流传着电影放映队的"传说"。电影一般是晚上放，宋延英和队员中午到了放映点后，欢喜的孩子就围着他们休息的房间一个劲儿地问："今天放的啥？""啥时候放？""在哪儿放？"其实很多问题的答案都是不问自明的。电影放映时，孩子们高兴得比过年还热闹。

一部新电影会在村民中议论很久。为了看电影，五条梁村的村民会赶十几里夜路去前坪村，散场后再回到家就半夜12点了。人们"追影"的狂热甚至比今天的电影发烧友有过之而无不及。电影放映也是全村汇聚人最多的时候，有主意的村干部会选择在放映前传达乡镇发来的上级指示，或者布置村里的生产生活安排。这时候，观影现场摇身一变成了全村大会。

茶旧沟放电影就在村中石板路上。全村的男女老少集中在荧幕前看着山外的世界和海外的世界，荧幕里是超出他们想象的画面。这些画面是他们祖辈几百年没有见过的。落幕后，人们又分别走进自家小巷，忽然静下来的村子随即恢复了本来模样。方才发光的荧幕是一扇通往外界的窗口，类似今天来客走进茶旧沟的桥洞。

迷城的十字路口

茶旧沟名字里带个沟字，实际上坐落在一片山垴上。村基与村外的路罗川有几十米落差。如此地利，让茶旧沟躲过了许多天灾。1996年太行山区大洪水，村下方河滩耕地被冲毁殆尽，大水退去，全村仅能拼凑出37亩地勉强耕种。有赖于地利和科学的排水系统，村中建筑竟完好无损。53岁的村民宋学保说："多大的水也冲不到咱村里来。"

400年前，明朝末年，宋家祖先兴许是看中了这一点，才从容易洪涝的大沙河边上的羊范镇拖家带口搬到这里，繁衍生息。400年来，茶旧沟从一家三子，变成宋氏宗族栖息地，发展成为一座有530多口人的大村庄。依照祖先定下的规矩，按"纪子进成来，怀文明思玉，诗学延振广，弘书礼义德"的辈分传家，如今最小的广字辈已经是迁来的第十五代人。至于他们将来是不是还要生活在这里，他们的祖辈父辈说不清楚。

种玉米，种板栗，种核桃，400年的古村落在日复一日的劳作中渐渐苍老，村民的容颜也不知不觉褶皱了许多。400年来的变化几乎都在最近100年间发生，其中又尤以这30年的变迁为巨。

在邢西山区生活了一辈子的宋延英，眼见着茶旧沟的变与不变。"跑日本"时，国共两党在路罗川携手抗战又争夺地方民众支持；"镇反"时，眼见用石头砸死反革命分子；"土改"时，家里有了土地和房子；"四清"时，村中美妙的门楼被各家各户争先恐后地敲掉；"大包干"后，粮食产量基本满足温饱……如今喟然一句："日子可是比以前好多了。"说这句话时，宋延英已经从一个意气风发的电影放映员变成了皮肤松弛的老人。

纵然世道风起云涌，茶旧沟依旧在这山垴上日出日落。尽管年轻人出走打拼，茶旧沟依然是一座生活气息浓郁的山村。清晨，69岁的宋学民祖孙三代正在自家小院里聊天。小院雅趣别致，一丛青竹高扬茂盛，院里还盛开着鲜艳花朵，丝瓜吊在搭架上，最惹眼的是一大片密密麻麻的葡萄枝蔓爬满门口小巷，一串串即将成熟的葡萄垂下枝头。

主人家并不知道葡萄每年到底能收多少斤。"可能有三几百斤。"宋学民的儿子说。路过的街坊亲朋想吃了就够一串下来，主人并不介意，收获时还会送与旁人，甚至来玩的外人也能尝到农家纯天然的味道。整个村里充溢着一种恬淡的生活气息，是我所经历的数十座邢西山村中，相对而言最明显的。

有生活的古村落才有生命力，茶旧沟尚未失去它的质朴。只是近两年，有几户人家翻盖了新房，在这座古旧的纯太行山风格石造山村中乱入了几幅现代画面，好在并不影响整体面貌。这个村子值得人们流连忘返，也方便人们流连，村口下了坡就是邢汾高速路罗收费站，从市区过去，高速只用25分钟。

茶旧沟从来都处在十字路口，在没有公路的年代，村南的路罗川连贯东西，村北有通往浆水镇的山路，村西南一条河谷通往沙河蝉房乡。后来修建现代化公路也基本沿着历史惯行山路建设。如今家门口通了高速，茶旧沟迎来了新的发展机遇。

村人看到了，也意识到了，只是他们还不清楚接下来该怎么办。

（原载于2015年8月16日《邢周报》）

大坪：渡口川上的一叶

沙河渡口川，是邢台大沙河流域的五条大川之一。另外四条如宋家庄川、将军墓川、浆水川、路罗川均主要分布在邢台县山区。邢西四川汇于朱庄水库，渡口川是一条偏南的独立山谷。这条山谷上的最大水利工程是东石岭水库，今天也叫作秦王湖。

大坪村坐落在秦王湖下游不远的南岸高地上。站在村中平台上，可以清楚地俯瞰渡口川河道，尽管只是一条小溪流。向西望去，绵长的山谷曲折延伸，直抵太行山主脉，两岸山峰平缓并不陡峭，但高出谷底百米以上，如阶梯。向东望去，不远处就是山峦尽头，出得山谷，眼见一马平川。

山下的渡口村与其说叫渡口，不如说叫山口。大坪村就在这山口之上。

湮没的古村荒宅

大坪村如今在入村的山脚下竖起了一块牌子，上面写着"大坪古村"四个大字。牌子不知是何时立的，倒是很质朴。寻一条蜿蜒盘山的水泥路上行，不多时就到古村口。

大坪村清一色尽是石头房子，是一座地道的古村落。村里老人说起这石头房子来，有时候会加一个"破"字。

从古村落的角度来审视大坪村，真是和"破"字一点边都不搭。整个村落布局精巧，有的建筑外墙上还挂有说明标牌，指出这栋建筑曾有过怎样的不一般的乡土历史，很有看点。全村建筑大体坐西北朝东南，各家各户开门角度稍有不同。俯瞰大坪村全貌，格局排列有序，整片建筑群分布如同一片飘落的树叶,纹理清晰。

入村的夹道是叶柄。进到村口石门洞——安仁阁,视野豁然开朗,一派山村景象。阁外上下两方水池,下水池为洗衣劳作用水,上水池为日常生活饮水,两方水池如叶片上滴落的两粒水珠。

进入安仁阁,是一方小广场。一条主路由广场伸向村后,数条村巷基于主路以"非"字形向村中辐射,似树叶脉络一般。村中石造建筑向中央紧凑,真如一片张开的树叶。

大坪村口的两方水池很有特点,颇有江南古村意味,容易让人联想起皖南著名古村落宏村的建筑格局。上方饮水池清澈见底,适宜饮用。一旁的指示牌描述,饮水池在红色石英岩上开凿而成,池水即是收纳的雨水,受池中矿物质作用,常年不坏,为村民日常饮用水源。60岁的村中老人彭军平说:"村里活到90岁以上的老人有好多,估计跟喝这水有关。"而下方紧挨着的洗衣池久无人用,长满了一层绿藻,俨然成了"绿水池"。两方水池,一清一浊,平静无波,仿佛诉说着大坪村的萧瑟。

大坪村口的洗衣池

如果"绿水池"里人为种植一些荷花莲藕，倒别有几分情趣，可惜没有。这荒芜的景象岂止出现在水池中，更是遍布全村上下内外。除了为数不多的几条村中便道外，大部分村巷都长满了蒿草，有的甚至有半人高。多数人家大门上锁，门前莽草遮蔽，简直看不到原来这是一户人天天进出的大门。这些杂乱丛生的野草几乎湮没了半个村子，给大坪村造成一种人迹罕至的印象。

村中小径"拐弯抹角"，红色石头墙堆砌整齐。村中多为典型的太行山风格四合院石造建筑。多数院落大门紧闭，无缘一探究竟，匆匆走过，异常安静。村内除了遍布的野草，几乎每套院落都有若干棵高大乔木植于墙围，国槐、杨树、梧桐、柏树，这些寂寞挺拔的树木见证着大坪村逐渐荒芜。村庄外围是梯田，玉米、高粱、谷子，长势还算可以，只是看不见劳作的人。

这座普遍建筑于清代及民国时期的建筑群看起来就这样被丢弃在山砜上，任凭风吹雨打，侵蚀坍塌，几多遗憾。对于太行山风格建筑，我更愿意称呼它们为"邢派建筑"。生硬地造出这个词汇确实心里没底，可是走过许多这样的山村，见到许多这样的与外埠风格大不相同的建筑式样，冠以地方名号的概称似乎也没什么不妥。

乡愁不等于忧愁

乡愁是对故乡的眷恋，所以"飞鸟返故乡，狐死必首丘"。邢西太行古村落数以千百计，它们曾经是多少人的故乡，可是原本生活在这里的人们却一拨拨地主动搬离故土，而不愿意再回去。当村中最后一批老人离世，这一座座古村荒宅又由谁来继承呢？

实在没有理由来指责人们背井离乡，为更好的生活选择一条出走的道路是人之常情。只是人们离开之后，留在背后的古村落该怎么办，它们是否有重获新生的机遇？有多少人诚然怀揣乡愁，可是乡愁在心中冉起，忧愁也同时上了心。

当我走进大坪村时，一朵厚重的乌云同时覆压在大坪村上空，雨滴纷纷落下，石板路上吹起的风带着初秋应有的凉爽。75岁的彭江生正坐在石板棚顶的过道口，抬头看看天，一动也不动。大坪村全村都姓彭，清康熙年间（1662—1722年）由村后不远的彭砜村迁徙至此，另辟田产。彭氏最早也是明永乐初年的山西大槐树移民。

  大坪村最近一次迁徙是从山硇搬到山脚下。从山上到山下只有2公里，这里的村民却走了几个世纪。直到20世纪80年代，土地政策逐渐放开，村中开始有村民碍于自古以来的交通不便，主动搬离古村，在山下另建新大坪村。

  彭江生说："生产队解散之后，村里人就开始搬了，现在村里就剩下40来个人了，下面有800多人。"这两公里分割了大坪的过去与现在，年轻人很少再回到父祖生活的老宅，即使将来他们还有乡愁，恐怕也只寄托在山下那只有30年历史的地方。纯粹的乡愁情感成了中老年人的专利，并最终有可能被一座座墓碑封印。

  乡愁不该伴随着贫穷和愁苦。已经生活在城市的人们提起山中老家，除了说空气质量好，生活清静外，再没别的优势。老人们在"清静无为"的环境里生活了一辈子，他们习惯了，但这样的生活环境反倒成了"留住乡愁"的最大阻力。乡愁可以是也应该是鲜活的，是一种有活力的情感。

  大坪村多少还有些知名度。沙河某家少儿培训机构组织了四五十个小孩子来大坪村户外活动，就在"绿水池"边。午休起来的村中留守老人远远地坐在石板上看着这群孩子叽叽喳喳玩笑着。他们只是看着，远远地看着，投去跨越了时代和世代的目光。

  他们不需要理解这个世界怎么了。因为他们晚上会打开带着烟火味道的陈旧小尺寸电视机，通过卫星接收天线，拍打着雪花点看一两集电视剧后，熄灭昏黄暗淡的白炽灯，然后睡觉，第二天再重复前一天的生活。至于这些孩子，以及经常不断到来的摄影爱好者和户外爱好者们，他们只是看看，远远地看看，大概像看电视一样地看看。

  属于大坪村人精神寄托的是村中各座保存完好的神主庙。土地、山神、白衣大士、龙王等诸位神祇面对着逐渐荒芜的大坪村，依然不离不弃地守护着这一方土地和这土地上逐渐减少的生民。离开的人或许没有乡愁，但留下的人心中满腹忧愁。这忧愁只好在初一、十五向神祇们诉说。

  多希望这些苟延残喘的古村能够让它们的孩子走得出，还回得去。

邢西会成为皖南吗

在国内,古村落开发与保护蔚为大观的当属安徽省南部以黄山为中心的围边地区,主要是屯溪、歙县、黟县、绩溪、婺源等古徽州地方。

徽州自古人杰地灵。徽商通达,宗族世家庞大,"徽派建筑"独步天下,早有令誉。然则,20年前,皖南古村落的代表西递村、宏村还少有人知道。10年前,除了这两座古村落外,皖南绝大多数今天声名远扬的古村落在旅游市场还是小众存在。现在,热心旅游的人又有谁不知道"皖南古村落"的大名呢?

今日之邢西和昨日之皖南有几多相似处,都是分散的山区古村落,都有颇具地方特色的建筑风格,其建筑都承载着当地乡土文明,都曾经无人问津。当皖南古村落还没有进入旅游开发的序列时,那里的人们也是整日守着眼前的"破房子",遭遇着人多地少的困境,出门打工或者在家种地,种油菜,收山货,养毛竹。房屋破败了就拿出家中多年积蓄重建新式洋楼。当年许多皖南古村落建筑格局的完整程度,还不如今天邢西太行古村落优越。

可是一夕之间,当地对古村落保护开发的共识和气候形成,由点及面,"皖南古村落"的概念立刻在国内旅游市场异军突起。有这么一个鲜活且成功的案例,"邢西太行古村落"该如何"抄作业"?

我10年前去皖南古村落游走时,西递村、宏村自不必说,戴着世界文化遗产的桂冠每日游人如织。那时候,皖南旅游市场很是"不规范",甚至有谣言说,"黄金周期间,黄山上物价不归物价局管"种种,可见一斑。依附于这条产业链的当地人真真假假,无处不在,却客观反映出大量外出人员回流参与家乡建设的现实。

由于皖南古村落比较分散,因此搭乘交通工具就成为必选项。交通工具中较常见的是在当地人口中称作小飞虎的个体面包车。谈好价钱,司机负责带游客去想去的古村落,往往几个游客会合包一辆车。面包车疾驰在暴土扬长的乡间公路上,确实如飞虎,猛得很。

当人们都涌向西递、宏村时,很多"小飞虎"会主动介绍一些知名度还很低的偏远村落,并说:"西递、宏村商业化太严重,要想看古村落还不如去南屏村、关麓村这样的地方（南屏、关麓今天也已成为皖南古村落游的主要目的地）。"

南屏、关麓两村当时也面临着青壮年出走打工、村庄老龄化严重的窘境。我到关麓时，随意走进一户人家，正值中午，主人一家围聚在院中吃饭，他们习惯了我这种唐突闯入的游客。主人看见来人礼让一番，很热情且娴熟地把自家院落介绍一番，末了还指了指门外一处燃火的痕迹说："前两天走火，把隔壁这栋老宅烧毁了，不过马头墙挡了火势，其他房屋没事儿。"这种原生态的体会，确实比听导游对着喇叭宣讲的台词好许多。

公开资料显示，黄山市政府在开展古村落旅游方面，工作卓有成效。《黄山市"十二五"旅游发展规划》表明，黄山市形成了古徽州乡村旅游联盟工作机制，并针对域内古村落不同的特点形成了景观依托型、农事参与型、文化体验型、休闲度假型四种类型的乡村旅游发展模式。他山之石，可以攻玉，符合这四种发展模式的邢西太行古村落也是一抓一大把。

但凡发展总要有个过程。皖南山区差不多用了20年，除黄山外，对当地古村落逐渐保护、开发、修复，才有了今天"皖南古村落"作为"中国乡村旅游第一品牌"的地位。那么问题来了，有着类似乡村旅游资源的邢西山区，假以20年能够取得同样的成就吗？

更重要的是，邢西山区有耐心等得下漫漫20年吗？

（原载于2015年8月30日《邢周报》）

阴河沟：山林如旧

我从新疆援疆归来，带着对西域绿洲村落的新奇，重启"正在消失的邢西太行古村落"之路。

时隔近 2 年，邢西太行山样貌如旧。恍然觉得，一两年短暂时光很难在这片土地上留下岁月痕迹。太行山里石头房子是坚硬的，乡土积淀是深厚的。沧海桑田，生活在这里的人们对于变化的捕捉并不敏感。

冬日里，山风穿过阴河沟村沟谷，寒冷如斯。午后阳光明媚，老人们坐在村中开阔地离得远远地聊天。这是能够令人沉静下来的感觉，我也很久没有感受过这样熟悉的空气。似乎所有躁动都在这风和光中受到压制，告诉人们"再等等"。

遥望阴河沟

橡树岭的等待

阴河沟村位于邢台市沙河市柴关乡，地处太行深山区，由大小10个自然村组成，其中较具规模的有前下庄、前上庄、东庄、西庄等4个自然村。沟里居住着100余户人家，有300余口人。当然，留守在村里的多是老人，年轻人大多已搬离。

半年过去了，去年夏季（2016年7月）的山洪对阴河沟村造成的破坏依然暴露在眼前。山洪裹挟的红色碎石，将整条河沟堆积成了一条"红石沟"。村中古建筑虽未受到严重破坏，但仍有数栋石头房子在大雨中倾圮。村民不得已翻盖了新式砖瓦房。这就是邢西太行古村落普遍面临的自然淘汰的景象。在保护意识和力度跟不上节奏的情况下，大自然会"依法"做出选择。

大自然为阴河沟村带来了生存压力，也为这座山村在另一个角度留存了希望。这就是遍布整座阴河沟山谷的橡树林。用村主任牛永军的话说，"阴河沟山场90%以上都是橡树"。

这些橡树并非人工种植。许多橡树是被松鼠衔食橡果，搬运种子，自然撒落，久而久之遍布整座山。很多橡树都有百年以上树龄。植被涵养水土，使得阴河沟村拥有一定的抗击旱涝的能力，这也是大自然的赐予。

提起阴河沟的植被，村党支部书记牛魁生的话就收不住了。除了遍布橡树，黄栌树、榆树、灯笼树……他能够准确地说出眼前看到的每一株植物的名字、用途，甚至树龄。他说："我们从小就是在这里玩儿大的。"一种对阴河沟山林的归属感和亲切感伴随这位老支书一生。即使是冷寂的山林也总有对它眷恋的人。

这片山林也许是太行山覆盖橡树最原始、最广泛的地方之一。曾几何时，橡树为阴河沟村人诠释了"靠山吃山"的含义。牛魁生捡起一颗有毛的果壳对我说："这可是好东西。"他捡起的是橡子壳。直到20世纪80年代，阴河沟村生产队解散之前，这里每年产出几万公斤橡子壳，按照当时每公斤0.1元的物价，这笔收益成为支持这座山村集体经济的重要基础。橡子壳含有丰富的鞣酸，是工业上提取栲胶的重要原料，被大量应用于鞣革与制造蓝墨水。

在讲究膳食营养均衡的今天，橡子的价值在某些场合被人重新关注。橡子富含多种维生素、十几种氨基酸和钾钙镁等人体所需微量元素。橡子还可以榨油，其营养价值类似于橄榄油。牛魁生说，至今每年夏天，他家还会把磨好的橡子面制作成橡子凉粉，既营养又消暑。

食用橡子，古已有之。唐代诗人皮日休有一首《橡媪叹》，当中有一句："几曝复几蒸，用作三冬粮。"可见在唐代，橡子已被广泛食用。阴河沟村拥有天然橡树林，这些都是绿色无污染的。阴河沟人并非无所作为，对这些昔日里救急用的橡子的深度利用，在全社会追求"绿色食品"的今天，成了这座山村致富的新思路。

山村的杨家将传说

走多了邢西太行古村落不难发现，在邢台西部山区星罗棋布的古村中，各自流传着属于自己村落的古老传说。朱温战李克用、黄巢起义、赵匡胤落难……不一而足。我在走访中注意到，萦绕在邢台西部山区的传说故事，其背景时间多在唐宋之间，特别是唐末五代至北宋初年。

诸多传说个中真假暂且不论。我猜想很多传说都是在当地老百姓茶余饭后纳凉聊天中不断凝固下来的。大抵是源于邢西山区百姓对自己家乡的认同，是对自己生活的这片土地自发的文化营造。放在一个更大的背景来审度，这是有五千年文明的中国人对厚重历史的自豪、向往和追求。

阴河沟也有它的传说，是关于"杨家将的故事"。

民间传说北宋初年，在北汉（位置大致在今山西中部和北部，阴河沟西行约50公里即至其地）担任大将的杨继业率兵越过太行山，在北宋与北汉政权交界处的沙河柴关一带与北宋军队交战，一把大刀直杀得北宋满朝文武心惊胆战。宋太祖赵匡胤为俘获杨继业，听从大将杨光美反间计，买通北汉河东幸臣赵遂和宦官郭无为。

北汉皇帝误信谗言，猜忌杨家将，密遣使臣搬请辽军支援北汉灭宋。辽王派大将乌古敌烈和耶律沙抢攻应州（今山西省西北金城县一带）。镇守应州的大刀令公王贵（亦称王子明，与杨继业、王怀、杜天之并称北汉"四大令公"）向杨继业求援。杨继业回军救援应州中途，被北汉白龙太子刘贵率兵追上。刘贵以设宴为名邀杨令公到大石口，企图伺机杀死杨继业。

阴河沟：山林如旧

阴河沟民居

王贵闻讯，带着怀有身孕的夫人急速赶来冒死阻拦杨继业。至阴河沟一带时中了刘贵埋伏。为救杨继业，王贵与刘贵展开生死大战，不幸身负重伤。由于连日奔波，此时王贵夫人突感腹中刀绞般疼痛，眼看就要临盆产子。紧要关头，杨继业带兵赶到。

此时，王贵因失血过多，生命垂危，见到杨继业后，王贵把夫人托付与他便一命呼呜。与此同时，王贵夫人生下一子，便将襁褓中的婴儿抱给杨继业，并遵照王贵生前嘱托为子取名王顺（亦称王英）。刚把托孤事情办完，辽军已从北山口追赶过来。为了不拖累杨继业并保护孩子，王贵夫人乘杨继业不注意，一头扑下悬崖。

此刻，辽兵已到跟前。危急关头，杨继业的几个儿子延昭、延浦、延训、延玉等一起上前，掩护怀抱婴儿的父亲杨继业向阴河沟南边的河滩处退去，直到摆脱敌兵……

在阴河沟人的传说中，杨继业收王顺为"螟蛉"后，担心他日后与杨家人合不到一起，遂为王顺改名杨顺，字延顺，排行第八，俗称杨八郎。这才有了后来"七郎八虎"的历史说辞。

这则传说颇为离奇，对比正史也有许多地方讹错，比如收服杨继业是在宋太宗灭掉北汉之后。然而这并不重要，邢西山区许多传说故事都是经不住正史推敲的。英雄故事在民间传布，本来就是老百姓自主选取的过程，经过不断的剪辑和杂糅，最终加工成了属于某一地百姓自己的故事。

殊不知，这些异化的传说故事，为正确的历史文化传承提供了强大的认同基础。

聚焦柴关乡古村落集群

阴河沟村与大名鼎鼎的"中国历史文化名村"王硇村南北对峙。

以柴关乡为中心，在它周围团聚着数十座经典古村落。沙河市在古村落保护开发方面所拥有的资源不亚于20年前安徽黄山脚下的黟县、歙县。将柴关乡周边古村落资源整合在一起，作为一个整体推向世人面前，很有希望成为邢台市一张强有力的历史文化名片。

这一趋势是十分明显的。王硇村和绿水池村如今已扬名在外，经常有游客慕名前往，只是目前开发、利用水平还停留在初级阶段。然则，鹊起的名声和优质的基础条件并不意味着这些村子就一定能够避免"正在消失"的历史宿命。

在这片古村落集群中，因壁挂公路而名声在外的峡沟村就遭遇了几乎消失的命运。峡沟村是我最早描写过的古村落之一，就在阴河沟村的西边，相去不过数里。3年前，我曾坐在古宅门台石板上与老乡畅想峡沟村未来。不想，今次回来听当地人说："峡沟村已经没了，里面的房子都毁了，一片荒芜。你要不要去看看？"我犹豫了一下，说："算了吧。"

峡沟村的"被"消失令人遗憾，那是一片如陶渊明描写的"桃花源"一般的地方。这意味着邢西太行古村落的保护迫在眉睫。保护的动机和意识是摆在人们面前最迫切的课题。

古村落最核心的地方在于一个"古"字——眼前能看到古建筑，置身其间能感觉到传统文化在延续。

对古村落的保护最不能够想当然耳，起码要有一颗敬畏邢西山区传统农耕文明的心。对邢西太行古村落来说，忽视地方文化特征，片面追求舶来的新奇和时髦不一定是好事。

阴河沟：山林如旧

古村落的传承在于家族的传承。阴河沟村主要有王、牛、杜三姓。最早迁来此地的是王氏家族，之后陆陆续续又从山外迁来几家姓氏。追根溯源，阴河沟村始建于明初永乐年间（1403—1424年）。按现存的家谱记载，牛魁生是牛氏家族由山西迁来太行山区的第十八代后人。150多年前，牛氏的一支从最初的落脚地、离阴河沟不算远的马峪搬到阴河沟。

传说600年前，牛氏先祖从山西大槐树下分道扬镳时，共同打破了一口大铁锅，每家拿一块，好日后重逢时相认。这就是在北方流传甚广的"打锅牛"的来历。牛魁生说，以前还有"打锅牛不通婚"的讲究。当年的铁锅片早已不知何处，阴河沟人也早已认同自己是阴河沟人。

村中的石造建筑还很多，尽管有些坍塌，但整体保存比较完整。这座山村任凭历史上风吹雨打，今天依然延续着。抗战年代，这里曾做过沙河县临时县政府驻地。当年热闹繁忙的县政府二层小院已经荒芜，只留下门板上仍可依稀辨认的鼓舞军民团结抗日的对联勾起人们回忆过去。村人说，中华人民共和国成立后担任过最高人民法院院长的杨秀峰同志曾在这里生活过一段时间。村子对面的山崖上还留有八路军储备粮食的洞穴。

关于20世纪三四十年代的那场战争的记忆，可以说是邢西山区古村落的共同羁绊。

有时想到，一时的动荡不安对于有着数百年村史的小山村来说不过是水波荡漾了一番。传统村落自有它的韧性和平和，这也是农耕文明的特征之一。战乱和灾荒连一座普通的小山村都无法击败，又如何能动摇巍巍中国呢？

许多过往，何足挂齿，数百年的生活依然在继续，杨家将的故事依然在传说。我看到无数的阴河沟村组成了中国传统古村落，这里面有着金刚不破的魂。

牛永军多次提及阴河沟村村落布局从山顶俯瞰，貌似一条船形。穿行在石头巷子里，抚摸这艘已有数百年历史的航船，不论山外世界如何风云变幻，它依旧守着这片大山，不由得心中一紧，它的方向在哪里，我们能看到它航向属于这个时代的彼岸吗？

（原载于2017年3月5日《邢周报》）

杜硇：与苍老对话

在邢西山区乡镇中，有两个乡镇堪称"太行山古村落之乡"，北边的是邢台县路罗镇，南边的是沙河市柴关乡。当然，除了这两个乡镇外，邢西山区还有数不清的古村落，都很精致，各有特色，但以"集中连片"的角度观察，则以这两个乡镇为首推。

路罗镇以英谈村为代表，柴关乡以王硇村为代表。柴关古村落群特点之一是各座村庄海拔高度不一，上下错落，呈阶梯分布，并多有在山硇上形成的聚落。王硇、彭硇、陈硇等都是山顶村庄。凡此村落，古来吃水不便，但居高临下，地势安全。

杜硇也是这样一座建在山顶令人"高山仰止"的古村落。

杜硇村内的街巷和民居

赫山环抱极殊胜

柴关乡的山，西高东低，连绵起伏。一座座或悬厂凌厉，或平坡柔缓。那些平缓的山就像是深埋在大地里的巨人，仅仅露出半个圆滑的脑袋顶。于是在巨人头顶上建立的村寨往往被缀以"硇"字。

这一带的山体植被茂密，不同的山坡有不同的植被覆盖，红枫、黄栌、青冈……在柴关川中，杜硇所在的赫山是个例外。这里没有成片树林，放眼望去全是规划有形的梯田。从山顶的杜硇村到山坳里的马峪村，一层层梯田遍布整座山体。生活在这里的人们将他们掌握的太行山区农耕技能发挥到了极致。

赫山东侧是磬山，山脉相连。站在山脚下远观，冬日里不着稼穑，梯田层叠，异乎寻常。山势合围如圈椅背，坐西北朝东南，是一处险要所在，也是一处夺人眼目的所在。一般就形貌来说，这是许多寺庙古刹偏好的选址之处。清康熙二十七年（1688年）沙河知县谈九乾作诗称赫山：

攒屼天削列诸峰，幽窅徐来何处钟。
铁瓦千年寒朔气，石潭一柱锁云封。
敢言抚字哀鸣雁，应有甘霖起蛰龙。
直上重岩夸健步，不需小队吏人从。

杜硇，以及与之毗连的陈硇、彭硇，三个村子在一条线上，相互之间联系密切。58岁的杜硇村党支部书记元进龙介绍说，杜硇有130余户，440多口人。村名叫杜硇，源于杜氏是这里最早的主体居民，如今元姓在这里占绝大多数，杜姓很少。这样一种人口上此消彼长的转变，在邢西山村里很常见。个中缘故多是某地因人口繁衍出现人多地少的矛盾，而后引起一支姓氏被迫迁徙。

相对的，陈硇村中陈姓仍然是大姓，但该村另有徐氏在人口上和陈氏平分秋色，并且有一部分元氏人家。最单一的是彭硇，全村居民几乎都姓彭。彭硇村翻山向北，毗邻一座大坪村，那里是彭硇彭氏的分支。三座山村，三种姓氏构成形式，深刻地诠释着"迁徙"的含义。对于有着"安土重迁"传统的中国人来说，种种纷繁复杂的迁徙行动对村人都是刻骨铭心的。

每座山村都背负着自己的历史，也承载着对家族的使命。赫山上这三座山村现存古建筑数量对比其他邢西太行古村落，算不上突出，大部分石造建筑已经翻盖成了砖瓦房。好在留存的石头房子集中于村中心，形成风格迥异的"村中村"。这里的石造建筑所用石料，颜色红底偏黄，不知与"赫山"得名是否相关。

杜砺村的石造建筑

古村落必然是以古建筑为重要标志之一的，但也并非完全以此考量。古建筑制式精细与否也不足以判定一座古村落的价值。沙河山区里，王砺村和绿水池村是代表最高建筑规格的两座村子。不论古建筑优劣，邢台西部太行山区每座古村落都有不同的生命力和特征，这是邢西太行古村落多样性的优势所在。

"千城一面"已经让许多城市失去了味道，在对古村落的保护和改造中，切莫再"千村一面"毁掉邢西太行古村落这一难得的历史文化遗产。特别需要注意的是，邢西太行古村落的多样性是客观存在的，但是差异化也确实没有人们想象的那样大。如何放大差异，塑造特点，看来需要一番精致的手段。

有一个理念：邢西山区理所应当地要成为邢台百姓以及周边城市的"后花园"。这是邢西山区的使命。分布于此间的具有多样性的古村落就是落脚点。

苍老巷陌苍老人

杜硇和陈硇是我在走访中少见的有大量儿童的村落。在陈硇保留有一所小学，负责杜、陈二村学龄儿童教育。这为两座看似苍老的村落填充起一片欢乐。上课时分，校园内孩子的琅琅读书声让陈硇村多了一些生气，这又凸显出杜硇的冷落。

在杜硇一段巷子里，我看到84岁的王嫦京老大娘扶着墙站在家门口笑着，于是去她家中聊起了生活。老人从绿水池村嫁来，一辈子在柴关山区，而今儿女迁出，她舍不得老房子，便独自住在生活了几十年的院子里。我能感觉到此间生活对于她来说只和时间有关。她家没有安装电视，无法知道山外的世界是什么样子，她似乎对那些事情也没有想了解的需求。

王嫦京还保持着真正的"日出而作，日落而息"式的传统农耕生活。炕头的锅灶上架着一口锅，锅里馏着一个掰开的大大的红豆包。让自己"饿不着"差不多是王嫦京每天唯一的体力劳动。同样的生活也体现在她家对门邻居88岁的元金和身上。看到他们仿佛看到了博物馆里用玻璃罩住的历史。

这些老人身上没有传承非物质文化遗产技艺，但他们传承着一种生活标本和心态，那是上一个时代的特征，或许在将来会为人们所追忆。他们也有属于自己的追忆，赫山上最有名的两件非物质文化遗产"九龙祭祀仪式"和"都司祭祀仪式"记忆在他们的脑海中。苍老的王嫦京和元金和一定不理解这被定义为"非物质文化遗产"的东西有什么文化价值，因为这从来就是他们生活的一部分。

九龙庙沟和都司沟是赫山一脉的两条山谷，因其间分别有一座九龙庙和都司庙而得名。相传元朝延祐年间（1314—1320年），陕西汉中府小吕村有位名叫杨九思的举人到京城殿试落榜，返回故乡途中路过沙河褡裢店村，瞅见一位年迈婆婆遭受儿媳虐待。杨九思义愤填膺，发誓如果幻化为天上黑龙，必定下凡惩戒不孝儿媳。刚动此念，杨九思竟然真的化成一条黑龙，将不孝儿媳抓到空中，抛尸赫山南边一条荒山沟内。于是，百姓在此沟兴建了一座九龙庙，以彰孝义。

数百年来，赫山"九龙祭祀仪式"声名远播。每年农历五月初一，周围数十村落，甚至邯郸武安信众扶老携幼汇聚上万人参与。据清代《沙河县志》记载，该九龙庙还是皇帝御祭过的龙神庙。清雍正、乾隆二帝均到此拜庙祭祀。顺德府尹和沙河知县每年也要来九龙庙求雨拜祭。

而当地"都司祭祀仪式"祭祀的"都司神"，历史上确有其人，是明末崇祯年间（1628—1644年），在大名、广平、顺德（邢台）三府组织"天雄军"与农民军及清军作战的卢象升。明代于地方设都指挥使司，首长称为都司，掌管地方驻军。赫山百姓传说，卢象升曾屡次领兵在赫山一带与清兵作战，战绩卓著。后卢象升抗清战死，卢家抗清殉难多达百余人。当地百姓为纪念他，于九龙庙附近建起都司庙。清朝入主中原后，赫山百姓隐去卢象升姓名，仍旧四时祭祀，久而久之形成了一套"都司祭祀仪式"，传承至今。

在赫山，能够把这些"非物质文化遗产"当作生活甚至生命一部分的人已经苍老，而所谓"非物质文化遗产"最可悲的命运便是从生活中剥离出来沦为表演。我把这个过程，归咎于丧失了对乡土文化的敬畏和认同。好在事情并没有那样糟——越来越多的人认识到这些乡土文化的重要，也有越来越多的人在自觉传承。

小乡土存大文明

杜硇、陈硇、彭硇三座古村落，依次按西南—东北方向排列分布，其中杜硇、陈硇相去不过0.5公里，彭硇略远，去陈硇也不过1.5公里。这三座山脊上的村子和山坳里的马峪，同气连枝，在柴关古村落群中形成了一小片可以视为一个整体的古村落单元——赫山单元。

如果说柴关乡堪称"太行山古村落之乡"的话，那么赫山单元就是柴关乡中一个有着完备传统古村落元素的片区。实体建筑、聚居人口、非物质文化遗产等在这一片区相对独立且独特地存在着。这让我联想到，邢西太行古村落的概念其实是分层的。

邢西太行古村落是一个整体概念，之下是相对集中的古村落乡镇，在处于中层的乡镇和最基层的个体村落之间，可以将各方面有联系的若干座村落"打包"，视为一个单元，形成一个介于乡镇和村落之间的层面。或许对这一层面的塑造才是对邢西太行古村落保护工作的发轫点。

这是一种文化上的"并村"，但又不是简单的合并，并不是以消灭个体特征为代价的合并。相反，是将个体特征放大，以地缘分布为基础，通过重新组合来实现强化，把一村一地的乡土文明有意识地传染到周边。在一个乡镇中形成若干个片区，这样一来，客观上比较弱小的单个村落就有了一股不失本色的前进力量。邢西—乡镇—片区—村落，形成四级建设。这是对邢西太行古村落乡土文明空间维系的一种设想。毕竟邢西太行古村落数量众多，分布广泛，且人口数量呈下降趋势。连片建设，既能保护地方特色，又能"集中力量办大事"。

我曾构思整个邢西山区古代文明的传承轨迹。有这样几段历史背景引起了我的注意。社会动荡是古代多元文明融合的一种客观条件。邢西山区自755年安史之乱后，要么处于和中央文明游离，要么处于中央文明边缘的状态。试看中唐之后藩镇格局，邢西一带是昭义军辖地，更是魏博镇、成德镇等诸多藩镇四战之地。

五代后晋石敬瑭把燕云十六州割让给契丹，从此邢西接近北宋边疆。靖康后，邢西尽入金朝。蒙金易代之际，蒙古帝国对金国进行了一定程度的破坏。据史料可查，金章宗泰和七年（1207年）全国户数达到峰值768万；蒙古灭金当年，即金哀宗天兴三年（1234年）仅有户200万。可想当时邢西地区也必然户籍人口锐减。

邢州是刘秉忠、郭守敬的故乡。在元初忽必烈主持下曾有过"邢州大治"的典故，但对于邢西山区来说，影响值得商榷。而后，洪武北伐，于1368年完全收复河北。邢西再次进入稳定发展时期，是在明朝永乐之后，通过山西"大槐树"移民获得新的有生力量，促进这一带太行山区农耕文明快速发展。从8世纪中叶到15世纪初，在经历了近700年后，邢西山区才从喧嚣中渐渐平静下来，经过明清500余年相对稳定的发展，把一切交给了今天。

邢台西部山区那近700年的曲折发展，前期在汉族政权下，后期在少数民族政权下，尤以五代前后最为动荡（这一点在各版本《顺德府志》里有颇多引述）。作为传统汉族聚居区，留存至明代初年的邢西土著百姓和迁徙而来的大量山西移民对文化的融合，势必除了带有唐宋之际汉文明的骨子，还有大量辽、金、元三朝少数民族文明的影子。

  结论是，邢西山区里古代文明的记忆是从唐、宋稍加改造后直接跳到了近代。当然，这只是一个猜想，似乎也很容易举出反证。但这多少能够回答为什么人们一旦接触就很容易体验到邢西山区在困顿的岁月里有这样厚重的苍老感，想来大抵是"源远流长"。

（原载于 2017 年 3 月 12 日《邢周报》）

小戈廖：冷暖风吹雨

去小戈廖村交通很便利。从邢台市区出发，在羊范镇上邢汾高速，走汾阳方向到路罗口下，再向西1公里，拐进一条沟谷，复行1公里，便到小戈廖。进村沟谷依山傍水，曲径幽深，把小戈廖村严严实实地藏在了山里。

初春时分，倒春寒反反复复，山花似开未开。去岁山洪的烙印仍未褪去，路罗川上和通往小戈廖的沟谷里布满乱石。有不少村民在村口沟谷里平整好的河滩边打理自家菜地。如今，这般恬淡的田园景象不常见了。

这就是小戈廖村给我的初印象。

路罗川边话"戈廖"

关于小戈廖村，第一个疑问是"村名由来"。

这个村子大概是邢西山区所有古村落里名字最怪异的。一般而言，邢西各个古村落是根据主要姓氏或地理环境来命名，这也是中国广大农村命名的一般规律，即便在大陆深处的西部民族地区，用当地民族语言取名的村落，翻译成汉语后也大致是这样。

如此取名，主要有三类。一类是单纯用主体姓氏，如李庄、张村；一类是单纯用地理环境标志，如绿水池、桃树坪；一类是结合了前两种情况，既有姓氏指称，又有地理环境标志，例如王硇、崔峪。除此之外，还有一种比较常见的村庄命名方式——以人文典故来命名，例如英谈、将军墓。从字面意义看，小戈廖和这些命名方式似乎没有直接联系。

问遍整座山村，也没有获得一个确切的答案。村人说这个村自有记忆以来就叫小戈廖。关于小戈廖村名的由来主要有三个说法。一是谐音说，认为"戈廖"是"旮旯"的邢台方言音（gē láo）的谐音；二是习武说，认为"戈"作为古代一种兵器，含有崇尚武力的意思，小戈廖村从前尚武精神浓厚，村民多会拳脚；三是方言说，认为是流传在冀南地区的獦獠一词的同音简化，獦獠有性格古怪、自以为是的含义。

我想从前村人为自己村落命名总不会取一个寓意不佳的词汇，獦獠一词也太过吓人。至于"习武说"又无法解释小戈廖村之北尚有一座大戈廖村，而村民谈及两村村风多说"大戈廖村文，小戈廖村武"，如此说来，戈廖和习武关联不大。我更倾向于认为是"旮旯"的谐音。

在邢西山区众多古村落中，以旮旯命名的村庄有许多，杜旮旯、南旮旯、大寨旮旯、老道旮旯……不单邢西如此，整个太行山区以"旮旯"命名的村庄也比较常见。有一种语言学观点认为旮旯一词，是从一种阿尔泰语系的语言音译过来的，原意为居住地。

正如蒙古族建立蒙元政权为北京城留下"胡同"这个词，即蒙古语"街巷"的意思，同样属于使用阿尔泰语系的契丹人、女真人、满洲人和蒙古人在中国北方也留下了"旮旯"这个词。邢西山区历史上曾为金、元、清等少数民族政权的核心行政区域（中书省、直隶省）所辖。这一地方的方言受操持阿尔泰语系的少数民族语言（契丹、蒙古为蒙古语族，女真、满洲为通古斯语族）影响较大。

综合全国使用"旮旯"一词作为地名的范围来看，基本在长城沿线和华北内长城沿线，以及东北地区，都是汉族与阿尔泰语系民族长期杂居的地区。"旮旯"还有其他音变。内蒙古有锡林郭勒、霍林郭勒等蒙古语地名。"郭勒"在蒙古语中是"河流"的意思。有一种说法是，"旮旯"和"郭勒"在蒙古语中有相似的发音和相同的语源。毕竟北方少数民族逐水草而居，有"郭勒"的地方就可以视为"旮旯"。

这是小戈廖村名号由来的一种假说，可视为一种语音流变在社会学意义上的活化石。如果此说为确，那么小戈廖村名便是基于地理环境得来。至于"旮旯"今天的意思为"角落、沟壑、偏僻的山区"倒是后话了。

说到这儿，想到了一句推广邢西太行古村落知名度的说辞："北京看胡同，邢西看旮旯。"

小山村的宿命

单是村名尚且有这样多的说法，小戈廖村确实有意思。这座隐藏在邢西山区犄角旮旯的古村落在今天依然能够给人们带来耳目一新的感觉。

从路罗川边的邢左公路到小戈廖村，那条1公里长的曲折山路不算长，也不是特别宽，但恰好把小戈廖藏在了山谷里，让这里别有洞天。河川里响声振作，山村中寂寥如常。村中石造建筑鳞次栉比，错落有致。小戈廖符合我对邢西古村落一切美好的幻想。

小戈廖村鳞次栉比的石造民居

村民描述小戈廖地势说是"村前二龙戏珠，村后蟒尾吐泉"。中间一条源自村后的泉水溪流把山村分列两岸，各家各户沿山谷两侧依次层叠。溪流流到村外石桥，在断崖处形成一股瀑布，瀑布之下是一方镜湖。镜湖东西各有一块奇石凸出。湖东奇石如今成为进出村落的必经之处；湖西奇石据说很久之前崩塌脱落了，村人有恢复原貌的想法。

背山面水,两河交叉,这在村人眼中着实是一块风水宝地。关于小戈廖村基址玄妙之处,村中百姓间流传着一个传说。从前有一个南方人,懂得风水堪舆之术,从南方走到北方,想要求一处风水绝佳的处所,为将来打算。一连走了千里,也没有一处符合要求的地方。有一天走到小戈廖村,打量一番,大呼天遂人愿。不料此地已有村民开辟,建立村庄,于是痛哭流涕,认为再也找不到如此宝地。

　　视觉上看,小戈廖村具有典型的邢西山村美感。这里的石造建筑多于晚清建造,现存建筑建造时间前后百年有余。其中最具标志性的建筑是东西各一座百年民居。两处民居各有特色,东一座四方围合,石墙高大,虽年代久远,但整体基本完好,只有倒座房屋顶坍塌,导致外墙体曲张,亟待修缮保护。

　　相比之下,西一座石造建筑更为经典。单从独院的规格来看,东西两座建筑格局几乎一样,做工十分考究,条石堆砌细致,只是院落面积大小略有不同而已。妙在西坡上,除那座经典民居外,其上下左右尚有几套石造院落错落分布,形成了一座"小山城",呈现出"一个中心,四周扩散"的视觉效果。这也

依山而建的民居

许是由于家族的一支不断繁衍，逐渐壮大，进而扩大生活单元。

村人说，东西两座院落当是同时建造，当年两家主人选在山谷两侧同一高度的山坡上攀比各自房子的建筑规格。从设计到用料，再到做工，两家人比着看谁的实力更强，以至于所有木窗都用不同的花式，如今可见的尚有卍字窗、寿字窗、莲花窗等等。这是山村百姓最朴素的虚荣心，也为后世留下了两座经典"邢派建筑"。

向以为，邢西山区古村落整体规模可观，保存完好的成百上千。然而我错了。事实上，邢西太行古村落中真正精华的是这些有年代感的、完整的石造建筑。现在，这些老房子正在无意识中逐渐减少。很多时候，还是被人们以"顺应时代发展"的名义铲除。

就好像为了方便通行，小戈廖村中河道已经改造成通车主干道，溪水从路下涵洞中流淌而出。这是村里唯一更改主景观的地方。无妨，小戈廖的精华依然存在这里，只是不知另有多少邢西太行古村落的精华正在言谈间消失。

设想，如果这些建筑坐落在欧美日韩，或许早已被包装成世界级文化圣地，出现在有丰富历史文化底蕴的中国反而冲淡了它们的价值体现。这也许是它们的宿命。邢西太行古村落建筑群是世人还没有来得及认可的"世界文化遗产"。

小山村的经济学

王贵增今年61岁，是小戈廖村村主任。他介绍说，小戈廖村自明代永乐二年（1404年）立村，迄今逾600年。村中有王、曹、赵、宋四姓，620余口人，尤以王姓居多，全村十之六七姓王。小戈廖村的王氏在邢西山区及周边地区是一支显著家族。山西多地、沙河市、武安市及小戈廖周边村镇多有从小戈廖村成规模迁居出去的王氏血脉。西邻白岸乡的黄家台村和桃树沟村整村都是从小戈廖村分出去的支脉。

能够确定血脉，是基于家族家谱和排辈字号。小戈廖村王氏家谱几经辗转，数易其手，几近湮没。王贵增和他的叔伯哥哥王增光拿出泛着陈迹的王氏祖宗案时，那份对祖先的敬重让他们小心翼翼。"这在以前都是'四旧'，能保存下来很不容易。"王增光指着祖宗案说，"我们打算重修家谱、家风、家训，现在国家重视传统文化，我们要给祖先一个交代。"

"仓廪实而知礼节，衣食足而知荣辱。"小戈廖村人对传统意识的恢复基于经济状况的改善。王贵增21岁时就当上了村党支部书记，长年保持着记录工作笔记的习惯。在他的记录中，全村生产队年最高产量是55954公斤粮食。后来随着所有制改革、农业科技进步，仅他家一户在2012年就收获玉米6418公斤，占了当年全村十分之一还多，而这个数字还不是眼下小戈廖村最多的。

玉米并不用来食用，用来换钱或者换成从前吃不着的白面。能够挣钱的是板栗。太行山是国内优质板栗种植区。10年前，小戈廖村开始大规模推广板栗种植，随着之后几年板栗价格水涨船高，从两三块一斤增加到六块左右，一般家庭依靠种植板栗可多收入一两万元。

"种玉米不挣钱，种板栗挣钱，为什么不都种板栗呢？"我问。

"对咱农民来说，家里有粮食了才想着发展。"王贵增给了我一个深刻的答案。

小戈廖村所在的路罗镇被河北省定义为重点打造的"康养小镇"。这成为村民热议的话题，尽管怎么"康养"似乎他们身边没人能说清楚。不过眼前能看到的是，有外地来的投资把村前路罗川河道修整成一条漂流道，搞起了旅游开发，号称"华北第一漂"。从上游的小戈廖村漂流到下游的坡底村大概要两三个小时。

投资加入，让村人可以在家门口谋得一份体面的工作，而不是像从前那样"钻小煤窑"。小戈廖的机会有很多，尽管这座山村有些老态。我在83岁的曹顺彬家看到一座木结构绣楼，绣楼正面木雕门窗精致极了，邢西少见，但一层柱脚被灶火熏得通黑。或许只有当人们能够先摆脱生活的漆黑，这里的历史文化遗产才能脱离漆黑的命运。

已经全线贯通的邢汾高速在小戈廖背后架起一座高架桥，往来车辆穿梭其间。高架桥的一头是一座不长的隧道，叫小戈廖隧道。当来自五湖四海的车辆行驶到这段路时，不知能否瞥见桥下静谧的村庄。

高速公路是有限速的，小戈廖村是没有限速的。

（原载于2017年4月2日《邢周报》）

鱼林沟：鱼尾山居向梦游

在邢西太行古村落中有许多村名颇具诗意，鱼林沟就是其中一座。这是一座沿一条南北走向的山沟分布的古老山村，纵深1.5~2公里，宽不过百米。俯瞰之下，鱼林沟真如一条长鱼，一头扎入路罗川。从山上淌出的泉水前后贯穿整座鱼林沟，最后从鱼嘴汇入川中。

古老的和现代的民居建筑就绵延在河沟两岸，新村在鱼头，古村在鱼尾。村中过街道路沿着河沟东岸，不是很宽，单车通过且从容，遇到会车的情况就比较紧张了。

鱼林沟村的格局仿佛从来没有变过，连村里人也说："一切都是老样子。"

路罗川下的鱼林沟

七家五姓三四里沟

清晨时分,一到鱼林沟村里就看到有人家娶媳妇。路边支上一口大锅,炖着大锅菜招待亲朋,柴禾燃烧烘出的香味溢出来弥漫半个村子。村人来来往往呼前忙后好不热闹。还是第一次在邢西山区采访中偶遇婚礼,顿时让我觉得鱼林沟生机满满。

鱼林沟村是邢西深山区为数不多的人口过千的大村子,有户籍人口1200多人。这户籍人口几乎都是常住人口,鱼林沟青壮年流失现象不算明显。这大概得益于交通便利。鱼林沟村距路罗镇不过1公里,离高速路口也很近。

路罗川是沟通晋冀要道,川中许多村落得益于古往今来的交通优势而兴起,也因为交通条件的变化而变化。在20世纪70年代,邢左公路开通之前,往来邢台—山西的骡马队并非沿着路罗川河谷行走,而是在川两岸的山沟里寻路。这是因为路罗川常有山洪,川路行走艰难且危险。

62岁的村会计郭文聚说:"曾经鱼林沟兴盛时,全村有100多头骡子,10来群羊。"骡子数量标志着运力和财力。在那条已经消失了的"骡马古道"上,大量古村落由骡马串联起来。今天看来,鱼林沟老建筑集中的北部区域虽在沟谷里藏着,古时却紧邻北山骡马道。

在鱼林沟这片古老的石造建筑群中,一家姓氏占据鱼林沟一块区域,最为典型的是南长沟里的李家宅院和朱家垴上的朱家宅院。特别是李家宅院,也许是祖上跑过骡马的缘故,外出经商,读书识字,见多识广,家底丰厚。南长沟的房屋在鱼林沟里最为讲究,建筑群高耸的石墙、完备的建筑格局、精细的橡木窗棂很有特色。

除了这两部分外,由南向北尚有沟口的赵家、半沟的赵家、前庄的郭家、北街的郭家和西沟的杨家。一条鱼林沟由这五支主要姓氏组成七个自然村拼凑而成。

在"七家五姓"之前,还有更早的姓氏占据这条沟。郭文聚说:"最早定居在鱼林沟的是罗姓和刘姓,只是这两支人家已经没有后人在村里了。不过村里还有这两支家族的坟地,村庙也是这两家人最先建立起来的。"

迁徙自邢台县菜树沟的李家、桃树坪的赵家、前南峪的郭家占了全村三分之二人口。各个家族来到鱼林沟有先后，但最早不过600年，明代永乐之前的历史在邢西几乎所有山村都是空白。这之前的历史细节是什么，是我最想知道的公案。定居有先后，繁衍有兴衰，鱼林沟还是鱼林沟。

能够知道的是，鱼林沟以前分为前鱼林沟和后鱼林沟。随着人口繁衍，前后两村不断向中间靠拢，才合成今天一座整体的鱼林沟村。正因如此，村中有两座土地庙。村人注意到一个奇怪的现象："每当村中有人过世，一走就是两个，前后不差几天。"村人将之归结为两座土地庙的缘故。

除了两座土地庙较为独特，前鱼林沟的赵氏在迁居此地时修建了一座火神庙。坐村土地庙、山神土地庙、奶奶庙、龙王庙、关帝庙、财神庙在邢西山村中较为常见，火神庙并非邢西太行古村落建村的标配，这在邢西山村中是很鲜见的。

这样多的家族来到鱼林沟，不好以一家一姓为村命名。人们看到鱼林沟里有一块鱼形巨石，表面似有鱼鳞一般的纹路，因而把这条山沟起名为鱼鳞沟，村以沟名。这块鱼形巨石现在仍在村中，数百年来，鱼鳞沟村一直沿用此名，直到40多年前，才被简化书写为鱼林沟。

让古建筑焕发生机

位于村北的石造建筑群是鱼林沟村最核心的区域。这片建筑像古罗马斗兽场一般呈环形分布，围在一起，上下错落有致，气势恢宏，颇具规模。由于在鱼林沟这条"大鱼"尾部，这让我为这片山居联想到一个雅致的名字——鱼尾山居。

"鱼尾山居"多是保存完整的明清古建筑。对于邢西太行山里的"邢派建筑"来说，只要房屋住人，繁衍不息，建筑便能世代完好。如今，这片建筑多已人去屋空，亟待保护。让经典复归经典，是邢西山区众多古村落保护的不二选择。

出乎意料的是鱼林沟正在尝试这样的古建保护和开发。在李氏聚居的南长沟里，外来资本正在对老建筑全面整修，本着修旧如旧的古建保护原则，这片石头房子在未来将以原汁原味的形态作为传统民宿重现在世人面前。

高大的石造民居

这让51岁的村党支部书记胡海书很忙碌。考虑到"鱼尾山居"和村口尚有一段距离，且村内交通不便，他和村干部们规划在村口平整出一片停车场，来客停车后步行进入。"当然，我们要把村里卫生做好，绿化做好，建设一个良好的通过环境。"胡海书说。

"目前修复的只是鱼林沟古建筑的一小部分。"胡海书介绍，"鱼林沟有1600余间老房子，未来将作为一个整体全面保护下来。"鱼林沟人畅想，这样大的规模一旦全面投入市场，未来鱼林沟村的知名度将不仅仅局限在邢台一地，或许会成为远近闻名的休闲度假区。

鱼林沟有这个底气。

在邢西山区采访中，我深深地感觉到，古村落管理者或拥有者的保护理念和保护意识使古建筑在保护过程中出现大量不确定性。要知道，保护和科学保护有本质不同，有些保护和破坏无异，特别是对于一些苍老得经不起大刀阔斧改造的老建筑。

抗战时期国民政府河北省主席鹿钟麟曾在今年50岁的李双林家居住过。这是一座跃层石楼。门楼木质，双层飞檐，其上木雕雕刻着"葡萄连枝"和"八仙法器"，前者在葡萄架上雕刻仰面摘葡萄的小松鼠，栩栩如生，美轮美奂。大门直通二层小院，门外两个立柱高悬九级台阶之上。木柱的底端是石柱础，柱础下部雕刻一圈精致的莲花瓣，上部雕刻成带乳钉的石鼓形柱墩。

二层院落不大，结构严谨，气派威严。窗户用红石过券，窗棂造型各异，雕花立体感强,增强了石楼的美感。石院一侧过道通往房北一处洞穴,李双林媳妇牛凤英说:"那个洞穴现在让我们放白菜了,听家里老人说,以前是鹿钟麟躲避日军空袭的防空洞。"

小山村接待了大领导,自然成了日军目标。村中李家德升堂民居建筑群,原本有三座10米高的三层建筑,现在仅存两座,另一座就是当年被日本人炸掉的。

75岁的李世和与老伴72岁的胡金芝生活在一座高大的石造院落里。这座院落最热闹时曾住过四五家,20多口人,如今只有他们老两口还守着老家。

胡金芝说:"村里说这老房子要重新装修,装修好了我们可以不用搬走继续住,说等将来游客来住了,还能跟我们聊聊天,说说话。"胡金芝做过老师,从附近花木村嫁到鱼林沟。她像所有山区老人一样,热情淳朴,肚子里藏着许多平凡往事。

窥看未来的康养小镇

毫无疑问,有着深厚人文和建筑底蕴的鱼林沟村将成为路罗镇的一张名片,何况这座山村还走在了前面。拥有大量古村落资源的邢台县路罗镇已经被定义为河北省未来的康养小镇,鱼林沟的尝试为未来康养小镇的形态提供了一个样本。

路罗镇作为未来的"旅游集散中心",可把众多古村落连缀成网。在这片网格里,一切都在构想中。如果一村就是一座酒店,一村要有一村特色。幸运的是,无论从硬件还是软件上构造,这对于邢西太行古村落来说并不难。

以种植业为基础的邢西山村插上旅游业的翅膀,一定会呈现出新的发展面貌。两类纯绿色产业在邢西山区结合起来,种植业会升级为现代生态种植业,旅游业会升级为适度休闲旅游业。坐拥15000亩山场的鱼林沟村在现有的板栗种植基础上,又会呈现出怎样的多元化市场格局呢?又或者,这一切只是美好的幻想。

除板栗种植外,鱼林沟村还有许多原生林场可资利用,为康养生活提供优越的自然环境。除了山林,水系也是重要板块。

靠山吃板栗,靠水吃虹鳟。去年一场大水冲毁了鱼林沟村前路罗川下的大柳树虹鳟鱼养殖场。这是邢台市远近闻名的吃虹鳟鱼的地方。曾几何时,来大柳树吃虹鳟鱼成为邢台人平日里进山旅游的必点项目。特别是邢汾高速通车后，一到周末往往人满为患。

新的虹鳟养殖基地正在路罗镇的统一规划中，场址选择在原"大柳树"附近，是一处规模不逊从前的综合养殖场。有玩的，有住的，还有吃的，在适度休闲游的各个方面都能提供特色服务的鱼林沟村不啻为路罗镇发展的排头兵，更堪作为解局邢西太行古村落困境的典型。

多元利用，多元发展，鱼林沟村未来发展的蓝图是清晰的。然而，作为邢西古村落的鱼林沟村又是脆弱的。在去岁7月洪灾来临前两个多月，胡海书带领村干部力排众议清理了鱼林沟河沟里的乔木和垃圾，完全疏浚了村中河道。当时这项花了16万元的"大工程"被许多村民阻挠。

要把全村从上到下一整条河沟里数百棵合抱粗的树木刨出来，许多村民无法接受。一段时间，村干部们天天在喇叭里动员，挨家挨户劝说，甚至遭到乡里乡亲敌视，终于艰难地按计划清理完毕。没想到两个月后洪水来临，得益于河道疏浚，泄洪通畅，未造成堵塞，没有人员伤亡。目睹洪灾的村人后怕当初如果阻挠成功，损失就控制不住了。

一念之间，鱼林沟村躲过一劫。这正说明邢西太行古村落科学规划和精准保护的紧迫性，和自然与意识争夺时间刻不容缓。目前，邢西许多山村已经明确石造建筑不得随意拆改翻建，不过，从冻结到重塑还有很长的路要走。

至少现在，鱼林沟还很安详。走在村里，摇着尾巴的小黄狗看到来人远远地吠叫几声，绕着人跑过来又跑过去。不一会儿，吸引了好几只小狗过来，还有几个月大的小奶狗，一只只稀奇地围着陌生人看。太阳晒时，小狗便自顾自地趴在鸡窝下面乘凉，不管怎么逗它也不出来。

（原载于2017年4月23日《邢周报》）

南就水：黑夜哄睡了星星

　　南就水在邢西山区深处的邢台县白岸乡，位于一条不甚开阔的山谷的尽头。从邢台市区驱车前往，走邢汾高速在路罗收费站下，沿邢左公路继续西行，走到芝麻峪村有一座横跨路罗川的石孔桥，过桥南行，顺着山谷溯流而上。行不久，一座凌厉的大山挡住去路，分出一处"Y"字形岔路。

　　左边一条就是通往南就水村的岔路，右边一条岔路的尽头是西就水村。两座山村分别藏在两条山坳里，中间由这座大山分开。大山名叫寇锅垴，也叫扣锅垴。关于南就水村的故事，就从这座大山开始。

背依大山的南就水

黑夜

1942年5月26日，阳光还算明媚，山里鸟儿叫声清脆，但是南就水村民却人心惶惶。时年7岁的任双妮正跟着母亲、姐姐以及几十位乡亲躲在山上。前两天从沟外逃进山里的老乡说，一队全副武装的日本兵气势汹汹地开进邢西山区，很快就到南就水村外。

村人很清楚日军此行的目的是要捣毁八路军设在村里的兵工厂。兵工厂的主要生产设备已经按部就班地安全转移，现在要紧的是老百姓能否安全躲藏在山上，避免日军戕害。跟任双妮一起躲上山的除了南就水村民，还有许多南就水沟外村里的老乡，他们都是因为害怕而跑进来的。

南就水三面环山，老乡们分别上山躲避。日军行进得比预想中来得还快。慌乱中，任双妮的父亲和家人走散，躲在另外一处山梁上。年幼的任双妮被母亲抱着，母亲的手拉着大女儿。躲在山坡上的她想往山下看又不敢往山下看，她知道日军已经进村了，也能听到枪声和烧房子的声音。

5月的南就水村，四周山上草木新绿，叶茂林密，生机勃勃。草叶的清香很快掺杂进木头燃烧后的焦煳味。她们躲避的地方尽管在山上但离村子仍不算远，能够观察到村中情况。山上的老乡看到日军士兵抓到几个老百姓，有男有女。

任双妮认出其中一位从白岸村逃难过来的妇女被日军士兵捆绑起来，残忍地把条石钉进她的肚子里。石头穿破那妇女身体，内脏和鲜血迸流出来，染红了那块山区常见的红石头。任双妮家的房子就是用这种红石头建筑的。她看到那位遇难妇女忽然想起一件事，就在半个月前发生的一件事。

那天晌午，任双妮跟着村里的妇救会主任曹玉英在村口放哨。村里有兵工厂，南就水村进进出出要凭路条，否则不允许通过。

"双妮，你看好了，有陌生人来喊妗子，我去厕所。"曹玉英对任双妮说。

曹玉英前脚刚走，就来了一个陌生男子，装扮与当地村民不同，要从村口进去。年幼的任双妮问他要路条，那人回答没有，于是任双妮坚决拦着他不让走。那男子一把挣脱任双妮就要往里闯。任双妮情急之下喊："妗子，有人要进村！"

曹玉英赶紧跑过来，逼问来人。那人语无伦次胡说了一通，眼看进不了村便扭头走了。人走后，任双妮拉着曹玉英的袖子说："妗子，那男的从兜里掏出个东西，偷偷照了你一下。"

曹玉英心里咯噔一下："糟了，那人肯定是给日本人当探子的，兜里的是照相机。"她判断这是日本人得到情报，来南就水拍照兵工厂取证，他们可能还会再回来。曹玉英立刻把情况向组织汇报。任双妮记得，没两天，兵工厂的人就用骡马把设备运走了。

日军来犯时曹玉英往脸上抹了锅底灰躲了起来。任双妮觉得那个遇难的妇女和曹玉英模样装扮有点像。这是扑空了的日本兵丧心病狂地拿老百姓发泄。躲在山上的乡亲们看到眼前恐怖的一幕吓坏了，眼看气急败坏的日本兵还要上山抓人，老乡们赶紧往深山里转移。

驻守在兵工厂的两位八路军战士孙立祥和王臣富看到日军直冲老乡藏身的山梁过去，他们在隐蔽位置迅速拿出枪向日军射击，枪声把大队上山的日本兵吸引了过去，为乡亲们转移争取到了一些时间。然而，两位战士在日军围堵下牺牲了。

尝到甜头的日军并不打算放弃，他们认定山里还有许多有价值的目标。日军此行是一定要干些什么才肯罢休的。

星光

下午，风吹过还有些冷。逃命的百姓顾不得饥肠，不顾一切地往深山里跑。转移过程中，任双妮这群乡民被日本兵发觉了。日本兵看准了这群人，紧紧地跟着他们。方才的恐惧还没有挥散，夺人心魄的新的恐惧萦绕在身边每一位乡亲心里。

这是生死追赶。傍晚时分，任双妮和母亲、姐姐以及其他乡亲一共37人被日本兵追赶到一处叫作黑龙背的山脊上。这个地方又被当地人称作"没门沟"。没门沟真的没有出路，一众百姓走投无路，被日本兵堵死在这里。

残酷的命运即将到来。四五个日本兵端着长枪，枪上插着明晃晃的刺刀。

乡亲们已经吓得不敢说话，甚至不敢睁眼看看对面不远处站着的几个远渡重洋来到中国的日本人。他们能感觉到的是死亡的气息。终于，日本兵动手了，以一种最"悠闲"的方式。

日本兵没有开枪，他们用刺刀一个个挑死这些手无寸铁的老百姓，挑死一个便扔一个。活着的人像待宰羔羊一般等待着会降临到自己身上的那一刀。任双妮的母亲紧紧抱着她，在濒死之际不住地低声哄着女儿："不要哭，不要哭，不伤害小孩子，不伤害小孩子……"

7岁的任双妮看着带血的刺刀从母亲身体里抽出来，又从姐姐身体里抽出来，最后她感觉到自己肚子一凉，哭声戛然而止，昏死过去。渐渐地，一片嘈杂变成充斥着死亡的寂静，空气里弥漫着血腥味。日本兵好像走了。

大概过了一个钟头，天黑透了，月亮升起，隐约照着林间。刺向任双妮的刺刀没有戳到要害，她活了过来。此时，她趴在母亲的怀抱里，母亲已经停止了呼吸，姐姐也是。她吓坏了，不敢哭，也哭不出来。周围静得可怕，她多想有个人来救救她，哪怕有点动静也好。

不多久，任双妮听到有人说话，好像还是两个人。忽然，一阵惊恐席卷全身，她听到的是她听不懂的日本话。她紧闭双眼抱着似乎还有余温的母亲的身体，一动也不敢动，不知道接下来会发生什么。夜里的风吹着快要凝固的血，脚步声不断逼近，军靴踩断树枝发出咯吱咯吱的声音，所有细微的感觉在恐惧中放大。

枪响了。

日本人杀了一个回马枪，又向每一具尸体上补了一枪。枪声响彻整座山林，还伴随着回声。躲在母亲身下的任双妮左腿上也中了一枪。日本人是要保证这场屠杀没有一个幸存者，除了一地尸体，没有人知道发生了什么。他们认为这件事很快就会湮没在世人的视野和历史的洪流中，并且无法解释。

任双妮没有死。她成为这件有36名无辜死难者的"南就水惨案"或称"黑龙背惨案"里唯一的幸存者和见证人。日本兵满意地走了。又过了两个钟头，循着枪声，任双妮的父亲和其他乡亲找了过来。她听到父亲悲戚的哭声："死了，死了，都死了，二妮也死了。"

父亲把任双妮抱起来，发现她还有气息，于是赶紧招呼乡亲把她救出了这个日后被当地人称作"杀人场"的地方。任双妮刀伤未及要害，腿上的枪伤是贯穿伤，被星夜兼程转移到此前撤离南就水的八路军兵工厂。在一位医生救治下，三个月后，她康复了，留下了两处难以磨灭的疤痕。

今天，任双妮83岁，生养了2男2女4个孩子，一生没有再离开过南就水。天气好的时候她会来到村中石桥边坐在那里晒晒太阳。遇到有人对那段历史感兴趣，她也不介意回忆回忆，甚至撸起裤管露出枪眼伤疤给人看。只是述说时，任双妮表情很平静，好像那段往事没有发生在她身上，那条中枪的腿是别人的一样。

石桥下的溪流是山泉水，一年四季不断流，南就水的村名由此而来。"就"有靠近的意思。

黎明

从明代中期建村开始，南就水村在这片山坳里已经存在500多年了。得益于这眼永不干涸的泉水，这座边鄙山村不断繁衍生息。56岁的村主任郝二汉说，最早定居于此的胡氏和稍晚些来到这里的杨氏早已离开，如今村里有十几支姓氏，分别来自邢台山区、邯郸武安和山西。

南就水翻过寇锅垴就是武安市的长寿村。南就水村中长寿老人也不算少。村人说这与南就水的生活环境有关：人们心里没有那么多压力，生活得很悠闲，容易活个大岁数。当然，村中绝大部分人都没有经历过"南就水惨案"，年轻人很难想象任大娘讲的事情就发生在自家祖辈身上。

数百年来，为了躲避纷争而陆续迁来此地的人们，终于还是裹进了大历史中。日本人走了，新生活来了，日子总要继续。人们很快从伤痛中走了出来，开始了新的生产建设。在"一毛三，走遍天"的20世纪六七十年代，南就水村盛产的板栗、核桃和柿饼为村子带来了稳定收入和好口碑。

66岁的孙能建说："我小时候，经常看到有人赶着骆驼进村里'收秋'。"南就水村最受欢迎的物产是板栗，这里是太行山区优质板栗产区。当地结出的板栗个头匀称，果肉香甜饱满。有当年在乡镇供销社工作的南就水村民说："村里板栗收上来后，打上标签，主要销往日本。听说，日本人特别喜欢吃太行山产的板栗。"

硝烟散尽，南就水人生活无恙。中午时分，各家各户生火做饭，炊烟袅袅，生活气息浓郁。

日本人烧毁了村里多数房屋，今天南就水村的主体建筑是在1942年之后重建的。现在村里有270来口人，红色的石造民居规模不大，却很有风格。许多民居依山势兴建，因地制宜，呈阶梯式，往往二层建筑的楼下是下家四合院的正房，楼上是上家四合院的倒座房。上下两处院落共享一栋建筑，上下两层之间有楼梯连接。这是"邢派建筑"的典型结构。

具有邢派建筑特色的南就水民居

如果不是1942年的风波，南就水原本平凡无奇。村里最令村民自豪的是半山坡上有一株茶树，与南方的茶树不同，这是一株花茶树。5月间，树上盛开白色小花，有经验的制茶人采下花蕾，加工成花茶，泡水喝。据村民说，清代时候"南就水花茶"还被顺德府选做过贡品。

又到 5 月，这株茶树依旧开满了白色小花，远远看去如白雪压顶。当年的惨案也过了整整 75 年。岁月静好，南就水村似乎忘记了曾经那段不堪回首的往事，人们认认真真打理着热销日本的板栗林，从容地生活在这片祖先流传下来的土地上，一家家，一代代。

村中有年轻人哼唱山歌："椿树王，椿树王，你长粗来我长长，你长粗了做大梁，我长高了穿衣裳。"

（原载于 2017 年 5 月 28 日《邢周报》）

英谈：家国交通

英谈村久负盛名，它的成名当在十几年前。在我的"邢西太行古村落之行"中，英谈村本不在计划内。因为它谈不上"正在消失"，也已引起足够重视，更有许多同人执笔描述。然而，我终于还是决心记下这座曾去过数次的山村，因为在邢西太行古村落中，它够典型，绕不开。

邢西太行古村落论知名度，毫无疑问邢台县的英谈村排头把交椅。有人说"欲探邢西，先访英谈"，可见其代表性。此前相关报道颇多，于我眼中，首要关注的并非英谈最引人注目的建筑群，而是依托这些建筑背后的家族血脉，更有我们这个5000多年的老大国家一脉相承的文明礼法。

山与山寨

英谈村围在一圈寨墙里，很有特点。这圈寨墙迄今有200多年历史。修建这圈寨墙，是清代嘉庆年间（1796—1821年）的事。

嘉庆某年，中原大旱，饥民流散。一支难民辗转流落到邢西太行山区雾子垴下的英谈村。生活在英谈村的路家富甲一方，号称顺德府首富。路家人多年来积善行德，当时主持英谈家政的是汝霖堂房首路法圣。在路法圣和儿子路全兴的协调下，路家全族向盘桓在英谈村附近的饥民不停施粥，尽心收留饥民。一传十，十传百，一时间涌入英谈村的饥民越来越多。路家帮助大量饥民度过了饥荒。

年景好转后，广大饥民对路家感恩，提出要义务做长工回报路家。彼时路家产业兴盛，有许多店面买卖，往来山西、山东、河南、河北。饥馑之年施以援手本不求回报，况且各方营生也不是流离饥民所能胜任。最后，难民们说要为英谈村修建一圈寨墙，感佩路家救命之恩。

不久，寨墙和四方寨门修筑完工。不料，好心闯出一番风波。有心术不正者把英谈修建寨墙之事向顺德府告了一状：聚众筑寨，有造反嫌疑。嘉庆年间，华北各地天理教、白莲教起事不断。地方官员遇到这类举报大多"宁可信其有"。

向来德孝传家的英谈路家只有极力辩白，可面对官府问责也无能为力。有人指点说："既然你家如此殷实，不如主动把顺德府城墙那座倾圮的北门重修，以表心迹。"路家人不愿惹事，便依言，从而躲去了一场祸事。

今天来看这圈寨墙和四方寨门，条石硕大，结构紧实。遥想当年难民是真心敬重路家乐善好施的大德，才会如此用心修筑百年建筑。寨门拱券式，内外两券，外券小，内券大，成葫芦口，暗合路家经商积财不露的心理需求。

寨墙颇具规模，所谓"进东门，出西门，看南门，想北门"。来到英谈村，因距离较远，少有人走到北门。其中，最值得看的当数东门片区。东门外一条山溪犹如护城河把英谈村隔开，过石桥，走石道，上石坡，来到东门口。门阔如相框，透过门洞看向村内，一片山居鳞次栉比，花红柳绿，如桃源。

高低错落的英谈村民居

当年施仁义得来的寨墙不经意间为后世留下一方文化遗产。寨内有67处石造院落，是国内保存最完好的古石寨之一。英谈山寨依山势而建，高低错落，二三层，甚至四五层连体建筑比比皆是，即连环四五层的下层正房二层作为上层倒座房，全村皆为典型的四合院式"邢派建筑"。村中有清泉多处，水网暗布，筑有大小石拱桥36座。

俯视英谈民居

山清水秀建筑韵。英谈古寨建筑群是各方研究明清冀南山区风土人情的重要历史遗存。史料记载，从明代永乐二年（1404年），路家先祖迁来英谈村定居，至今已有600余年历史。600年来，路家人不论穷达，始终生活在这里，住着石头房，吃着山泉水，保持着一脉相承的山居作息。这也使得英谈村成为一座活的民风民俗博物馆。

英谈村集中蕴含了邢西太行古村落的过去，也一定程度上能看到邢西太行古村落的未来。

英谈：家国交通

家和家族

建筑是为表面，英谈村倘若只有这片经典山居，并不能成就其典型。隐藏在这片石造建筑群背后的数百年家族血脉才是英谈村的魂魄。现在已经很难说清，是家族兴盛有了今天的英谈建筑格局，还是英谈建筑格局凝固了家族传承。

这片山居和英谈数百年不衰的家族血脉有着相辅相成的绝妙关联。路家先祖迁来这条看起来并不富饶的山沟，过了几百年小富即安的平稳生活。直到清代乾隆年间（1736—1796年），积"子"字辈、"守"字辈、"通"字辈三代人之努力，逐渐发达。到嘉庆、道光、咸丰年间（1796—1861年），经"万"字辈、"法"字辈、"全"字辈三代人之功，路家事业达到顶峰。而后"延"字辈、"世"字辈、"丰"字辈三代在清末民国中，面对历史大变局的不同人生选择，又折射出这个庞大家族的时代宿命。

路家的兴盛要从路万富说起。今天英谈村号称"三支四堂"的家族传承，并由这样的传承形成的相应建筑格局，都是以路万富为源。

嘉道中，路万富行医济世，是远近闻名的医药行家。路家在他手中萌发了对商业版图的开拓。他的三个儿子路法贤、路法圣、路法尧在他的影响下分别另辟事业，在不同的商业领域开门立户。而后，路法贤的次子路全功继承爷爷的医药家业，终成"三支四堂"。

作为家长，路万富所居石院称作中和堂，取《中庸》里"致中和，天地位焉，万物育焉"之意。中和堂及其附属建筑位于英谈古建筑群南侧中心。长子路法贤经营大宗粮油生意，兼有盐运，其德和堂位于中和堂后，居东首。次子路法圣经营毛料皮货，拥有庞大的骡马驮队，其汝霖堂排在德和堂右。幺子路法尧经营布匹，家底最为殷实，其贵和堂位于汝霖堂右。

路法尧所占贵和堂的位置，恰是路家先祖世居之地，可见父亲对幼子的疼爱和偏心。后贵和堂人丁兴旺，又在中和堂外开辟一片新居。今天走进英谈古寨东门，首先映入眼帘的就是贵和堂新居建筑群，亦有百余年历史。

"三支四堂"历经风雨，世居建筑天人合一。每逢大雨山洪，数百年老建筑纹丝不动，反倒是三四十年前新建的房舍往往毁于一旦。房舍偶有损毁，英谈人修旧如旧，一如从前，保持着英谈古寨原有的历史风貌和生活氛围。

"三支四堂"同气连枝，就像一家大集团里的四家分公司，各自独立经营，业务互不冲突，但相互扶持，使得繁荣得以延续。四片堂院也是这样，各自独立生活，但院落之间互能沟通，使得家族伦理有序，亲情更浓。如此这般，终成百年家族。

路家人有一句贯口："桥院（中和堂）的医生，石头院（汝霖堂）的官，东院（德和堂）的富商遍三省，万贯家财归老院（贵和堂）。"中和堂称为"桥院"是因为这片堂院横跨河道，山溪穿宅基而下，犹如建于桥上。中和堂选址独具匠心，酷暑夏日，利用山溪水流降温，正适合老人养老。山雨来时，闲坐檐下，听闻流水惊鸿，别有一番韵味。

至于把汝霖堂说成"石头院"，是因为该建筑内有一块鱼纹巨石而得名。该堂后人多有从政者。

山居家族深居简出，生意做到千里之外，生活仍留在这一方水土。然而，家族的命运在民族的命运面前毕竟渺小。在决定中国命运的国共决战时，分属不同阵营的路家人也走上了截然不同的道路。路家每个人在主动和被动的选择中，完成了自己对家族的承诺和义务。有的人离去，有的人留下，有的人牺牲，有的人失踪，充满了戏剧性。

到了"丰"字辈路家人挑大梁时，许多路家子弟毁家纾难，参加革命，而曾当过民国政府元氏县长的汝霖堂路丰瑛去了"台湾"。后来，原本不属于"三支四堂"的旁支路家人在轰轰烈烈的土地改革中，分得了这片房产，搬了进来。今天，生活在英谈村"四堂"里的，已不全是曾经的"三支"后人。

路家还是那个路家，又似乎不是那个路家。曾经以家族支脉为单位的小聚居的家族生活变得零散，甚至凌乱。依托于中国传统伦理和生活方式而形成的建筑格局在历史的震荡中逐渐瓦解。

村落建筑格局以及生活格局的改变，或许是中国乡土文化逐渐式微的一个不起眼但很重要的原因。

冀南银行

也许是英谈村浓厚的商业氛围和巨大的商业成就。这里的土壤里带着财富的味道。抗战时期，大名鼎鼎的冀南银行总行曾在英谈村驻留。冀南银行隶属晋冀鲁豫边区政府，在抗战时期，对军民生产自救和活跃革命老区经济做出了重大贡献。

1948年4月，冀南银行与晋察冀边区银行合并成立华北银行。当年12月1日，华北银行与西北银行、北海银行合并成立中国人民银行。可以说，新中国的金融业是从英谈村走出去的。

今天，英谈村依旧保留着当年的红色记忆。冀南银行路西支行（平汉铁路以西）旧址仍有人住，院中梨树每年结出的果子尽管不大，但脆甜汁多。冀南银行首任行长高捷成旧居依旧。这位曾参加过万里长征的红军会计、税务、财政、金融的领导者，1943年在邢台市内丘县白鹿角村牺牲于日军刺刀之下。

位于英谈村的冀南银行印钞车间旧址和冀南银行货币发行处旧址连起来形成了一条最简单的货币链条。当年，冀南银行发行的冀南币有力地阻击了日伪对根据地的金融打压和物资封锁，支援了抗日力量发展壮大。

抗战时期，华北金融市场非常混乱，市面上流通的货币种类也极为复杂。除国民政府发行的法币外，河北、山西两省银行和一些地方商业银行也发行钞票，甚至各县政府和地方商号、票号、当铺也发行五花八门的钞票。更有日伪为"以战养战"而发行以掠夺物资为目的的伪钞。这些钞票大多毫无信用可言，华北民间很多地方"以物易物"。

与搅乱金融市场的各路钞票不同，冀南币始终起着稳定抗日根据地物价的作用。冀南银行经营者们具有十分科学的货币管理方法和金融手段。从1939年成立到1948年8月，9年间冀南银行发行冀南币总额2000余亿元，按当时华北人口5000多万计算，每人平均4025元。其间，冀南币始终保持稳定的币值，不但赢得了抗日根据地人民的信任，甚至敌占区也有许多人用法币高价兑换冀南币。

家族的商贸交通也好，民族的金融对抗也罢，小小的英谈村浓缩了难以承受的过往。往事如烟，离去的终究离去。大时代里的冀南银行，作为解放区的"钱袋子"不知为抗日输送了多少战略物资，而今离开英谈，只留下几处旧址供人追忆那段真实存在于这座山居的历史。

这座风云际会的山村，如今只剩下云淡风轻。

不时有游人来往，走过东寨门，抬眼看去，惊叹精美的石头建筑，更诧异竟能保存得如此完整。可他们不知道，属于这片山居的生活方式和那百年慷慨的历史早已消散。

只有生活在这里的人们明白是怎么回事儿，但不论是谁都知道，回不去了。

（原载于 2017 年 7 月 9 日《邢周报》）

押石：渐行渐远

押石村在邢台县城计头乡西北。从地理位置上看，说不上偏远，但实际交通却着实不大方便。自驾从邢台市区出发沿邢左公路走到城计头乡有两条路可以到达押石村。一条取道城计头村，向南过麦地沟，到李辛庄后，折向西北。这条路要走六七公里。另一条路从邢汾高速路罗口附近的七孔桥跨过路罗川，向石盆方向，在念儿沟村东折直行便是，这条路要走七八公里。

我在城计头路口问路，老乡说："往路罗多走路，不过路好走。"来到押石村，村民也说他们日常采买东西一般都去路途相对更远的路罗镇，尽管押石村是城计头乡的。

车马喧长路

即便选择押石人认为更好走的村西道路，进入押石村也不是那么容易。从念儿沟拐进山里，走便道到押石有三四公里。这是一条崎岖单行道，一路担心遇到会车就会很麻烦。所幸，除了村民停在路边装运板栗的三轮车外，没有遇到难堪的情况。

9月前后，太行山板栗成熟。邢台西部山区的板栗更是太行翘楚，很有市场。壮劳力一早都去山上收拾板栗，村里基本只剩妇孺。这显得押石村内外很安静。有婆媳坐在场院里一边剥板栗壳，一边看管幼童玩耍。秋季的清晨，风中柔和透凉，很适合劳作。这样一派和谐的田园风光令人向往。

但是押石村人并不向往。他们苦于闭塞交通对这座曾经风光无限的山村造成的桎梏。47岁的村党支部书记郑伏军说："在朱庄水库修建前，往来邢台山西的行人多沿着朱庄水库占据的那条山沟行走，与今天的走法完全不同。"

这和同为城计头乡的道沟村遭遇的情形类似，押石也位于那条传统交通线上。当年，每到雨季沿川道路切断后，押石往来更加繁忙。村里如今看起来不够宽阔的公路是1958年修通的邢西交通干线。那时候车流密集的邢左公路还没有影子。

传说村前有一块鸭形巨石，因而得名鸭石，后来演变成押石。在城计头乡，押石村是第二大村，全村650余口人。和众多邢西太行古村落一样，押石村也是明初山西移民形成的村落。最早来此定居的是岳姓人家，随后郑姓、安姓迁入。现在郑姓人口在押石村最多。

历史上，生活在押石的村人充分利用地缘优势，经济发展较早也较为突出。押石村一度成为这一地区比较重要的中心村落。那时，村庄控制的山场面积很大，甚至领有沙河石盆村部分山场。如今，这些残存记忆成为押石人深藏在心底的"祖上荣光"。

三十年河东，三十年河西。随着兴建朱庄水库阻断了传统交通线，加之更为便利的邢左公路绕开了押石村，这座曾经的交通要冲着实被封堵在一片好似口袋的山沟里。真是成也交通，败也交通。

恓惶，押石村多少给我这样一种不轻松的感觉。这一感觉的由来，用郑伏军的话说，是"押石村发展得早了"。早在20世纪八九十年代，被封堵在山沟里的押石村人"困则思变"，大量往外跑生计。其中有许多人揽工地的活儿，不少人尝到了当"包工头"的甜头，挣了很多钱。"唉，日子当时富足后，就不思进取了，不重视教育，让押石村落后了。"这是押石村老人的说法。

不单押石村如此，面对整个城计头乡，这种疲于发展的印象也十分强烈。城计头村是城计头乡政府所在地，理论上这里是全乡中心。不过，城计头村的中心地位并不突出，从押石人习惯于去路罗镇购物可见一斑。城计头乡并不像路罗镇或者龙泉寺乡那样形成明显的发展中心和重心。

这里自然有不占交通要道的因素，但交通区位优势对山区发展并不是决定性的。"路是人修的，靠人能解决的问题，都不是问题。"有村人这样说。每个乡镇都有自己的发展特点，甚至每座山村都有自己的特殊情况。城计头一定也有属于自己的发展模式和道路。

城计头乡发展相对落后于周边乡镇，并不意味着这片山区缺乏发展条件。换个角度看待，这是城计头具有后发优势的表现。在邢台西部山区诸多乡镇中，几乎每个乡镇都有自己的名片，浆水镇的苹果和"抗日军政大学"，路罗镇的英谈村和大峡谷，白岸乡的天河山和紫金山……唯独城计头乡迟迟打不出响当当的名片。一旦找准定位进行整体科学规划，城计头乡的潜力会迅速释放。

梦饱本来空

像其他地方一样，精准扶贫是邢西山区基层干部的重要工作。城计头乡的扶贫工作也在有条不紊，持续开展。近来，邢西山区乡镇干部年轻化的特点是很明显的。在一些乡镇，平均年龄往往30岁左右的工作负责人以极大的热情和精力投入脱贫攻坚战中。年轻干部上位，为这场"世纪之战"提供了活力。

精准扶贫从字面理解，本身也有对"具体问题，具体分析"的要求。城计头乡正需要这样精准一击。只是精准扶贫保证的是一个地方社会发展的下限，只关注下限是不够的，对这个地方社会发展的上限又要付出怎样的努力呢？这里面精准思考的空间似乎更大。

靠山吃山，留守在邢西山村的传统居民越来越稀薄地散布在偌大的太行山区里。能够把这些人继续拴在这片世居之地上的，除了数百年传承的家族记忆和乡土情感外，更重要的是土地上的产出。经济主导作用在邢西太行山区的发展中从来是排在第一位的。粮食作物在山区农业经济中早已失位，作为主流的林果经济也许会成为邢西太行山区最后的传统农业形式。

只是这一看似还有些吸引力的农业形式也在各种矛盾中艰难发展。最明显的是，林果经济收入具有不稳定性。雨水、气候、市场都是影响果品产出和价格的有力因素。押石村一位老大娘说："今年头茬板栗的价格在六块半到七块，现在五块。价格倒是比去年高点，不过收得少。"

除了"老天爷赏饭吃"和看不见的市场规律外，邢西山区对发展林果农业的环境承载力似乎也达到或者接近临界点。随着多年"退耕还林"政策在邢西山区强有力执行，山区百姓纷纷淘汰传统粮食作物，改为种植板栗、核桃等经济林。这在一般认识中是积极正确的行为。然而，在实际操作中，出现了新的矛盾胶着点。

"板栗、核桃种植面积增加，管护时用到除草剂去除杂草，经济林在一些地方保持水土的作用不好，雨水一大就容易水土流失。"在采摘板栗的山坡上，正在忙碌的老人说。2016年一场山洪在多个山村标出了人与自然的平衡点。根据老乡们的描述，邢西山区一些地方林果经济的发展规模，似乎触碰到了天花板。

"绿水青山就是金山银山"，这已然是整个邢西山区百姓毫不动摇的共识。但"绿水青山"是什么样的，或者说什么样的绿水青山才算是"绿水青山"并没有一个统一的答案。一味种植经济林，前景并不像从前那样乐观，邢西山区百姓传统收入再增长面临压力。

板栗收入是押石村百姓的主要收入之一。不难想象，农业收入的增长是难以跟上社会经济发展节奏的。"市里的房子我们首付都买不起，孩子要结婚，只能借钱。"山区百姓在叹息这个时代变化太快之外，并没有别的办法，至少在自家的土地上想不出别的办法。倒是在"因病致贫""因学致贫"之外，又出现一种"因婚致贫"的现象。而这一现象并没有类似"新农合"和"希望工程"之类的保障政策。

房地产业的快速发展和传统认识，让最传统的山区百姓意外地有了"不重生男重生女"这种对男女平等矫枉过正的"进步思想"。城镇化并不意味着所有人都要涌入城市或中心城镇。对有着丰厚历史文化底蕴的邢西山区来说，通过"换车道"发展，来保持山区繁荣和热闹是必要的。

看着邢西太行山区旅游产业整体蓄势待发的境况，在我造访的数个城计头乡所辖村落中，许多村民为自己套上了一个"交通不便，发展不起来"的紧箍咒。

人才，或者说意识的匮乏，让许多邢西山区古村落身陷故步自封的境地。

我在想，倘若当年押石村人把收获的第一桶金投入教育，那么今天的押石人在乡土发展的理念上是否会更灵活，甚至有更大的辗转腾挪的想法和做法。

残荷听雨声

押石村的古建筑整体还在，这是难得的。在村民眼中，这些老房子建筑精美，很能代表邢西山区的建筑样式，只是"养在深闺人未识"。

一条山溪自西向东穿过押石村。这座山村的古建筑就分列在山溪两岸。溪流没有名字，权叫押石河。河北岸有一块场地，那是被押石人称为"德和城院"的地方。德和城院是押石村最大的一围古建筑。传说是村里武状元郑保林修建的。

分列山溪两岸的押石村古建筑

村人相传，郑保林是清朝后期武师，行侠仗义，武功高强，曾到不少地方参加过擂台赛。当年，在济南举办了一场决胜状元的高规格武林盛会，郑保林靠实力逐一击败对手，被钦定为武状元。然而，没有等到皇帝诏书下来，却于归乡途中在驿站被人暗害。

德和城大院是他在世时斥资建成的。为弘扬"以德为本,和谐友善"而定名德和城。该院院落正房为楼房,临街为平房,墙体所用青石条块四面全部用錾子錾平,石缝平直。正房门前五道台阶,每条6尺长、8寸厚。押石村普通农家四合院一般多是五廊三,即主房五间,配房三间;德和城院最大,为七廊五。

除了德和城院外,东安大院和郑家大院也是押石村建筑的代表作。其中,东安大院是安姓富户建成,也是押石村唯一一座主房和下房都是楼房的院子。建院户主勤劳节俭,祖孙三代用20年时间才建成这个院落。南坡上的郑家大院地势高,以高大著称,楼上放粮食,楼下住人。据说当年郑家家底殷实,每年收获的粮食能堆满整个二层。

押石村一处有代表性的石造建筑

押石村石造建筑主要兴建于清代晚期,以光绪年间(1875—1909年)为多。楼房门窗构造具有太行山区典型的明清风格,工艺精致,体现了院主人对美好生活的向往和邢西村民的自然文化观。窗户上部为半圆形,窗花有荷花盛开、五蝠捧寿等图案；窗格有方形、矩形、八角形等。大门的门楼挑梁多雕刻龙、虎、狮、牛头图案。门楣通常是三方格设计，雕刻安之居、忍为高、兰桂庭等三字祝词，也有的雕刻寿星、松树等图案。门墩为大理石材，多雕刻鹿回头等图案。

依然还在使用的石造建筑在押石村不算多。德和城院成了押石村卫生室。南坡上的石造建筑群更是杂草丛生，一片荒芜。相对富裕的人家另辟土地盖了新式水泥房。押石村老建筑大多停留在人们对它们本来的记忆里而被废弃。

透过押石村，可以窥看整个城计头乡的发展；透过城计头乡，又可以窥看整个邢西山区欠发展区块的面貌。这就像是撒在玻璃上的沙画，看似厚实，富有层次，可惜，轻轻一滑，底就露出来了。

（原载于2017年9月24日《邢周报》）

温家沟：归去来兮

走笔古村落报道以来，大多时候总是徘徊在日常僻静稀落的邢西山区深处，直到遇见沙河市温家沟村，我才第一次见到一座有数百年历史的深山区古村落里竟有那样多的村人。农历九月十六，温家沟"过会"的日子，村里男女老少像过年一样"开轩面场圃，把酒话桑麻"。

在温家沟人眼中，"过会"是比过年还要热闹的时刻。过年固然在礼数上更重要些，但正是礼数固定了多数人在那几天内的生活作息。"过会"不一样，热闹和高兴成为第一位的。邻里之间还会有形无形中攀着谁家更热闹。生活在市里或者外地的温家沟人也会积极回家"凑热闹"。

总之，九月十六，在月亮圆圆的时候，温家沟人也团圆了。

田园将芜

温家沟村位于邢台沙河蝉房乡。从邢台市区开车过邢台县羊范镇往南，在白塔路口西行，沿着渡口川北岸行进，过了秦王湖不多远就到了。这是一座容易到达的村子。温家沟村坐落在2017年邢台国际公路自行车赛赛道沿线。得益于此，通往温家沟的公路升级后很是好走，开车快的人不用一个小时就能从市区到村口。

村口路边的房子多是近些年新建的，临街的门脸被辟为商店或是饭店，夹在道旁。整座温家沟村分布在一条河沟两边。河沟由北向南流入渡口川，水流不大，倒也长年不断流。老村址在河沟西岸台地上，和街市相去百余米，规模也不算大，约莫有百二十座院落，好在整齐划一，全是不同时期古色古香的老房子。

温家沟古村落最为人所称道的,是村中心有一株千年古槐。所有石造建筑围绕古槐辐辏展开,呈放射状分布。古槐高大,数人合抱不下,华盖蔽日,虽历经千年,生命力依然旺盛。每到夏日,槐花盛开,暗香徐来。树上结出荚果,前人称之为"槐米",在老人眼里是"止血降压"的神药。当然,这棵古树已经被今人保护起来。

温家沟的千年古槐

古槐寄托的不只是今人的情感,更是温家沟村根系所在。今天很难说清到底是先有温家沟还是先有古槐树。岁月更迭,沧海桑田,今天的温家沟没有姓温的居民。早期的温氏先民搬离此地,空留下一个地名温家沟,让后来迁徙至此的村民标识。不论姓甚名谁,千百年来,温家沟人总是以这棵古槐树为生活中心。

槐树所在的村中心是一片空地,四条岔路分别通往村子的四个方向。曾几何时,温家沟人辛苦一天回家,总是各自端着饭碗聚在古槐周围边吃边聊。空地周围唯有一户庭院面向古槐。庭院大门紧锁,门口楹联鲜红,门前台阶下落叶铺地。温家沟人大多搬离老村址，除了念旧老人外，住在老房子里的村民并不多。老村外的新建民居尽管近在咫尺，也很少有人回来走动。古槐在村人心中的地位没变，只是从温家沟人的生活中心，逐渐化身为温家沟人的精神寄托。

树下有一口水井，井水常年不涸，水质清洌冰寒。水井由石板砌台，青条石架起一支辘轳立在井口。辘轳的摇把是生铁材质，不知用了多少年，摇把经常转握的部分比其他部分明显磨细了许多，叫人想起铁杵磨成针的典故。空桶放下，满桶摇出，一下一上之间不知哺育了多少代温家沟人。

82岁的张二计是为数不多生活在老房子里的村人。老村地势高，自来水经常供应不足，这时就要来古井担水。虽年过八旬，他体力很好，一挑两桶水，担在肩上看起来不费劲。打完水后，不忘把盖在井口的石板再推回去。很难说，温家沟人和这口水井的感情是怎样的深度。从小生长在温家沟的青年人提起水井，若有回忆地说："已经融入生命中。"更年长的温家沟人，对这口井的感情更深。

古槐、古井、古村，温家沟呈现出最理想的乡愁场景。这份乡愁在村人热闹的"过会"中被暂时忽略，也恰好带来动静之间对比。街市上的热闹衬托出老村中的寂寥，显得温家沟的岁月更加悠长，也显得这棵古槐更加沉稳，这口古井更加沉静。

有酒盈樽

而今"过会"的目的很单纯，图的就是热闹。这是生活在温家沟的村人对追求美好生活流露出的真情实感。宏观经济环境反映在邢西山区一座小小山村的明确表现，就是村人对一切能够刺激出热闹气氛的活动倍感兴趣。"过会"迎合了这一心理需求。

清晨时分，在这个农闲时节，不顾鸡鸣，许多村人刚刚睡醒。街上早有提前占摊位的贩夫驾车赶到路边，摆上各种商品售卖。"过会"可以理解为赶集的"隆重版"。在现代商品经济如此发达的今天，乡村这种择日聚集商贩的交易模式更多的是对传统习惯的延续，而其实际意义已经不大。曾经司空见惯的赶集，在邢西山区逐渐退出生活舞台，原汁原味保留"过会"的村落也不多了。

"过会"街上所售卖的商品，有许多在城市市场上匿迹多年。其中一些多年不见的玩具、食品总能让人回忆良多。孩童流连玩具零食，成人还价衣服日用，更受欢迎的是熟食摊，中午"摆桌子"省得下厨，切几份熟食打包带回去，下酒又解馋。

商贩们心里盘算着这一天是个好日子，不冷也不晒，十里八村的百姓一定会赶过来。不多久，穿温家沟而过的公路两侧就被商贩占尽，机动车再想从中穿过可谓难上加难。每年这一天，有经验的村人都会告诉受邀过会的朋友不要停车太近，否则进退维谷。每年也确实有不知情的外地车误入会场，造成交通拥堵，每到此时，过会的人也乐得看两眼热闹。

街面上"过会"要持续一整天，直到下午也不见人少。商贩往往坚守到傍晚等最后一拨消费结束才会收拾家什。家中"过会"实实在在从一大清早持续到夜里，更有甚者，连夜不绝。这一天在温家沟，就像春节拜年一般，一天内要把村中要好的亲朋家拜访一遍。因而几乎家家户户都会提前准备饭菜，招待接连造访的客人。客人来了，一定要坐下喝两杯，是为礼数。这一天，筵席如流水，长乐不绝。

一圈下来，不知要喝多少酒，说多少话。兴致来了，推杯换盏至半夜三更也是寻常。在酒精催化下，人们之间更能放开话匣子，亲人之间更亲，朋友之间更密。"过会"多少扮演了曾经"过年"的社会功能。一座山村，在一日之内，在没有任何仪式媒介的情况下，在亲情和感情上获得了平日里难得的纾解与凝聚。

其实仪式还是有的，只是渐渐脱离了温家沟人的视线。温家沟"过会"原本不在农历九月十六，而是农历六月十六。这个日子改了不过30年。在年迈村民记忆里，早些年"过会"最主要的不是亲朋之间联络感情，而是"迎请龙王，降雨赐福"。据说"温家沟的龙王是很灵验的"。

随着时代变迁和农业技术进步，"迎请龙王，降雨赐福"这一曾经"过会"的核心活动不知不觉离开了农村生活。

村中龙王庙还在，门口两株翠柏少说也有上百年历史。庙墙由太行山特产的红石头砌就，朴素而古老。龙王庙乍一看并不高耸，也并不显眼，庙脊上还放着一堆干枯的柴禾。

在村党支部书记张常锁家里，找到一面当年迎请龙王仪式上使用的铜锣，虽长久不用，锣面光泽依旧。村里尚有老人能够回忆起那时"请龙王"仪式……

六月十六当每年入伏前后，天气正热。温家沟供奉的龙王在附近乡村百姓中威望甚高，会有许多村民冒暑聚来。仪式开始，只见当中一会首，嘴中振振有词，四下鸣锣敲鼓，威严异常。几位壮汉子在万众瞩目之下抬出龙王，三眼火铳随即鸣放，硝烟阵阵。所有人目不转睛，盯着走在队伍中心的龙王塑像，亦步亦趋，心中暗自祈求风调雨顺，国泰民安。

村中老人们常说"龙王爷请出来，总能为温家沟这里带来雨水"。时过境迁，迎请龙王的仪式在某一年像是被人集体忘却一样，不再呈现。如今能够准确记得仪轨的老人也越来越少，那些铙钹锣鼓束之高阁。还有人记得要去龙王庙里按时上香，只是龙王石像不知什么时候不见了，只有一张纸贴在墙上，上面写着"供奉黑龙王神位"。

乐夫天命

温家沟里如今张姓为多，另有石、李、吴、王诸姓。这里的生活并没有因为这片乡土百姓的姓氏的变化而有什么变化。温氏离开，张姓建立，对不同姓氏的温家沟人来说，这片山村就是自己的出发地和归宿地。

"过会"时，温家沟人纷纷回归。这是作为温家沟人这一身份的本分。一方水土养育一方人，养育的同时也固化了生活在这片水土之上的人们的各种本分。只有在这里生长的人才知道这些本分是什么。新一代的温家沟人开枝散叶，老一辈的温家沟人固守乡土，各自坚守着属于自己的时代的本分。

近乎空壳的温家沟老村，在十几年前还是熙熙攘攘。三四十岁的人还能记得小时候在这些石头院子里玩耍，回忆起一些离奇的故事和无忧的过往。尽管有的窗棂破败，屋顶塌漏了一角，可某间院落里发生过什么，是谁在这里生活，对他说过什么话，总也忘不掉。

古村落必然会离开人们的日常生活，这是它们可预见的终局。然而在温家

已废弃的石头房子

沟,即使是年轻人也不希望儿时玩耍的石头房子被废弃而湮没在荒草中。把酒言谈中,他们同样对这片老建筑充满情感。遗憾的是,建筑兴废背后的社会变革不是年轻人所洞察的,旧时建筑也不大可能成为新时人们生活前行路上的着眼点。然则,一座古村落就是一册历史照片,对温家沟人来说,这份集体回忆很珍贵。

温家沟确实也有不少石造建筑埋没在杂草中。古槐以北的院落大多废弃,这里正是温家沟古建筑群最为精华的所在。其中一座方正四合院,门楼台基地陷,门内木屏支离破碎,梁木依旧但石板跌落,布满青苔。屏后一株山楂树,红透的山楂挂满枝头而多遭虫蛀。东厢房是平房,西厢房为二层楼,户牖完好,主人搬走时遗落的物品散落一地。正房也是二层楼,完全坍塌,一片残石瓦砾。

如此景象在温家沟老宅中不是孤例。这破败庭院东邻二层正房也坍塌一半,像一座建筑的截面一样裸露出房屋建筑层次。借此可窥看石造建筑的构成。墙壁外立面由较大较为整齐的石块砌起,内立面由较小的石块填缝找平,石块之间土浆黏合,土浆中掺有秸秆。房屋内壁以土浆抹平,兼有保温效果。墙壁、房顶以木柱、木梁起框架，梁木粗壮，立木较细，榫卯插合。见此景，虽是寻常民房，也总会叫人由衷赞叹祖先建筑智慧，参合自然。

这座堪称太行山石造建筑解剖模型的老房子，是温家沟古建筑群中最具代表性的张家大院的正房。张家大院是清末张家先人张省贤家族的住宅。张家大院前后三进，左右两路，中间有侧门相连，号称"东西连院"。这是典型的邢西太行山区石造建筑单元。

建筑的兴衰和人的生活息息相关。人的生活大抵是人对道路的选择。眼前，温家沟村石造建筑正在凋零，但这并不影响温家沟人在别处获得更好的发展。也许，只是天命如此，各有各的天命罢了。

（原载于 2017 年 11 月 26 日《邢周报》）

龙化村：另一种视角

龙化村属于邢台县太子井乡，离邢台市区很近，大概20公里，乘坐14路公交车终点即是。开车前往的话，不过30分钟。从新兴西路一路向西，在石坡头村路口南行，寻路即至；或从峰门村路口南行可达。龙化村本不叫龙化，而叫龙华。因柏乡县另有一个龙华村，中华人民共和国成立后在登记地名时为避免重复改为龙化村。

今天的龙化村是邢台县浅山丘陵地区大村，村落占地面积不小，所领耕地、山场面积亦非常可观。目前，龙化村户籍居民有2600人左右，常住居民也有1900多人。许多邢台人身边都有来自龙化村的朋友。

龙化村处在邢台县山区第一道南北山脊东侧，龙化村以东是丘陵，龙化村以西便进入山区。从卫星图上观察，以龙化村为起点向北，沿着邢台县第一道纵贯山脊，依次有峰门村、大贾乡村、姚坪村、景刘庄、皇寺村等古村落连成一条弧线。我把它们称为邢西古村落的"第一村链"。这些村落由于有相似的区位特点，因而也有相似的历史文化和生产生活特征。

亲近的古建

随着时代的发展，尽管很多人家已经另盖了新式建筑，不过，龙化村保存的古建筑目前仍占全村建筑50%以上。村中格局以姓氏宗族划分。今天生活在龙化村的居民主要是明代永乐年间迁居此地的张、梅、郭、范四大姓氏。据传，明代之前有程、韩两姓在此居住。

龙化村的部分古建筑和街道

龙化村以四大姓划分为四大生活板块。建筑格局基本相似,青砖构造建筑较多,二层建筑较常见,多四合院。单一姓氏形成的建筑群基本户户相通,房房相连,各自生活,紧密结合。各座明清古建虽院落有大小,但都设计合理,方便居住,可见土地利用精细,邻里和睦相处。

龙化村的四合院民居

龙化村位于邢西太行古村落"第一村链"上。这条村链所串联起来的村落有许多相似性。建筑格局多采用邢台县崔路村和北尚汪村那种"户户串联"式的聚居方式;建筑材料也多以青砖为主,辅以青条石,正房常见脊顶;居民多曾与顺德府南关各行商号有贸易往来，从事骡马物流、皮毛交易等；村中多建有宗教活动场所。

皇寺村有玉泉禅寺，景刘庄有张果老山，大贾乡村有明月寨，龙化村有龙华古寺……不论佛教场所，还是道教场所，集中出现在邢西山区—丘陵区的分界山脊之下，或许不是偶然。在这条山、丘分野的地理屏障之下，在邢西古村落"第一村链"的背后，可以看到一条无形的文化屏障。

由于距离邢台主城区较近，由这条村链上的古村落连成的众多山路，成为邢台当地许多徒步爱好者周末穿越的经典线路。特别是夏秋季节，龙化村风光韵味较享誉全国的张北草原不遑多让。作为浅山丘陵区，龙化背靠大山，面对平原，高低起伏，道路弯转。从龙化到朱庄水库方向的白家庄村有一条环线，被邢台自驾游爱好者称为邢台的"草原天路"。

"第一村链"上有良好的人文环境和自然环境基础，毫无疑问是邢台主城区最有潜力的"后花园"。以此类推，在"第一村链"之后，从龙泉寺到西黄村乃至北小庄一线，同样可以串联起许多古村落，并由此派生出多条徒步线路，可视为"第二村链"。再向西，从路罗过浆水，到将军墓入冀家村一线，是邢西古村落资源最为丰富、保存最为纯粹的"第三村链"。

这种划分方式或许武断，但在长期走访总结中，发现在每一条村链内部，都能找出诸多共性。这种观察方式，为邢西太行古村落的保护和传承提供了另一种视角。

悠久的石刻

来到龙化村不得不说龙华寺。实际上是先有龙华寺，后有龙化村，龙化村因寺得名。龙华寺位于村西山坳处，始建于元代。明代嘉靖版《顺德府志》记载："龙华寺，在县西五十里，为元至正年（笔者注：公元1341—1367年）建。"因村位于寺院之下，故称龙华底，简称龙华。

龙华古寺损毁后，只残存四座记碑和若干块石构件停放在寺庙遗址边，诉说往事。龙华寺地处幽静，清代咸丰版《邢台县志》记载："龙华寺，邑西五十里，依山面涧，石桥当门，一塔耸峙，极僻静幽洁处也。"在邢西"第一村链"

景观带上的龙华寺，古时应该是邢台人趋之若鹜的祈愿所在。

亲临其境，方知龙华寺形胜。尽管史料记载该寺始建于元末，但寺庙附近几处石刻，不由得叫人把这个历史节点更向前推进。在龙华古寺遗址前，今天龙化人称为"韩水井"的地方，有一处字迹模糊但依稀尚能辨别的石刻："武平五年"。

"武平"是北齐后主高纬的年号，武平五年是公元574年，距今1444年。那时距离北齐被北周攻灭仅剩3年，正是王朝覆灭前夕的动荡之秋。石刻刻在一块石灰岩上，年代久远，风吹雨淋，也许还有其他字迹，但已湮灭不显。有意思的是，这块巨大岩体上似有人工痕迹。曲水流觞，层层跌落，一条"水道"直抵下方水井。

水井即是"韩水井"，从龙化有村以来就有这口古井。20世纪六七十年代，为了用水方便，龙化人将古井口拓大，形成一方不大的水塘模样，至今出水。水井是先民生活的必备设施，加之"武平五年"的字迹，或许龙化村（龙华寺）一带在北齐时就有社会生产活动。

史证不孤。在龙华寺南，直线距离数百米外，一处龙化人叫作水浴岩的地方，另有石刻。石刻正文文字模糊不可辨，落款是"武平五年惠缘四月廿四日记"。又是武平五年。在北齐武平五年时，有人在龙化村这里接连刻下两方石刻，不知是不是皆出自这位叫"惠缘"的人。"惠缘"这个名字更有可能是僧人法号。

如果惠缘是位僧人，那么龙化村这里在北齐时很有可能就建有寺庙。史载始建于元末的龙华寺选择建在这片山坳里应该也不会是空穴来风，很可能因为年代太久远，缺乏史料记录，使今人不知更古。

可以想象，在距今1444年前的农历四月廿四日，一位叫惠缘的僧人在这里刻下自己的名字。他穿着怎样的僧袍，用着怎样的工具。那天天气一定很好，蓝天白云，十分透亮。

自走访邢西太行古村落至今，在龙化村触摸到那残存的石刻，仿佛可以和古人对话，使我第一次茫茫然感慨邢襄故地历史悠长。"后之视今，亦犹今之视昔"，邢台乡土文明将以何种方式继续传承呢？这片石刻从艺术角度看并不如意，字体略显随意。可是，放眼整个邢台地区，北齐以前的石刻碑记亦寥寥无几。

历史上，北齐继承东魏法统，受北魏热衷石刻的影响，尽管国祚不长，依然留下了大量美妙石刻。距邢台很近的邯郸峰峰鼓山响堂山石窟，就是北齐佛教石窟艺术代表。北齐都邺城，邢台地区在北齐时是京畿之地，一定也会受此影响。

既然龙化在北齐时或许建有庙宇，那是不是还有我们没有发现的石刻遗迹呢？这不好说，但可以看到的是，在龙华古寺遗址上，一座新的龙华寺正在复建。这支顿宕许久的文化传统正在重回世人面前。

厚重的文教

龙化村还有一个记录。这个村子大概是中华人民共和国成立以来邢台地区输出教师最多的单一村庄。58岁的龙化村人梅永彪说："截至目前，龙化村几十年间出了218位教师。"几乎家家户户都有教师，有的人家三四代都有人从事教育事业，例如梅久寿一家有14口人从事教育。教育世家在龙化村很常见。

这座村子很早就贴上了"教师村"的标签。龙化有重视教育的村风传统。这一点从村中古建筑门楼石刻题字所蕴含的文化意象上便可察知。与许多村落用来祈求"富贵""吉祥"等表意直白的石刻不同，龙化村门楼石刻常见的是标榜"高洁"意象的典雅词汇。

门楼石刻是很能反映建宅之初，房屋主人的文化审美层次的。在龙化村能够看到出自《左传》的"高斋爽垲"，出自《隋书》的"望杏瞻榆"，出自明代方孝孺的"景星庆云"，出自《诗经·小雅·天保》的"戬穀馨宜"等等。可以说，每一个字背后都有很深的文化背景，很高的审美情趣。生活在这些门楼之内的家庭，大多是教育之家。

重文教的同时，龙化村先人也重习武。村史记载，龙化村在清季之前有120余人获取过秀才以上的功名，从数量上来说，这是较为罕见的，即便与古代文教兴盛的江南地区乡村相比，也不逊色。稍有不同的是，龙化村的秀才里武秀才占很大比例。

龙化村在清代出过两位兵部差官（候补武备），两家宅院至今尚存。村民传说，从前龙华古寺的和尚来自少林寺，一直有习武之风，带动龙化人尚武任侠。还有可能基于当年需要押镖骠马队的缘故，要有"把式"保护。不过，随着社会环境变化，习武护持的需求减少，对习武的经济需求也渐次消弭。在龙化村常见有"艺忍竞公"的门楼石刻，这里大多是习武人家，也多少反映出龙化村百年前的尚武风气。

村中范家祠堂是一座整洁规则的小院，这里还是村中传习《弟子规》的学堂。龙化村在邢台市率先开启乡土文教活动，重视村中后辈子弟传统道德教育。在村里，"尊圣敬贤，尊师重教"的标语很常见。种种表现无不印证着龙化村整体教育风气不凡。

79岁的郭学增在水浴岩石刻指点说，石刻所在的岩石下有一洞口，上下联通。现代教育体系引入前，这里曾是村中私塾学生习字焚纸的地方。龙化村一贯重视私塾教育，学生练字用过的纸是不能随便扔的。字纸由私塾先生统一收好后，存到每年冬至，在冬至当天再毕恭毕敬拿到水浴岩，放到洞中集中烧掉。

俯身向水浴岩焚纸石洞窥看，被烧得黢黑的石洞冰冷。遥想曾经一众学生在私塾先生带领下，把写有一篇篇先贤文章的字纸拿来焚烧时，看着阵阵青烟顺着石洞隧孔，从上方飘去，好像达成了与先贤的心灵沟通。

焚纸有强烈仪式感，意味着汉字是中华文化之精魂。祖先造字教化后人，后人习字自当感恩。轻易丢弃字纸是对祖先智慧不敬，更是对文化传统不敬。龙化村数百年来始终秉持儒家思想。这样的仪式，这样的心迹，令今人自愧弗如。

龙化村在表面上看和众多邢西太行古村落没什么不同，因为厚重的文教传统才使它出类拔萃。它背后的历史比我们能够感触到的更加悠久。其实，在邢西"第一村链"上，每一座村子都有其鲜明特征，它们就这样一直静静地围绕在邢台西郊外，等待人们去探寻。

村链的概念，让人感觉到邢西山区是一篇层层推进的大文章，值得人们一段一段，甚至一句一句去解读。

（原载于2018年1月14日《邢周报》）

樊下曹：故乡的新装

樊下曹村，位于沙河市白塔镇，是一座位于邢西太行山浅山区丘陵地带的庞大村落。在地图上看，樊下曹周边还有三个村子，分别叫张下曹、林下曹、王下曹。四个"下曹"凑在一起，不得不说是很吸引人注意的。

樊下曹村名由来有二。其一是村东曾有一圆形石槽，长6米，直径3米多，因置放于村东低洼处，故名下槽。其二是东汉末年，黄巾起义军残部黑山军曾在樊下曹附近安营扎寨，当地人把义军将士操练称为下操。两种说法，虽是村民传说，但都有些牵强附会，莫衷一是。

下曹由来何处，如何说起，又为何在此如此集中，别处却没有这样的用法？这在邢西太行山区古村落名号流变的历史中，是一个很有趣味的观察点。而我更关心的是樊下曹的今生，事实上，它已然成为邢西太行古村落重塑的一个样本。

红石沟的改造

樊下曹的知名度远不及村西石滩地上兴起的"红石沟休闲生态农场"出名。

红石沟原是樊下曹村西一片无名荒山沟。这道山沟位于渡口川下游，是由南向北即将汇入大沙河的河口滩地。河道里布满了从山里冲刷下来的大小不一的红色卵石。因为不适宜耕种，樊下曹人祖祖辈辈从来没有垦殖成功过。从经济开发角度说，这里并不适宜投资。

然而，近10年间，在大量资本注入下，这片荒山沟经过科学改造，改坡为梯，加厚土层，引水灌溉，竟成为瓜果丰收、吸引八方来客的好地方。红石沟的成功改变了樊下曹的地缘价值。原本不在邢西山区主要交通通道上的樊下曹，受红石沟农业旅游经济"热辐射"加持,成为越来越为外人所熟知的地方。

改造红石沟的资本来自樊下曹村南邻张下曹村一位企业家。红石沟所征用的荒滩地基本是这两村所有。红石沟因本地资本投入实现质变,樊下曹因红石沟而获得新的发展面貌。有200多樊下曹人进入红石沟成为现代农业产业工人,获得稳定致富收入。如此翻转自然环境和发展环境,不得不说,这在众多邢西山村中是幸运的。毕竟,不是所有古村落都有成功企业家。

对这片荒滩地的改造得益于现代农业科技进步。从籽种优化、精肥施放、农机引进,到生物工程、喷滴灌溉、新型培育,现代科技的发展对邢西山村的改造某种程度上有着决定意义。这种改造,实质上改变的是承载了许多邢台人重重乡愁的、邢西山区自古以来的传统农耕经济。

在新型农业出现之前的漫长岁月里,樊下曹人的生产除了耕作外,主要是下矿井。沙河多矿,樊下曹附近就有大矿,并且不止一座。清代同光中兴之后,下矿井逐渐成为樊下曹人一项重要收入来源。离樊下曹不远的章村煤矿在清末民国时期是华北地区大矿。特别是"民国"十一年(1922年)当地正式大规模采用现代化技术生产后,章村煤矿及其附近煤矿吸收了大量本地农民务工。樊下曹人也纷纷涌入矿坑"淘金"。

这其中就有1934年出生的张二起。民国时,家中多余劳动力"去章村下窑"是很自然的选择,特别是冬季农闲时,谋工的人更多。如今84岁的张二起在章村煤矿毗邻的窑坡煤矿下了40年煤窑。

"最开始条件差,坑道低矮狭窄,只能爬进爬出把煤背出来,中间掉不得头,坑里还有水。"张二起说,"在煤黑水里裹着,每天跟煤一样黑。不过跟日本人占着的时候比,这还算好的。"

抗战时期,日本军方和皇协军高德林部把沙河众多煤矿视为摇钱树,轮番掠夺矿产资源,残酷对待矿工,发生了许多虐待、虐杀矿工事件。至今,樊下曹村里当年下过煤窑的老人回忆起来还十分痛恨高德林。樊下曹村曾是高德林部据点之一,村西建有两个炮楼工事,附近村民深受其害,更加剧了当地百姓对日伪军的仇视。

也许是煤矿生计深深地影响着樊下曹几代家庭的生活轨迹,樊下曹人在村外建有一座邢西山区极为罕见的窑神庙,用来祈求村里下井矿工平安。今天这座庙已淹没在荒草中,庙内三尊神像是在1986年正月廿四重修的。

古村落的新生

樊下曹老建筑是修葺过的,整齐而且干净。可以说,樊下曹是我所采访过的邢西太行古村落中,最能感受到现代文明理念的村落。在这个层面上看,樊下曹是个少数。毕竟,对于习惯封闭山区生活的村人来说,建立符合现代旅游市场规律的古村落保护开发意识,不是一件容易的事情。

樊下曹核心古建筑群具有鲜明建筑风格。51岁的村干部张兴军带我钻出村东石阁门洞,头顶石券中间嵌着吸水兽石刻桥额。进进出出的人们在门洞下经过,桥额历经风雨侵蚀,彰显着樊下曹的悠久历史。曾经村庄四面各有一座进出村落的石桥门洞,因石桥上建有庙阁,当地人把石桥称为"阁",如今只有东、北两座尚存。东阁为关帝庙。

石桥下行人,石桥上有神庙。东门石桥外,一侧有一上一下两方修葺一新的大水塘。村人从前用上方水塘饮水,下方水塘洗涤,如今仍有人家来此浣洗衣物。另一侧是黑爷庙,樊下曹和沙河大多数村落一样,有着浓厚的黑龙王崇拜。黑爷即是黑龙王。传说黑龙王喜欢看戏,樊下曹每年五月廿七庙会,香火隆盛。村里邀请豫剧班子连唱数日,取悦黑爷,也热闹村民。邢西山区这一文化现象和山西五台山五爷庙十分相

修葺过的古建筑

像。五爷庙正是供奉龙王，原是黑脸，爱看戏。

黑爷庙是樊下曹传统文化中心。村里另一场热闹的民俗是在农历正月十六上演的北方傩戏——拉死鬼。这是一种典型的娱神娱人年俗活动。正月十六黄昏时分开始，全村家家户户点火驱邪，将纸扎的"恶鬼"驱赶开，以祈求逝去亲人的安宁和来年人畜无灾。从前"恶鬼"由村民中深谙民俗且演技精湛者扮演，后来才改为用纸扎。黑爷庙是"拉死鬼"年俗仪式的起终点。

樊下曹古建筑的中心在东门内樊氏聚居的东西走向老街上。街中一棵500年树龄老槐树是樊下曹建村起点。数百年的砖石宅院围着古树拓展。树后是三排砖石四合院，正房二层。筑外墙的红石并不规整，以白灰沙土砌合，青砖围筑，除了节省砖料外，还有点缀美观的视觉效果。

这些古建筑得以修缮维护，与红石沟资本转而反哺古村落保护有关。拥有尊重传统的现代科学规划意识，是邢西太行古村落传承性保护开发的前提。樊下曹是一个好现象。

科学进步，农业生产力释放，人口大爆炸，急遽增加的农村人口对古村落的影响很大。樊下曹村古建筑主要集中在村落中心，新增人口新建宅院围绕在外。村落建筑规模和范围成倍扩张是发展的自然结果，却也在无形之中瓦解着古村落的传统生活面貌。

曾经由于人口较少，全村人集中在老建筑群范围内生活。樊下曹人当时的生活格局和空间是

樊下曹整齐的老宅院

受限的，由此产生的性格和生活习惯也是内敛的，村人更愿意凑在一起谋划事情。仅仅一代人时间，樊下曹民居占地面积达到过去5倍不止。倏忽拓展的生活空间，让更多年轻人淡漠了村内联系，趋于外向，寻求比祖辈更多的生活可能性。

过去那种成家不分家的传统生活习惯，往往导致一处石造院落奇迹般地生活着三四代，几十口人。现在成家立户，建新房子是村民下意识的默认选项。如此一来，拥挤的生活格局阔达了，紧凑的生活节奏疏散了，单纯的生活内容复杂了，樊下曹人的生活气息为之一变。

这不是樊下曹一座村子面临的变革，可以说，是许多邢西山区古村落都面临的现象。

老手艺的兴衰

我一直认为，社会需要是传统技艺能够自然传承的最重要的条件。当社会环境发生变化，社会需要转变方向，人们对传统技艺的传承也就失去了功利性驱动力。无功无利的传统技艺，在快速发展的社会浪潮中，只靠呼吁情怀难以为继。

除了普遍的洗脸盆、毛巾、香皂外，40年前，沙河、武安一带在婚嫁习俗中有一类承载着浓厚地方文化的彩礼——门帘。婚嫁双方家庭会视需要和财力为新人准备若干条门帘，一般是四五条。结婚正日，把门帘卷在门帘杆上，找人扛起来，送到新人家。新人一般只在洞房门口悬挂一条，剩下的便作为新婚贺礼压箱底。传统门帘制作，被认定为沙河地方非物质文化遗产"手工粗布制作技艺"。

曾经沙河几乎家家户户都有织布机，手工土布制作技艺是农村妇女必备的生活技能。被单、衣服都用土布制作，家里有喜事，便根据新人住屋门框的尺寸织出大小合适的土布门帘。门帘分为内框、外框两种。白布帘心，作画其上，黑布包边，经用耐脏。帘心绘画要交给专门画门帘的师傅。画一条门帘花费不菲，这在彩礼中是个大头。

画门帘的师傅称作画匠，以画画为营生。1946年出生的樊福增曾从事过这一行当。他回忆，樊下曹有几位老画匠在沙河很有名。在他的印象里，老一辈的樊海云画技卓越。画匠收到白土布，先要裹浆晾干，为的是作画时不串颜色。绘画的颜料是画匠采买的矿石原料，加工研磨制成。如此作画，颜色长久。几十年过去，当年做门帘的白土布泛黄，颜色虽旧，画面仍然清晰。

在机械化大生产的冲击下，人们心甘情愿地逐渐抛弃了传统手工制作的粗布门帘，而选择了质量更好，价格更低，图样更鲜艳的机制门帘。更有一些家庭已经不再把门帘作为嫁妆的一部分。毕竟，今天城镇家庭生活中，需要门帘的情况已经很少了。

这就是樊福增老人不愿再谈及绘制手工门帘经历的原因。他如今在宣纸上绘画山水花鸟，在他眼中这是不同于画门帘的雅趣。画门帘到底是画匠的事，听起来怎样也没有画师地位高。老人不知，在他追求高雅艺术的同时，放弃了一项厚重的传统技艺。

老画匠们除了延揽画门帘的生意外，还会画家院、祠堂、庙宇的影壁、廊壁、墙壁。"二十四孝""三国演义""龙盘虎踞"都是樊下曹一带百姓喜闻乐见的绘画内容。

20世纪80年代，"画一面墙连带门楼要30多块钱。"樊福增得意地说，"3天就能完成。"过去乡村娶妻，大多要等到年关农闲时，这也是画匠们生意最好的时候。只是冬天作画，要先用火烤化颜料，而后拿毛笔勾描，再上色，很费事也很辛苦。

往日生活场景，似乎永远停留在了老去的樊下曹人心里，包括1947年9月参军的樊章保老人心里。如今90岁高龄的樊章保和子女毗邻，独自生活在老宅院里。他参军后来到八路军129师师部所在的邯郸涉县，后跟随部队打山西、过风陵渡、进西安、翻秦岭、解放四川，九死一生。入川后在61军政治部当战士，曾参与了贺龙兵团和刘邓大军在四川会师，见证了三位首长会谈的历史时刻。当时他正坐在会议室后排担任保卫工作。

战争岁月早已远去，战争记忆难以追忆。老人静静地端坐在整洁的床铺边，撑着皮肤松弛的手掌，讲述仿佛与安静的樊下曹格格不入的硝烟往事。那时候，他还年轻，在村巷的杨树下与人嬉戏。

樊下曹还有一座邢西山村少见的与众不同的杨仙庙，供奉村中两棵据说有数百年树龄的杨树。两棵杨树高大挺拔，树荫遮蔽。许多樊下曹老人幼年时把这里作为游戏园地。

"古树有灵"崇拜，并非邢西太行山区百姓特有的习惯，也非中国人所特有。只是在我的采访中感知，邢西太行山人对古树的崇拜，除了源于对自然的敬畏外，更包含他们对一方乡土传统生活的记忆和传承。

祖祖辈辈许多日常琐事，总是在这些树下发生。这里每一位老人都记得那些共同的相似的场景。

（原载于2019年2月17日《邢周报》）

石盆：遗落的世界

石盆这个地名在邢台地图上找不到。1983年之前，这块位于邢台市沙河西部山区最西边的地方是一个完整的行政村，叫作石盆村。而后，由于村子占地面积相对过于广大，并且集合的自然村落众多，便把石盆村一分为四，成为今天的石盆北街村、石盆南街村、南沟村、梧桐沟村等四个行政村。

我依然愿意把这四个已经分家30多年的山村联系到一起。不是因为他们曾经作为过一个行政实体，而是因为这片山村犹如一串珍珠项链，呈两条线形分布散落在太行深山区。

这里是一个独立的自然生态单元，生活在这里的人们打心眼里把整个石盆山区视为自己纯粹的故乡。

四面环山兜石盆

绿色。

太行山的绿色在这里令人心旷神怡。邢台是"太行山最绿的地方"，石盆就是这片绿色世界中一处隐秘所在。石盆地势犹如一口窄口布袋，俨然形成独立的地理单元。南有和尚山，西有五指山，北有云峰山，三座石头山围绕石盆，唯有一处峡口通向山外。石盆这个名字，正因地势而得名。

石盆属于沙河市蝉房乡，位于沙河西部深山区，与邯郸武安交界，是距离沙河城区最远的山村。而今，石盆只是一个地理概念，随着人口增加、经济发展，曾经作为一个整体的石盆村拆分成四座行政村，每座行政村由若干自然村组成。石盆南、北街如同珍珠项链上的宝石，是区域中心。

石盆：遗落的世界

山中有泉，汇流成溪。一条山泉出梧桐沟到石盆北街，一条山泉出南沟到石盆南街，两河溪流在石盆南、北街村口合流，向东流去，汇入渡口川里的东石岭水库，也就是今天的秦王湖。

现代公路穿石盆南沟盘山而过，虽让石盆得以两头连接山外，但封闭感更强烈。连接蝉房乡和邢台县路罗镇的省道，恰好在石盆东临的花木村接驳。石盆不当要冲，多了许多静谧。村中老戏台整日有许多老人盘桓掰扯，带着和他们的祖先在600年前从山西移居至此后一样的谈吐神情。

略显封闭的环境，让来人走进石盆一刹那，感觉时光仿佛慢了下来。一路之隔，泾渭分明。石盆人的生活节奏似乎比不远处的花木村要慢许多。村中石头房子里的小生活，比村子街巷上流露出的更慢些，开门进出就像是在时空穿梭。

石盆半数人姓曹。88岁的曹三西四世同堂，住在自家祖上建造的曹家大院里。曹三西高祖在清代嘉庆年间（1796—1821年）勤劳务农，积累家产，逐渐建成祖宅。曹家8代人200余年不论改朝换代还是战乱饥荒一直生活在这栋房子里。只在抗战时期，每逢日军进山扫荡，不得已翻山逃避到山西辽县（今左权县）。

曹家宅院在石盆山里是很有代表性的晚清邢派独栋建筑。整体红石建造，四合院结构。正房坐北，石台基础，二层斜顶，正面左右各开一单门。东西厢房同样是二层楼，高度略低于正房。倒座房一层。所有房屋均装有数

石盆一户民居的大门口

红石建造的曹家宅院

扇窗棂，窗棂样式各不相同，有 10 余种。曹家大院最多时住有 5 户人家，而今仅剩 2 户。

86 岁的曹福金是 1955 年加入中国共产党的老党员。年轻时担任过石盆北街生产队 6 队小队长。石盆耕地、山地面积广大，农业经济发育良好，农业基础设施较为完善。曹福金如今说起当年生产队编制生产计划，执行生产任务的情形，仍然如数家珍。他说年少时曾有一次见到据说是八路军朱德总司令经过石盆。那是他珍藏一生的宝贵记忆。

石盆山区许多村落古建筑保留完整。由石盆北街通往五指山路边的塔石铺村就是一座完整的石造古建筑群。塔石铺村比起处于核心位置的石盆南、北街来说，显得更加冷清。其他基本保留古建筑或部分保留古建筑的村落与石盆南、北街一同构成了邢西太行古村落石盆古建筑单元。

传说的和传统的

石盆北侧是云峰山，山上有一座佛岩寺。至今，每年正月十八之前，石盆村人多要扶老携幼，登上云峰山，礼敬佛岩寺。

佛岩寺存主殿三间，内塑三尊菩萨像。据明朝万历五年（1577年）刻立的《佛岩寺碑记》所载，佛岩寺年代久远，"莫知所自始"。由于年久失修，"止存草庵一间"。从隆庆四年（1570年）到万历四年（1576年），先贤村一位叫赵熊的高年义士，募款捐资重修佛岩寺，"易草庵为佛殿三间，栋宇塑像一新"。修好后，"各乡之长老婴稚善信士女，无不欢欣踊跃。"

值得一提的是，这块碑记由时任南京礼部尚书邢台人王本固篆额。

确史之外，方有传说。传说佛岩寺住有一老一少两个和尚。其时北京潭柘寺住持原籍沙河，便邀请佛岩寺和尚赴京共襄法会。老和尚对小和尚说，七日之内走到北京，佛岩寺寺钟一撞，声音可传到潭柘寺。不想，小和尚方才走到不远的蝉房村，贪念赌钱，耽误了行程。七日一到，寺钟撞响，可惜声音只达蝉房村。

又有传说。很久以前，云峰山住进一个武僧，名叫苏三。苏三和尚打量此地山水形胜，便在云峰山建起佛岩寺。不料，竟引来数百里外另一座寺庙里一个叫石相的和尚觊觎。石相和尚仗着人多，与苏三和尚在云峰山下打斗起来。只见苏三和尚掏出两座云峰山烫样，丢出去化成两座小山，压住寻衅和尚众人。石相和尚一看，急忙转身欲逃。苏三和尚掷出兵器，横斩石相和尚。石相和尚跌倒在地，化成与云峰山对望的和尚山，摔断的手臂没入山石，化成西侧的五指山。

两则传说，传递了一个共同理念，即"莫存贪念，规矩做人"。有理由相信，这是石盆村先民把生活中遇到的不良行为与纠纷，借助生活环境中的景物，用寓言的形式表达出来，用以教育后人。事实上，许多地方传说正是以这种逻辑创作出来。一些成功的地方创作，甚至升级为脍炙人口的地区性乃至全国性寓言传说。

在和村人的交谈中，石盆老乡为我讲述了一个流传在村中的真实爱情故事。

石盆曾有一对男女青年相爱，男青年姓董，女青年姓梁，均是1953年生人。两人同在石盆生产队劳动，日久生情。据说两人沾亲带故，虽出五服，但差着辈分。家人、村人因传统观念阻止两人相爱。不得已，两人约好私奔。

这时是 20 世纪 70 年代末，没有介绍信，没有粮票，两人走不远，也无法正常生活。无奈，返回家中，当即被两家人强行分开。男青年住到羊圈里，靠拾麦粒为生。女青年将一方定情的纱巾盖在脸上，喝农药寻死，幸被抢救过来。后来，两人无奈接受了命运的安排，各自成家，但婚后生活并不幸福……

如此家长里短，道尽人间悲欢。对传统观念的冲破与坚守，是无法评判对错的，这是每个人的个人选择。看得出石盆村仍保留着许多对传统价值观念的认同。就像同一时期香港武侠小说家金庸创作的《神雕侠侣》，杨过和小龙女的爱情，同样渡尽劫波。

也许几代人之后，这则尘封在石盆百姓记忆里，仅仅当作饭后谈资的真实爱情故事，也会变成如佛岩寺传说一样惟妙惟肖、不辨真假的传说。甚至还会分化出许多版本，演绎成"牛郎织女"或"梁祝化蝶"一样的经典。

边界

石盆在邢台西部山区边缘。这里的人们自古以来就生活在边界上。

边民是指生活在边境地区的老百姓。这里所说的边境一般说的是国境。在邢西太行古村落的走访中，许多生活在太行山分水岭沿线的山村百姓同样具有一定程度上的边民特征。作为地理切割作用的偏远山川，同样具有塑造边民的边境意义。石盆正是这样的地方。

黄背岩是石盆西南方向与邯郸武安的界山。黄背岩上留存着明代为抵御边患而拓展修建的内长城城墙遗址。据说，这段长城遗址是在战国时期赵长城基础上营建的。黄背岩明长城海拔 1146 米，残留 20 余米石墙。史载，这段城墙有两公里长，由一座关堡和与之相连的两段城墙组成，俯瞰城墙结构略成"乙"字形。

清代大一统，长城军事意义下降。这段城墙逐渐淹没在荆棘杂草中，直到 1982 年经河北省人民政府公布为河北省文物保护单位，标志名称"明长城—郭公关"。站在郭公关山，眼望两山夹峙，一派葱茏景象。

长城即为边界，生活在长城下的百姓自是边民。古代边民有着比城邑百姓更为显著的自由放达的精神风貌。究其原因，多是因为边民生活在古代不同行政区划施行管理的末梢。由于一直以来远离世俗约束,这一精神风貌得以传承至今,体现在石盆人时常挂在脸上的笑容里。

虽处边鄙,但这里百姓生活得自由度更高。石盆青年外出务工,不拘地区,全国各地都有;选择的工作种类也更多。当地人对地区划界的意识淡薄,哪里有生计,就向哪里去。曹三西说,他父亲在饥荒年月曾背着白面到山西换玉米面,一支木架子能背50公斤左右的粮食。在石盆人眼中,沙河、武安没区别,邢台、邯郸没区别,河北、山西没区别。边民有瘠薄的家,有时候土地对他们的束缚并不那么强力。

如今,郭公关已成文物,彻底失去防御价值,作为曾经的边地象征,留存在石盆人身边。不变的是,石盆依然处在现代生活的地理边缘,远离城镇化的影响。尽管石盆水、电、路、网皆通,生活便利。

石盆种植的板栗、核桃、柿子、苹果、酸枣等林果品质优良。当地四面环山的气候条件,有利于果实积累糖分,特别是板栗,是石盆人骄傲的产出。石盆四周奇崛的山峰是邢台及周边地区登山爱好者热衷的攀登目标。

石盆的山水和历史就是石盆的未来。现代生活方式并没有统一的模式。从石盆的前世今生可以感觉到,尽管这里始终处于同时代发展的边缘,但现代生活的特征之一正是不拘一格地发展。

石盆应该有属于石盆自己的新面貌。这个新面貌,能让人们一下子把石盆从众多山村中分辨出来,也能让石盆人自己把石盆和从前联系起来。

(原载于2019年3月31日《邢周报》)

驾游村：白云千载空悠悠

在邢台四个含山的县市中，只有邢台县、内丘县以太行山分水岭为界和山西省接壤。深邃的山区纵深让邢台县和内丘县呈现出多层次的邢西太行古村落样态，特别是邢台县，古村落资源集中且丰富。沙河市虽不在分水岭下，但独特的地理单元和文化传承，使那里的古村落样本非常可观。相比之下，在邢西太行古村落领域，临城山区的知名度稍逊色。

事实上，临城山区同样拥有丰富的古建筑遗存。长期以来，临城西部古村落建筑群作为邢西太行古村落的重要组成部分，并未引起本地足够多的关注。譬如临城县赵庄乡驾游村，旧称挟扭村，传说有宋徽宗到访而得名，早在 2007 年就被评为"河北省历史文化名村"。可十几年过去，当"邢西古村落"已经成为大众话题时，驾游村依然安静生活在莲花池下，世人知之甚少。

在这里，我看到了一座似曾相识的古村落。

古色驾游

驾游村地处太行山中段东麓一条山谷里，四面环山，静谧悠闲，一条乡村公路远远地通向村外。驾游行政村由驾游村、范家庄、白云寺三个自然村组成。范家庄挨着驾游村，白云寺在山谷里，三座村落同气连枝，构成典型的太行山石造建筑群。全村有山场 11000 余亩，耕地 650 余亩，居民 300 余户，1000 余口人。主要姓氏有岳、杨、张、王、李、赵等。

村西高山叫莲花池，海拔 1000 多米。山顶有两处古池，相传池中曾莲花朵朵，故名。莲花池是驾游人的心灵寄托，几乎所有关于驾游村的往事都要从莲花池说起。一条河道横穿驾游村中,把村子一分为二。河水上源就在莲花池。

河道上架有两座石桥,西边一座古石桥是驾游村的标志,叫圣驾桥。"圣"指的就是宋徽宗。桥头有一片广场。天气好的时候,58岁的范家庄人赵建国总会驾着他的福田五星三轮摩托车在周边几个村子支起烧水炉,做剃头生意。圣驾桥头是他在驾游村的固定点位。

如今,以传统手法剃头的手艺人很少了。赵建国的本事是家传的,从父辈开始就在临城山区赵庄乡、郝庄镇剃头。所谓"剃头挑子一头热",一开始赵建国也是担着传统剃头挑子到处揽生意,后来才换了摩托车。20年来,赵建国成为这一带山村老人离不开的剃头师傅。

这是一个非常开朗的人,自嘲"身有残疾,才干了这行"。身体缺陷并没有影响赵建国的纯熟手艺。传统剃头包括剃头、刮脸、掏耳鼻三项。摊开他的剃刀袋,十多把各式剃刀锋利锃亮,脸型不同、位置不同,用刀不同。20年,这些刀具越用越光,赵建国说这是"通了气了"。他最快3分钟就能给一个人做完全套。

几年前,赵建国的剃头挑子被游走在乡村的文物贩子当作老物件收走了。驾游村曾一度成为各路文物贩子觊觎的焦点。

1998年春天,驾游村民马永军上莲花池采药,在林间爬到半山腰,忽然发现一个不易察觉的山洞。他谨慎地摸进洞里,借着昏暗的光看到洞里有一台石炕。炕上放着多种石块,有的像斧子,有的像铲子,有尖的、长的,还有三角的,看起来都很光滑。马永军脱了上衣,把这些奇怪的石头包了回来。村里找到文物管理部门,经专家鉴定,是石器时代古人类石斧。

从此,驾游村奇迹般地打开了属于它的古代史。之后,又有村民在山上一处叫老虎窝的地方挖灵芝时,从附近山洞里发现大量商周时期青铜器,其中有三件"钺"做工精美。另外还发现一枚汉代"别部司马印",以及大量明清瓷片。多次文物发现,完整地建构了驾游村纵贯千年的历史。

莲花池山上有残存的古寨墙,传说和汉末黄巾起义有关。村里百姓代代口耳相传,黄巾起义失败后,一支几百人的黄巾军打着张角的旗号躲避到莲花池山区,建造营寨,对抗官军追剿。黄巾残部利用莲花池山势陡峭,广树旗帜,令官军误以为黄巾兵多而不敢冒进，竟得长期生存下来。有驾游村民在古寨墙附近捡拾到许多蒺藜、箭矢。54岁的村民李福才说，由于张角黄巾起义的关系，生活在驾游村的张家人，在相当长的历史时期，不供奉历史上镇压过黄巾起义的关公。

初唐武德年间（618—626年），传说有僧人看中莲花池山水形胜，在此建造寺庙。后又传说宋徽宗时，皇帝驾游莲花池，驻跸寺庙，改名为白云禅院。可见，先有白云寺，后有驾游村。之后白云寺香火不断，寺庙僧人习武护持，传承有序，渐渐传染得驾游村人习武成风。直到抗战年间，白云寺全体武僧和驾游村习武村民一起加入了八路军。

红色驾游

赵建国剃头时，90岁的赵幸小老人正坐在旁边的石碾台上晒太阳。阳光照在他的侧脸上，显得老人容光焕发。抗战时，赵幸小参加了八路军，是远近闻名的"地雷大王"。

抗战时期，临城沦陷。日军在临城马山白牛寨修筑炮楼。一年冬天，大雪之夜，雪势很急，赵幸小趁着炮楼内日本守军睡觉，偷偷摸到炮楼楼下，把地雷埋在雪里，设置引信，抹掉痕迹，而后神不知鬼不觉地撤了出来。第二天一早，大雪停了，不知情的日军士兵下楼扫雪，触发引信，地雷爆炸。

老人的叙说，恍如隔世，打开了尘封在驾游村的一段光辉的红色历史。

1937年七七事变后，后来担任过中华人民共和国最高人民法院院长的杨秀峰根据党中央和北方局的指示，放弃北平师范大学教授一职，投笔从戎，深入太行，来到驾游村，住在白云寺，布局冀西地区抗战工作。稍后，杨秀峰迅速创建抗日武装，开辟冀西抗日根据地，建立冀西抗日政府，下辖南到邯郸北至保定的太行山区13县。冀西抗日政府所在地位于驾游村。

一时间，寂静的驾游山村汇集了大量冀西抗日政府机构，成为冀西地区领导抗日的中心。除冀西政府外，冀西民训处、冀西军训处、冀西惩审处、冀西党校、冀西报社、冀西监狱等政府机构纷纷驻在驾游村、白云寺。杨秀峰兼任冀西抗日游击队司令员，在驾游村设有太行山一分区司令部、独立营、特务连、

129师兵工厂等军事单位。

得益于冀西抗日政府的正确领导，冀西抗日军事行动不断，相继开展赞皇、高邑战役，拿下临城程阳北山炮楼、西竖炮楼、鹿庄炮楼、白牛寨炮楼、邢台皇寺炮楼……

教育家出身的杨秀峰在冀西特别重视教育和宣传工作，曾指示冀西所属各县抗日政府成立教育科，加强抗日爱国教育。位于驾游村马山小家的冀西报社在1937年到1941年发行《火花报》，成为冀西地区宣传抗日思想的舆论阵地。在这样的红色背景下，驾游村人贺孟山成为村里第一位中共党员，并被任命为村民兵连长，负责保卫冀西政府机关。

由于政治地位突出，成为日伪眼中钉、肉中刺的驾游村多次遭到"扫荡"。驾游全村在抗战时期生活有400多口人，其中100多人参加革命，40人光荣牺牲。驾游村几乎家家户户都有革命烈士。

村人回忆，设在白云寺的129师兵工厂投产后不久，有汉奸带路日军绕道后山企图偷袭。白云寺住持玄风方丈为掩护技术人员撤离，带领寺里武僧与来犯之敌展开了白刃战。搏斗中，玄风被多处刺伤，终因失血过多圆寂。事后，寺里武僧集体加入杨秀峰领导的冀西抗日武装。

当年冀西政府各个机构所借用的民房，今天依然保存完好，一座座成为驾游村红色历史的见证。有着千年香火的白云寺，也在这场民族战争中结束了自己千年来作为寺庙的历史。

绿色驾游

村民李福才有一个庞大的计划，打算把这片有丰富历史的红色根据地，改造成文旅项目，发展当地山村旅游。为此，他压上了自己早年经商所得的全部身家。规划图赫然竖立在圣驾桥头，图上标示的历史遗存、红色遗存和绿色山水景观井然有序。

驾游村明清古建筑众多，且较为集中。村落建筑格局颇有特色，几乎所有石造院落中都栽有一株梨树。院院梨树高大，树冠遮蔽，花开繁盛。村民说，原本四方院为避"困"字，不适合种树，但传说宋徽宗到此巡游，信手采摘梨子解渴，顿觉甜美无比，于是降旨驾游民居院内梨树不要砍伐。这才有了驾游村家家院中栽梨树的独特传统景象。

村中院落以典型的邢西太行山四合院结构为主，全部为平房。院落坐北朝南，正房一般建于土石台上，比偏房略高。砌石结构规整，门窗木雕精湛，花式繁多，寓意美好。

和这座古村落一样，村中常住居民普遍上了年纪。大部分院落尚有人居住，一些无人院落看起来也只是废弃不久。毕竟，驾游村后的莲花池正在进行旅游开发，人们愿意观望未来的发展势头。一条新修的水泥路直通莲花池脚下。一路上，满山遍野的橡树，曾经是驾游人在饥馑年月救命的食物来源。驾游村植被茂密，天然林面积广大，许多树木和这座山村一样苍老。

站在莲花池景区停车场，能够俯瞰白云寺。白云寺的僧人早已不在。这座寺庙建筑也变成了农家模样，看不出曾有佛菩萨在此供奉。82岁的五保户段喜文老人一个人住在这里。他有心脏病，享有政府提供的生活保障。看到外人到访，很开心地主动上前奢侈地聊天。说话间，就会把人引到自己生活的屋里，看看他归置得还算不错的家。

段喜文老人和他的家

驾游村：白云千载空悠悠

白云寺主殿正屋作为储藏室，一尊尺高的菩萨像摆放在石台上，提醒人们这里曾是寺庙。段喜文住在主殿西屋，房间不算小。土炕在木窗下很温暖，室内略有些昏暗。粮食、瓜菜就摆在地上，段喜文尚能照顾自己。

门口墙根下一字摆开几套机械工具。这是段喜文自己胡乱拼凑的，看不出用途。不过是用来做"木把"，再打个眼儿，就像小孩子自己手工做玩具。这些是段喜文的宝贝，简单的制作，让老人把闲暇时光过得既充实且快乐。当然，他所有的时间都是闲暇的。

段喜文老人和他的宝贝们

院子里有两棵高大梨树，都有30年以上树龄。春天里梨花盛开，好像赵幸小埋地雷那天夜里的雪一样白，一棵开得旺盛些，一棵开得消瘦些。老人站在梨树下拄着拐杖，目送来人说："秋天这一树梨子结得很稠，梨很甜，可以过来吃。"

风起，飘落了几朵梨花。

（原载于2019年5月12日《邢周报》）

后 记

回想起六年前，以尝试的心态，抱着大决心踏上寻找邢西太行古村落之路时，我并不知道最终会有一个怎样的结果。而今，在朋友、领导、同事的鼓励下，这本合集行将出版，作为对这些年往返邢西太行山区的总结。

首先感谢邢台日报社各位领导对我完成这项大型采访专题的支持、关注与包容。特别是周中总编在报纸版面安排上，可以说对我是"大开绿灯"，优先满足我对版面的需求，并给予我主要版面位置，一期一期的成就感，让我有劲头持续做下去。

感谢在最开始就支持我的同事们。感谢冯鑫、田龙彪、尹鸿鹏、范玉明、王思齐、贾绍兴、张培、霍晓东、张振朝、韩文洲等亲身陪同我探寻邢西古村落的同事、朋友。万事开头难，没有他们的支持和陪同，我很难有信心在不断面对陌生的甚至有些危险的采访环境中坚持下来。感谢同事侯丽、杨香菊对我每一篇文章的细致校对，让我许多马虎之处得到校正。

感谢在穿越太行山分水岭时，邢台市知名登山户外领队柴临生先生的帮助。这位老侦察兵出身的户外爱好者，对邢台西部太行山区的了解程度，在邢台户外圈里是数一数二的。有这样一位优秀的向导，让我能够有机会，或者说有胆识去尝试并完成一些深山区偏僻古村落的采访。其中有些采访过程堪称科考级。

感谢冀彤军先生在采访后期对我的帮助。这是一位谦逊的退休老同志，在地方史志办工作的经历让他对邢西山区风土人情有着深刻的认识。在他的帮助下，我得以援疆结束回到内地，继续顺利地完成采访。在采访过程中，特别是资料梳理方面，他为我提供了许多有益的帮助。

后 记

感谢所有在此期间帮助、关注过我的朋友们。

最后感谢我自己。很多次是我咬着牙很固执地要求自己坚持做下去，才让这个专题不至于半途而废。其中多次采访是我独自驾车来回。好几次我忍不住想放弃，或者说停止。事实上，如果我就此打住，不会招致任何诘难，大家都觉得我已经做得够多了。

不忘初心，方得始终。做这个专题之初，我说：希望十年后，当邢西古村落能够避免消亡的命运，得以涅槃，成为邢台旅游市场新的增长极时，会有几位上了年纪的村民回忆说，曾经有个年轻记者，背着包，进山采访过。

如此，足矣。

众人拾柴火焰高。邢台市近年来有一批致力于邢西太行古村落保护的志愿者，深入山区，写文、拍摄、绘画，乃至运用新媒体手段对邢西太行古村落持续关注、推广。感谢这些志同道合的朋友，在大家的努力下，邢西太行古村落知名度日渐提高，许多老旧村落发生了积极向好的变化。

这条路还很长，我们还有很多事情要做。

这本书的出版只是一个注脚，探访邢西太行古村落的旅程还会继续。

让我们，太行，再见！

[邢台大行古村落分布图]

村落点位

1 范家湾	15 黄土岭	29 英旧沟
2 白杨沟	16 朱温坪	30 大坪
3 凉水泉	17 阴河沟	31 阴河沟
4 峡沟	18 营里	32 杜树
5 峰门	19 营护寨	33 小戈廖
6 后熬峪	20 槐树坪	34 鱼林沟
7 盘石	21 杜彬	35 南就水
8 五条桑	22 崔路	36 英谈
9 青崖崄	23 老池营见	37 押石
10 折户	24 明水掌	38 温家沟
11 道土谷洞	25 七里会	39 龙化
12 凤凰崖	26 杏岭	40 樊下曹
13 绿水池	27 白岸口	41 石金
14 王山铺	28 连沟	42 驾游

邢台日报社融媒体中心
倪陆浩 / 绘